インパクト評価と社会イノベーション

SDGs時代における
社会的事業の成果を
どう可視化するか

塚本一郎・関正雄［編著］

第一法規

　本書は、インパクト評価と社会イノベーションをテーマに取り上げている。それらはいずれも社会的課題解決のために欠かせないと考えられるようになり、世界的に関心が高まっている。

　現代社会は、新型コロナ禍に象徴されるグローバル規模の課題から身近な地域の課題まで、解決を迫られるさまざまな社会的課題が山積みしている。SDGs（持続可能な開発目標）では、それらを17の世界共通目標として示した。課題の多くは原因が複雑で、解決が容易ではない。加えて、課題同志が互いに影響し合い絡み合っている。解決は単独セクターの力ではなしえず、さまざまなセクターの力を結集し、足し算ではなく掛け算のように大きな力を生む、共創的ソリューションが求められている。

　こうしたなかで、課題解決を加速するのは多様なイノベーションであり、技術的イノベーションだけではなく、社会イノベーションも重要である。また、イノベーション創出の主体としても、官民やセクターのいかんを問わず、政府、自治体、企業、NPO／NGO、社会企業家、投資家、研究機関などさまざまな主体の貢献が期待されている。

　さまざまな主体がイノベーションを生み出すために重要な役割を果たすのが、インパクト評価である。取り組みと一連の成果の因果関係に着目して生じた変化を可視化し、評価し、不断に取り組みを改善してさらなる成果につなげる創造的な営みにおいては、関係者間の共通言語としてインパクト評価が正しく理解され活用されることが不可欠である。

　本書では国内外の研究者・コンサルタント・実践者らからなる多彩な執筆陣とともに、インパクト評価の基本的理解、世界的潮流、具体的な実践事例、意義と活用可能性、課題、などを論じた。本書がインパクト評価への関心を広げ、理解を深め、それが社会イノベーション創出を通じて課題解決の大きな力になることを願っている。

　最後に、本書の企画段階から実現にご尽力いただき、進捗管理と全体のマネジメント、校正や編集作業で大変お世話になった第一法規の石川さんに、心からの感謝の意を表したい。

2020年5月

塚本一郎・関正雄

目　次

序

インパクト評価の現代的意義－社会的プログラムの有効性・効率性を評価する

関　正雄

1　今、なぜインパクト評価が注目されるのか

　インパクト評価への関心が高まり、公的・私的セクターの境界を超えて、様々な主体による実践が、世界的に拡大しつつある。また、研究対象として理論化・体系化の試みがなされ、数多くの手法やツールも開発されて普及の努力がなされている。

　そもそも、プロジェクトの計画時や実施過程において、あるいは完結時の総括において、何らかの評価を行うことはごく一般的な行為であり、以前から行われてきている。例えば民間企業であれば事業プロジェクト計画の承認を得る段階、プロジェクトの中間報告時や完了後に、経営や株主をはじめとするステークホルダーへの説明責任を果たすために、何らかの方法で評価結果を示すことは当然のように求められる。また、公共政策の分野でも公共的事業や社会的プログラムの効果測定において、手法としての費用便益分析や費用効果分析を用いたインパクト評価が以前から実践されてきており、決して目新しい話ではない。

　しかし近年、評価についての、とりわけインパクト評価についての関心が高まっている理由は何であろうか。背景として考えられるのは、主に下記の諸点であろう。

(1)　サステナブルファイナンスの拡大

　まず、世界的にESG（環境・社会・ガバナンス）投資や、ソーシャル・インパクト・ボンドを含むインパクト投資など、投資判断に何らかの形で環境や社会への配慮を組み込むサステナブルファイナンスが拡大するにつれて、投資関係者が、投資が社会的課題解決に与える影響やその効果の測定に関心を向けてきたことが挙げられる。そもそも、サステナブルファイナンスには様々な種類

があり、それぞれに投資家の関心事項や具体的な投資戦略は異なる[1]が、投資の金銭的リターンへの関心に加えて意図を持った投資を通じて社会価値を創造することへの関心は、サステナブルファイナンス全体の規模拡大につれて確実に高まっている。投資家が投資の社会的インパクトに注目する傾向が強まっていることは間違いない。

　国内でも、2015年のGPIF（年金積立金管理運用独立行政法人）による国連責任投資原則（PRI）への署名[2]以降、ESG投資は急拡大を続けている。これは、PRI署名を契機としたGPIFによる働きかけの影響が大きい。GPIFは、PRIの原則４（署名機関は、資産運用業界においてPRIが浸透するよう働きかけを行う）に対する自らの取組み方針として、「運用受託機関に対して、国連責任投資原則の署名状況について報告を求め、署名しているのであれば活動状況及び活動内容を、署名していないのであればその理由を説明するようそれぞれ求める。」と表明している。つまり、GPIFからの運用を受託する機関に対して、PRIに署名しESG投資を行うことを事実上要請しているのである。また、アベノミクスの成長戦略の一環として同じ時期に制定された、中長期的な企業価値向上の観点での企業と機関投資家との対話を促す行動原則である、スチュワードシップ・コードとコーポレートガバナンス・コードにおいても、企業価値向上に欠かせない要素としてESGが挙げられている。さらに、2020年３月にはスチュワードシップ・コードが改定され、「運用戦略に応じたサステナビリティ（ESG要素を含む中長期的な持続可能性）の考慮に基づく」という文言が、建設的な「目的を持った対話」（エンゲージメント）の説明に追記され、サステナビリティやESGは対話の重要項目であることが、より強調され明確に表現されることとなった。こうした動きの中で、企業の側でも投資家をはじめとするステークホルダーへの説明責任として、ESGへの取組みがどのように企業価値向上に結び

1　世界のサステナブルファイナンスの統計を取りまとめているGSIAでは、2018年の報告書（GSIA 2018）において、サステナブル投資戦略を、インパクト投資、テーマ投資、ポジティブスクリーニング、規範スクリーニング、株主行動・議決権行使、ESGインテグレーション、ネガティブスクリーニング、の７類型に分類している。
2　政府年金基金として世界最大の残高規模もつGPIFが、国連責任投資原則に署名してESG投資に積極的に取り組む意思を明確にしたことによって、国内外のインベストメントチェーンに大きな影響をもたらしている。

付き、また社会価値を創造しているかを開示する必要性に迫られているのである。

　また、サステナブルファイナンス全体に占めるウェイトはいまだにごくわずかであるが、大きな伸び率を示しているインパクト投資に関しては、グローバルな普及を図るためのGIIN（Global Impact Investment Network）などのイニシアチブにおいて、インパクト投資やインパクト評価に関する概念定義やツールの提供を通じてインパクト投資の普及拡大を図る試みが行われている[3]。インパクト投資は、そもそも投資の主目的が社会的インパクトそのものであり、インパクト評価は投資目的を果たしているか否かを判断するために不可欠の重要な情報である。

⑵　政策面での必要性

　次に、政策面での必要性が挙げられる。先進国を中心に多くの国で、政府が投入可能な政策予算枠が限られる一方で福祉や環境など行政ニーズは増大しており、政策の優先順位を納税者など関係者に説明する上で、投入予算とその政策効果との関係、すなわち費用対効果の関係を、透明性高く開示することが求められている。

　財政支出を伴う公共サービスの提供や公共事業における、マネジメントやガバナンスの問題は、New Public Management（NPM）やNew Public Governance（NPG）として改革が進む先進国においては、エビデンスに基づく政策立案（EBPM: Evidence Based Policy Making）の必要性が論じられ、政策効果の可視化が求められている。この点に関連して、英米を中心に公共サービス分野では、成果連動型契約（PbR: Payment by Results あるいはPFS: Pay For Success）の方式も広がっている。財政支出の前提として、政策の成果を示すことが問われるようになってきているのである。

　日本では、EBPMは英米に比べて遅れているものの、近年は政府も政策効果の評価に力を入れるようになってきている。例えば、いわゆる事業仕分けと呼

3　Global Impact Investment Networkのウェブサイト参照（https://thegiin.org/　2020年１月10日アクセス）

ばれる行政事業レビューにおいても、従来の重要指標であった予算の消化率や
アウトプットベースでの実績に加えて、各政策の成果目標およびアウトカム
ベースでの実績項目が説明用シートに加わり重要論点化される、という変化が
見られるようになった。また、「未来投資戦略2018」では、「行政コストを抑
えつつ、民間ノウハウを活用して社会的課題解決と行政効率化を実現する成果
連動型民間委託契約方式の活用と普及を促進する」（日本経済再生本部　2018:
13頁）としている。例えば神戸市では、すでに糖尿病性腎症等の重症化予防
をテーマとしたソーシャル・インパクト・ボンドの事業において成果連動型契
約を導入し、特定の指標を用いたインパクトの計測も実施している。

⑶　SDGsが求めるトランスフォーメーション

　さらに、重要な背景要因として、SDGs（国連持続可能な開発目標）が採択
され、達成すべきゴールやターゲットが明示され世界中であらゆるステークホ
ルダーに共有されたことが挙げられよう。SDGsは持続可能な発展の具体的ア
クション項目を17の目標、169のターゲットに集約・整理し、達成状況を示す
244の指標も示した。2015年の国連サミットにおいて採択され、2030年までに、
政府だけではなくあらゆる主体が総力をあげて、明示された到達目標の達成に
向けて行動することが要請されているのである。

　SDGsには、これまで以上にインパクト志向を強めて取り組まなければなら
ない事情がある。SDGsの根本理念であり重要なキーワードであるのは、その
採択文書のタイトル（United Nations General Assembly 2015）にもうたわ
れている「トランスフォーメーション（大変革）」である。掲げられたいずれ
も高い水準の17の目標を達成し、持続可能な社会を実現するためには、例え
ば気候非常事態や貧困・格差問題への対処において典型的にそうであるように、
根本的対策を講じて社会経済を大きくシステマチックに変容させることが必要
である。また、シングルセクターでは解決はできず、セクター間、様々な主体
間の協働によって生み出されるコレクティブ・インパクトをいかに最大化する
かが、SDGs達成のカギを握っている。このような中で、2020年3月には、日
本を代表する産業団体である経団連と、国内最大の機関投資家であるGPIFが、
東京大学を交えて行った共同研究の成果を「ESG投資の進化、Society 5.0の

実現、そしてSDGsの達成へ」と題する報告書として発表した。デジタルトランスフォーメーションとESG投資の進化を駆動力として、SDGs達成に向け共通認識のもと、三者で、またそれぞれが強みを生かして、共に行動すると宣言したものである。

こうした大きな変化を起こすためには、バックキャスティングのアプローチが必要であり、これまでにない発想での創造的な、時には非連続的なイノベーションが求められる。インパクト評価は、プロジェクトの地道な改善のために用いることはもちろん、こうした変化量の大きいイノベーティブな取組みを促進するためのツールとして、より活用されるべきであろう。

なかでも企業セクターは、イノベーティブな解決策の提供を通じてトランスフォーメーションをもたらす主体として、重要な存在であり大きなインパクトを生むことを期待されている。そもそもCSR（企業の社会的責任）とは、「企業の決定及び活動が社会及び環境に及ぼす影響（impact）に対して、企業が担う責任」[4]と定義されており、企業は自らが社会に与える負のインパクトを最小化し、正のインパクトを最大化することとされているのである。

こうしたSDGsのもつ特徴から、SDGs時代には、企業がこれまで以上にインパクトを意識し、測定し開示することが求められるようになってきている。そして実際、企業の間でインパクト評価・開示への努力が行われるようになってきた。しかし一方で、インパクトの何たるかをよく理解しないまま、自社のSDGs達成への「インパクト」と称して宣伝目的の情報開示をするケースも散見される。その場合には、うわべを取り繕うに過ぎない「インパクトウォッシュ」だと批判される可能性がある。

(4) 休眠預金活用による社会課題解決の動き

こうしたインパクト志向の高まりを加速する、注目すべき動きとして、休眠預金活用による民間での社会的課題解決の動きがある。英国では2008年に成立した休眠預金に関する法律に基づいて、キャメロン政権時代の2012年にBig

---

4　社会的責任に関する国際規格であるISO26000の「組織の社会的責任」の定義（2.18）から（日本規格協会編〔2011〕40頁等参照）。

Society Capitalが設立された。コンセプトは、その名の通り「小さな政府」な
らぬ「大きな社会」であり、政府を小さくするのではなく社会（非政府）の力
を拡大して社会的課題解決へのインパクトを生み出そう、との政策意図の下に
立ち上がったものである。ホールセールの資金団体としてのBig Society
Capitalは、投資機関として仲介機関を通してチャリティ団体に投資する。そ
の主な資金源として休眠預金を活用した点が特徴である[5]。チャリティ団体に
対しては、アウトカムマトリックスを提供してインパクトの測定を促した。

　日本国内でも、英国の例に倣って2018年に成立した休眠預金等活用法に基
づき、毎年700億円に上る資金を社会的課題解決のために活用する仕組みが
2019年から始動している。英国Big Society Capitalに相当する機関として、経
団連を母体にオールジャパン体制で設立されたJANPIA（日本民間公益活動連
携機構）が指定活用団体となって、各地の資金配分団体[6]を通じて、全国各地
で社会的課題解決に取り組むNPOや社会企業家などに資金が提供される。
JANPIAでは、子どもや若者の支援、社会生活を営む上での困難を有する者の
支援、地域社会の活力低下や社会的困難に直面している地域の支援、を解決す
べき優先課題としている。

　日本で新たにスタートした、休眠預金を活用したこれまでにない規模の資金
支援の仕組みを用いて民間公益活動を全国津々浦々で大きく育てていくための
カギは、様々なステークホルダー間の連携・協働であり、評価と改善のツール
としてのインパクト評価である。投資効果のエビデンスを示すという説明責任
履行の要請に応えるだけではなく、投下した資金の有効活用を図るため、課題
解決に効くこれまでにないイノベーティブな手法を創意工夫して生み出すため
にこそ、インパクト評価が活用されるべきであろう。これからのJANPIAによ
る民間公益活動支援に深く関わる重要なテーマが、インパクト評価なのである。

5　英国は、Big Society Capital設立翌年の2013年のG8の議長国として、インパクト・インベストメ
ント市場の成長に向け世界的協力を先導した。キャメロン首相（当時）もG8において「本件（インパ
クト投資）をG8で枝葉のテーマではなく、重要テーマとして議論したい」と、自らの思いを熱く語っ
た。
6　2019年11月に、草の根活動支援（全国・地域）、新規企画支援、ソーシャルビジネス形成支援、
災害支援の各分野での資金配分団体が初めて選定され、発表された。

2　本書のねらいと構成

(1)　本書のねらい

　以上のような背景からインパクト評価は注目されており、社会的にも今後ますます重要性が増してくるものと考えられるが、現状では、評価手法や指標などの標準化が確立されているわけではなく、汎用的に利用可能なガイダンスやマニュアルがあるわけでもない。例えば各章で紹介する公共事業を対象にした費用便益分析のマニュアルや、環境（生物多様性保全）政策の経済価値評価や医療の経済評価のための指標モデルやガイダンスが提示されるなどの事例はあるとはいえ、活用分野や利用主体は限定されている。すなわち、ニーズが高まっている様々な社会課題分野のインパクト評価を行うにあたって、共通認識としての基本原則や誰もが使える評価ガイダンス、分野別にアウトカムを指標化した体系的な評価指標モデルなどが存在するわけもでもない。

　もっとも、インパクト評価の現在の成熟度・浸透度からみても、また社会課題の分野や利用する主体の多様さに鑑みれば、すべての関係者に利用可能なOne size fits all的なアプローチで基準を策定することは現実的ではない。むしろ、共通言語として統一すべき最低限の基本概念やインパクト評価において求められる基本要件を、共有すべき基準として確立した上で、それを前提に利用者のニーズに応じた多様なツールが開発されていくのが望ましい。

　そこで本書では、現在進行形で進化するインパクト評価に関して、研究と実務における現在の到達点を俯瞰的に整理するとともに、おさえるべきインパクト評価の本質と重要な基本的事項を示すことに力点を置いた。本書刊行のねらいは、インパクト評価に関する社会ニーズの高まりと様々な課題を踏まえ、インパクト評価の意義や活用可能性と課題に関する正しい理解を促進し、インパクト評価を日本の社会に普及・定着させることにあるからである。

　本書がベースとなる理論や、実践に役立つ指針やヒント、そして具体的なケーススタディを提供することを通じて、SDGsに取り組む企業や投資家、政府・自治体、NPO、社会的企業、中間支援組織、研究者など、様々な主体によるインパクト評価が実践され、それがプロジェクト改善とイノベーション創出を

促進して、成果拡大につながることを願っている。

(2) 本書の構成

　本書の構成と各章の概要は以下のとおりである。

　第1章は最も基本的な事項であり、そして最も重要な、インパクトとは何か、インパクト評価とは何かについて、解説する。その本質は、受益者への介入の成果としての「変化」に焦点を当てたものであり、「変化の理論」(theories of change) の構築・活用が必要とされる。様々なインパクト評価のアプローチに共通な基本的特徴として、因果関係すなわちプログラムに直接起因する変化を注視しなければならない。そのために、反事実（counterfactual）を推計しなければならない。この点はインパクト評価を理解し実践する上での最も重要なポイントである。

　第2章では、分析手法として歴史のある費用便益分析を取り上げ、その考え方や手法を解説するとともに、EBPMが求められる時代における費用便益分析活用の方法について考察する。あくまでも効率性を基準にした分析であることをふまえて、その利点と限界をよく理解した上での活用をすべきであること、また同じ支出額でどの方法が最も効果が大きいかを判断するためには費用対効果分析が有効であること、したがって積極的にEBPMやインパクト評価に用いることが可能であることを示唆する。

　第3章では、インパクト評価の手法の一つであるSROI（社会的投資収益分析）について、その特徴や意義と課題を論じる。費用便益分析と比較した場合のSROIの特徴として、評価のデザインや実施プロセスへの社会的セクターの参加がより重視されるステークホルダー参加型の評価アプローチである、という点が挙げられる。社会的セクターとの親和性が高く、幅広い実践者が参加・活用しやすいという利点がある。標準化が確立していない、プロジェクト間の比較に適していない、などの課題はあるものの、SROIは、これからますます必要とされるコレクティブ・インパクトの創出に役立つ点で、価値が高い。

　第4章は、自然環境分野における社会的インパクト評価についての現状と課題について論じる。対象設定から、評価の基本的手順、経済的な算定手法、評価における社会的変化の根拠を示すことの難しさにどう対処すべきかに言及

した上で、実務にも大いに参考になる、民間企業等による実際の評価事例を紹介する。生物多様性の劣化は気候変動問題と同様に人類にとって喫緊の非常事態というべき重要課題であり、この分野におけるインパクト評価の重要性はますます高まるであろう。

　第5章は、保健医療分野におけるインパクト評価の政策利用を取り上げる。医療の分野ではインパクト評価はすでに実践段階に入っており、予防医療などをテーマに実際に地域でのプロジェクトがスタートしているソーシャル・インパクト・ボンドの試みと、公的医療保障における医薬品・医療機器等の価格付けにおける費用対効果の経済評価の二つが、すでに始まった新たな動きである。この分野で先行する英国の事例も紹介しながら、重要テーマである医療分野におけるインパクト評価の政策的利用の意義と課題について論じる。

　第6章は、産業振興施策の成果測定にインパクト評価を応用することの可能性について論じている。現状では、マッチングイベントや企業からの相談件数といった、アウトプットベースの指標での評価が一般的で、施策によって創出される真の経済的価値は測定されていない。この点にチャレンジした、特許庁の「地方創生のための事業プロデューサー派遣事業」における、SROIを用いた社会的インパクト評価の事例を紹介する。これまで評価の対象とはされてこなかった分野への適用事例として、示唆を与えてくれる。

　第7章は、サステナビリティに関する企業活動や投資における、インパクト評価の現状と課題を取り上げる。SDGsが企業経営や投資に組み込まれ、多くの関係主体の取組みが進む中で、取組みの成果を見える化し、透明性高く開示することが求められるようになってきている。その中で、インパクト評価には大きな関心が寄せられており、様々なイニシアチブが立ち上がり、評価基準の提案も盛んに行われている。それらの現状や具体例を紹介し、評価が有効に機能するための今後に向けての課題を指摘する。

　第8章は、成果連動型契約の公共サービスへの導入が早い時期から進み、研究成果が蓄積され、政府による効果検証もすでに行われている英国のPayment by Results（PbR）の事例を検討する。政策効果を高める効果がある反面、社会問題の背景にある複雑な、しかし本質的な事情を軽視したり、期間内の成果にこだわるあまりに短期的に効果の上がりにくい困難を抱えた人々を

切り捨てる、といったリスクも否定できない、などの側面にも留意する必要がある。成果連動型契約の契約方式を有効に活用していくために検討すべきこととして、インパクト評価手法の改善とともに、プロセス評価や定性的評価とも組み合わせて実施する方向性を指摘している。

　第9章は、近年日本でも機運が高まっているEBPMを論じる。純粋に政策によってもたらされた変化を測定するために、政策のあり（factual）となし（counterfactual）の比較をフィールド実験で行い、結果をエビデンスとして得た上で、政策を展開する手法である。ただし、分析手法として理想的なランダム化比較試験（RCT）が難しい場合には、回帰不連続デザインなど様々な準実験で補完する方法もある。日本でEBPMを普及させるための課題にも言及し、様々な主体を巻き込んで社会実装を支援する英国の官民共同組織と同様の設置も検討すべきと提言している。

　また本書では、実際にインパクト評価を行った事例を紹介する、ケーススタディ5編も収録している。ケーススタディ(1)では、環境省自然環境局（執筆当時）の藤田道男氏に、同省が取り組む環境の経済価値評価の先進事例を簡潔にわかりやすくご紹介いただいた。ケーススタディ(2)では、英国のSIB（ソーシャル・インパクト・ボンド）の組成やマネジメント支援、第三者評価等の第一線で活躍されているTraverse社のチー・ホーン・シン氏に、英国のSIB分野のインパクト評価に関してご寄稿いただいた。ケーススタディ(3)の損保ジャパンとNGOとの協働プロジェクト、ケーススタディ(4)のリクルートと北九州市との協働プロジェクト、ケーススタディ(5)のゴールドマン・サックスと社会福祉法人、横浜市の協働プロジェクトは、いずれもSROIを用いたインパクト評価事例である。それぞれ評価の難しさや課題に直面しつつも、創意工夫してインパクト評価を行っており、実践のための具体的かつ豊富なインスピレーションが得られるであろう。

　以上が本書の各章の概要である。全体を通して、インパクト評価の基本概念を正しく理解した上で、政策評価、企業経営、投資、市民活動などの多くの分野でどのように活用されうるのかを多面的に考察し、提言している。したがって、本書が想定する読者層も幅広く、企業のSDGsやCSRの担当部署、NPOや

社会的企業の経営者・スタッフ、中間支援組織、政府・自治体職員、助成財団の関係者、コンサルティング会社やシンクタンク、研究者、学生等である。本書が一部の専門家の間だけでなく、より広く活用され、インパクト志向で課題解決に取り組む人々のお役に立つのであれば幸いである。

参考文献

日本規格協会編、ISO/SR国内委員会監修（2011）『ISO26000:2010－社会的責任に関する手引き』日本規格協会。

日本経済再生本部（2018）「未来投資戦略2018　―『Society 5.0』『データ駆動型社会』への変革」2018年6月15日（https://www.kantei.go.jp/jp/singi/keizaisaisei/pdf/miraitousi2018_zentai.pdf　2020年1月10日アクセス）

GSIA（2018）*2018 GLOBAL SUSTAINABLE INVESTMENT REVIEW.* Washington, DC: The Global Sustainable Investment Alliance.（http://www.gsi-alliance.org/wp-content/uploads/2019/06/GSIR_Review2018F.pdf　2020年1月10日アクセス）

United Nations General Assembly（2015）. *Transforming our world: The 2030 agenda for sustainable development.*（https://www.un.org/ga/search/view_doc.asp?symbol=A/70/L.1 2020年1月10日アクセス）（邦訳、外務省仮訳「私たちの世界を変革する　持続可能な開発のための2030アジェンダ」（2015年9月25日第70階国連総会で採択、国連文書A/70/L.1）（https://www.mofa.go.jp/mofaj/files/000101402.pdf　2020年1月10日アクセス）

第 **1** 部

インパクト評価を理解する
理論編

第 1 章

インパクト評価とは何か

塚本　一郎

　近年、「インパクト評価」への関心が国内外で急速に高まっている。このインパクト評価に対しては、全く新しい評価手法であるかのような誤解も生じている。しかしながら、インパクト評価自体はプログラム評価の一形態であり、特に新しい評価手法ではない。本書で扱う費用便益分析やSROI等もインパクト評価の一種である。

　医療・福祉、児童養護、教育、雇用等、様々な分野で、公共サービスの一環として実施されている社会的プログラムのインパクトを計測し評価することは、単にプログラムのアウトプットやプロセスを問うのとは異なる。すなわち、プログラム・インパクトの評価は、受益者への介入の成果としての「変化」に焦点を当てるため、「変化の理論」（theories of change）の構築・活用が必要とされる。

　インパクト評価には様々なアプローチがあるが、いかなる評価アプローチをとるにしても、共通する基本的な特徴は特定の因果関係に焦点をあて、因果関係に関する問いへの答えを見出すタイプの評価という点である。焦点はインパクト、すなわち、プログラムに直接起因する変化に向けられる。そして、プログラムが変化に直接もたらしたインパクトを推計するには、いかなるインパクト評価手法も、反事実（counterfactual）を推計しなければならない。

1　インパクト評価とは

(1)　評価とは何か

　近年、「インパクト評価」（impact evaluation, impact measurement, impact assessment）への関心が国内外で急速に高まっている。このインパクト評価に対しては、既存の評価手法との関連から切り離されて、全く新しい評

価理論・評価手法であるかのような誤解も生じている。しかしながら、インパクト評価自体はプログラム評価の一形態であり、特に新しい評価手法ではない。本書で扱う費用便益分析（第 2 章参照）やSROI（第 3 章参照）等もインパクト評価の一種である。

　そもそも評価とは何であろうか。「評価する」ということは、広い意味では、なんらかの対象の値打ちを確定したり、価値づけを行うことを意味する（Rossi, Lipsey and Freeman 2004：p.2）。しかしながら、この定義では一般的すぎる。プログラム評価等を前提に、より限定的に定義すると、評価とは、社会的プログラムの働きと有効性に関する情報を収集し、分析し、解釈し、伝達することをめざした社会科学的な活動ということになる（Rossi, Lipsey and Freeman 2004：p.2）。また、ワイスの世界的なロングセラー *Evaluation*（Weiss 1998）によれば、「評価」とは、「プログラムや政策の改善に寄与する手段として、プログラムや政策のオペレーションやアウトカムに関して一連の明示的あるいは非明示的な基準との比較をもとになされる体系的アセスメント」（Weiss 1998：p.4）と定義される。このワイスの定義に代表されるように、評価すること自体が目的なのではなく、評価はあくまでもより上位の目的を達成するための手段であり、政策やプログラムの改善ツールなのである。

　例えば、ロッシらは、評価の目的を、①プログラム（事業や施策）の改善（program improvement）、②説明責任（accountability）、そして、③知識生成（knowledge Generation）の 3 点に整理している（Rossi, Lipsey and Freeman 2004：p.34）。プログラム評価の一種であるインパクト評価も同様である。

　まず、プログラムの改善を導くための評価は、「形成的評価」（formative evaluation）と呼ばれる。それは、その目的がプログラムをかたちづくる、あるいはよりよく遂行できることを援助することにあるからである（Rossi, Lipsey and Freeman 2004：p.34）。

　説明責任のために行われる評価は、「総括的評価」（summative evaluation）が典型である。納税者等の資金提供者には、資源を効果的かつ効率的に利用してほしい、意図された便益が実際に生み出されてほしい、といった期待が存在する。総括的評価は、そうした期待に合致しているかどうかの判定のために行

われる評価である（Rossi, Lipsey and Freeman 2004：p.36）。総括的評価では、プログラムの効果に関するエビデンスが、特に定量的指標で示される（安田・渡辺　2008：10頁）。

　知識生成という点では、この種の評価では、社会科学的な知識基盤の形成への貢献や、重要なプログラム革新の根拠となりうるような貢献が意図される（Rossi, Lipsey and Freeman 2004：p.36）。知識形成を目的とする評価としては、メタ分析（meta-analysis）が代表的である。メタ分析とは、「個別に実施されているが同種である複数のプログラムのデータを系統的に統合し、その蓄積された評価結果から定量的な要約を導くもの」(Weiss 1998：p.48)である[1]。

(2)　プログラム評価としてのインパクト評価

　ロッシらによれば、プログラム評価とは、「社会的介入プログラムの効果をシステマティックに検証するために社会調査法を利用すること」を意味し、「社会科学の学問系統の概念や技法に依拠し、社会課題の緩和をめざすプログラムの改善と社会活動に有益な知識を提供することを目的とする」（Rossi, Lipsey and Freeman 2004：p.28）ものである。

　プログラムの評価としては、プログラムがいかに適切に運営されているかをみるプロセス評価と、プログラムによって生じた効果（アウトカムあるいはインパクト）をみるインパクト評価[2]がある。図表1-1は、ロッシや国際復興開発銀行（IBRD）の研究を参照して、その概念の定義を整理したものである。

1　例えば、実施地域の異なる複数の1人親家庭向け就学前教育プログラムをメタ分析することにより、その総合的・平均的な効果が定量的に数値化されれば（例：投資収益率1.20等）、1人親家庭での早期教育という介入の効果が一般化されやすくなり、教育経済学への知見の提供や、未実施地域での導入のエビデンスの補強となりうる。
2　しばしば、「アウトカム評価」とも表現される。

図表1-1　プロセス評価とインパクト評価

	プロセス評価	インパクト評価
ロッシ他	標的集団のサービス受け手に意図されたようにサービスが届いているかどうかを判断するよう設計されたプログラム・モニタリングの一つ	プログラムアウトカムや、あるプログラムの意図する社会状態の改善への影響に関するクエスチョンに回答を与える評価研究の一つ
国際復興開発銀行（IBRD）（Gertler他）	どのようにプログラムが実施され運営されているかに焦点をあてた評価で、当初のプログラム・デザインに合致しているか否かを検証し、その経緯や運営を記述するもの	プログラムや介入と一連のアウトカムとの間の因果関係（causal link）を対象になされる評価

出典：Rossi, Lipsey and Freeman（2004）p.63-64, Gertler, Martinez, Premand, Rawlings, and Vermeersch（2016）p.328,331を筆者翻訳の上、要約・整理。

(3)　インパクトとは何か

「インパクト」（impact）は、しばしば「変化」（change）という概念と結びつけられる。エプスタインらは、単に「インパクト」のみならず、「社会的インパクト」（social impact）という概念を使用しているが、彼らによれば、社会的インパクトとは、「活動や投資によって生み出される社会的環境的変化（societal and environmental changes）」（Epstein and Yuthas 2014：p.15）である。エプスタインらのこの定義自体は簡潔であり、イメージがわきやすい。しかしながら、彼らの著書全体（Epstein and Yuthas 2014）を通じて、同様に介入効果としての変化を意味するアウトカムとインパクトとの相違や関連については、必ずしも明確で論理的な説明はなされていない。例えば、「アウトカム」は、「期待されるインパクト・ゴール（desired impact goals）を達成するのに必要な中間的な効果（intermediate effects）」であり、他方、「インパクト」は、「社会的目的組織（social purpose organization）の究極のゴールであり、それによって、社会課題の解決がどの程度体系的あるいは根本的に進んだのかを示すもの」と定義されている（Epstein and Yuthas 2014：p.107）。エプスタインらは、インパクトを社会的目的組織の「究極のゴール」（ultimate goal）（Epstein and Yuthas 2014：p.107-108）と同義に扱っているようであるが、エプスタインも認めているように、「ゴール」はしばしば計測困難あ

るいは計測不能である。エプスタイン流の「インパクト」の定義を字義通り解釈すれば、「社会的インパクト評価」では、より客観的なデータに基づき定量化された評価結果として示すことができるのは、「アウトカム」までであり、「インパクト」あるいは「社会的インパクト」としての評価結果は、その組織のゴールを基準に定性的に記述されることになる。

　そもそも「インパクト」という概念そのものは、プログラム評価等で使用されるロジックモデル（Logic Model）と結びついた概念である。アウトカムとインパクトはしばしば混同される傾向があるし、評価者によって解釈も多義的になりうる。しかし、インパクトの捉え方には、大きく二つのアプローチがあるといえる。すなわち、一方は、インパクトをより長期的な効果、あるいは社会により広範な影響を及ぼす波及効果とみなすアプローチであり、他方は、インパクトをそのプロジェクトに直接起因する純粋なアウトカムとみなすアプローチである。前者のアプローチは、社会的プログラムや社会的セクターを支援する助成財団や、国際開発援助等の分野でよく用いられ、後者はよりアカデミックな分野、あるいはより科学的なエビデンスを重視する公共政策分野で用いられる。

　第一のアプローチについては、例えば、ケロッグ財団（W.K. Kellogg Foundation）は、アウトカムを、プログラム活動の結果として、「個人レベル」で生じる期待される変化（態度、行動、知識、スキル等）と捉える一方で、インパクトを、プログラム活動の結果として期待される「組織レベル、コミュニティレベル、あるいは制度レベルの変化」と、個人への影響を超えた変化として捉えている（W.K. Kellogg Foundation 2004：p.8）。特に開発援助などの分野では、同様の理解が多いようである。例えば、OECDは、アウトカムを「介入のアウトプットを通じて生じうる、または達成された短期的あるいは中期的な変化や効果」、インパクトを「開発的な介入によって創出された肯定的または否定的な、主要または副次的な、長期的効果（long-term effects）」と定義している[3]。また、英国国際開発省（DFID）は、アウトカムを「プロセスや活

3　OECDのウェブサイト
（http://www.oecd.org/dac/results-development/what-are-results.htm　2020年1月5日アクセス）参照。

動を通じてもたらされた中期的な効果（medium term effects of the processes and activities）」、インパクトを「長期的で、広範に及ぶ変化（long-term, widespread change）」と定義している（Department for International Development 2014：p.6）。

　対照的に、ロッシらは、インパクト（プログラム・インパクト）をプログラムの介入によって生じた純粋なアウトカム、言い換えれば、プログラムがなければ生じなかったアウトカムとして捉えている（Rossi, Lipsey and Freeman 2004：p.208）。すなわち、ロッシらがいうインパクトとは、アウトカムの中でも、純粋にそのプログラムに起因する「正味の効果」（net gain）部分（Rossi, Lipsey and Freeman 2004：p.208）であり、「外生要因の影響をコントロール、あるいは取り除いたピュアなプログラムの効果」（安田・渡辺 2008：104頁）である。国際復興開発銀行（IBRD）（世界銀行グループ）が刊行したインパクト評価の入門書においても、インパクトは、「プログラムに直接的に起因する変化」（the changes directly attributable to a program）（Gertler, Martinez, Premand, Rawlings and Vermeersch 2016：p.8）と説明されている。

　ワイスも、インパクトについて、長期的アウトカムやより広い社会に及ぼす効果と解釈されたり、他方で正味の効果（the net effects of program）（プログラムに純粋に起因するアウトカム）と解釈されるなど、多義的な定義が存在することを認めている（Weiss 1998：p.8）。ワイスは、後者の意味でのインパクト（正味の効果）を評価対象とすることが、評価においては不可欠であるが、アウトカムとインパクトの併用を慎重に避け、著書では、アウトカムという概念に統一し、「インパクト」を「正味のアウトカム」（net outcomes）という言葉に置き換えている（Weiss 1998：p.9）。

2　インパクト評価をめぐる世界的関心の高まりと混乱

⑴　インパクト評価への世界的な関心の高まり

　2013年のG8サミット[4]の関連行事として、議長国英国を代表してキャメロン首相（当時）は、社会的インパクト投資市場の世界的な拡大を目的に、G8ソー

シャル・インパクト・インベストメント・フォーラム（Cabinet Office 2013）
を同年 6 月 6 日にロンドンで開催した。このフォーラムを契機に、社会的イ
ンパクト投資タスクフォース（The Social Impact Investment Taskforce）[5]
が設置された。さらにこのタスクフォースの下に課題別のワーキング・グルー
プがつくられたが、そのうちの一つが、インパクト評価WG（Working Group
on Impact Measurement）である。インパクト評価WGは、インパクト投資家
向けのガイドラインとなるレポート（Social Impact Investment Taskforce
2014）を公表しているが、その背景には、「インパクト評価（impact
measurement）がインパクト投資の実践の中核となるものであり、インパク
ト投資市場の成長にとって不可欠である」（Social Impact Investment
Taskforce 2014：p.1）という認識がある。このレポートでは、インパクト評
価へのガイドラインとなるように、インパクト評価に取り組む上での共通の準
拠枠となるようなポイントを簡潔に整理している。例えば、インパクト評価の
実践を普及させていくには、データの質（qualities）の保証が重要な課題であ
る。インパクト評価WGは、データに求められる 5 つの質として、図表 1 - 2
で示した通り、①重要性（Materiality）、②信頼性（Reliability）、③比較可能
性（Comparability）、④追加性（Additionality）、⑤普遍性（Universality）を
挙げている。

　インパクト評価WGは、こうした質を備えたデータの収集には、「インパク
ト評価慣行」（impact measurement convention）の醸成がなされなければな
らないと認識していた。「インパクト評価慣行」とは、同WGによれば、「期待
される質を備えたインパクト・データの活用を強化するための標準化されたイ
ンパクト評価とレポーティングのシステム（a standardized impact
measurement and reporting system）」（Social Impact Investment Taskforce
2014：p.18）を意味する。

4　北アイルランド、ロックアーンで開催。
5　タスクフォースについては英国政府のウェブサイト参照。
（https://www.gov.uk/government/groups/social-impact-investment-taskforce　2020年 1 月 5 日ア
クセス）。タスクフォースの活動は、2015年 8 月から、The Global Steering Group for Impact
Investment（GSG）に引き継がれている。

図表 1 - 2　データに求められる 5 つの質（The Five Data Qualities）

質（Quality）	定義
重要性 (Materiality)	投資先団体の財務的・社会的・環境的価値を創造する能力や、ポートフォリオ、取引、事業レベルの経営意思決定を規定する能力について、投資家がアセスメントを行う際、そのアセスメントを相当程度左右しうる関連性や権威を有するデータ
信頼性 (Reliability)	高い水準の完全性（integrity）を保証するための情報源であり、その正当性の根拠となるデータ
比較可能性 (Comparability)	一貫性のある基準（standard）や実践に則って獲得され、様々な異なる投資の結果と比較可能なデータ
追加性 (Additionality)	投資家に、もしその投資がなければ実現されなかったであろう結果をどの程度生み出したのかの精査（assess）を可能とするデータ
普遍性 (Universality)	市場、地勢的状況（geographies）、セクターを超えて、一貫して適用可能なデータ収集実務（Data collection practices）

出典：Social Impact Investment Taskforce（2014）p.19-20を抜粋の上、著者翻訳。

　一方で、インパクト評価がエビデンスに基づく政策立案（EBPM：Evidence Based Policy Making）（以下、EBPM）の不可欠な構成要素と位置づけられつつある（Gertler, Martinez, Premand, Rawlings and Vermeersch 2016：p.3）。すなわち、政策サイドの焦点は、従来の「インプット」（inputs）からより「アウトカム」（outcomes）あるいは成果（results）に向けられつつあり、アウトカムを証明するエビデンスの計測・評価が求められている。その背景には、公財政支出の適正化やアカウンタビリティの強化、より有効な政策的意思決定といったニーズの高まりがある。公契約システムにおいても、インプットをベースに、サービスの実施に対して対価を支払う従来のモデル（fee for services model）中心から、成果（results or outcome）に対して対価を支払うモデル、すなわち、アウトカムベース公共調達（outcome based commissioning）モデルの導入が進められつつある。Payment by Results（PbR）（成果連動型契約）がその典型である[6]。

　以上のように、インパクト評価への関心の高まりの背景には、インパクト投

6　成果連動型契約やEBPMとインパクト評価との関連については、第 8 章と第 9 章を参照。

資やEBPMの世界的台頭があるといえる。

(2)　「社会価値」への注目

　英国では、米国と違い、単に「インパクト投資」ではなく、「社会的インパクト」（social impact）という冠を付けて、社会的インパクト投資や社会的インパクト投資市場、あるいはソーシャル・インパクト・ボンド（social impact bond）（以下、SIB）といった用語を用いる傾向が強かった。これは、英国において、社会的インパクト投資市場やSIBの拡大のねらいが、社会的企業（social enterprise）などへの投資促進による社会的セクター組織の持続的な成長環境の整備に向けられていたからである。この場合の社会的セクター組織のイメージは、公的補助金や慈善寄付に多くを依存するチャリティ団体というより、無業・ホームレス等社会的排除問題の改善など、社会価値の創造をミッションとしつつ、競争的市場環境においても生存可能な財務的・経営的能力を有する組織（社会的企業等）というイメージである。

　事実、英国では、経済価値（economic value）あるいは財務価値（financial value）の創造に加え、社会価値（social value）を創造する社会的企業が、公共調達市場で、他の営利企業と対等に競争できるように、2013年 1 月31日に、調達者（政府）に公共調達段階における社会価値への配慮を義務づける2012年社会価値法（Public Service〔Social Value〕Act 2012）（Department for Digital, Culture, Media & Sport 2018）を施行した。この法律によって、調達者は、公共サービスの調達プロセス（commissioning process）[7]を通じて、サービスによって創出される社会的便益（社会・経済・環境状態の改善）を考慮しなければならなくなった。

　しかしながら、最近では、インパクト投資やインパクト評価に関する国際的なネットワーク化や標準化推進の流れが進むなかで、英国でも単に「インパクト投資」や「インパクト・ボンド」、「インパクト評価」と呼ぶ傾向が強まっているように思われる。

7　協議（consultation）、サービス・デザイン（service design）、入札（Tendering）、調達後業績管理（post procurement）の各ステージ

⑶　インパクト評価における「分断」

　世界的にみると、「インパクト評価」が共通言語となっているが、日本では、「社会的インパクト評価」（social impact measurement）があたかも近年新たに台頭してきた評価手法であるかのような誤解が生じている。対照的に、英国では、「社会的インパクト評価」というコンセプトを強調する研究者であっても、「社会的インパクト」あるいは「インパクト」については、過去数十年にも亘り、厚生経済学アプローチからの費用便益分析等による評価実績が蓄積されてきた事実を踏まえ、議論を展開している（Nicholls, Nicholls and Paton 2015：p.255）。

　一方、日本国内では、いわゆる「社会的インパクト評価」の推進者や実践者の間で、これまでのインパクト評価に関連する主要な評価研究や評価実践の教訓や知見を踏まえた議論が必ずしも十分になされていない現状がある。日本国内でも、インパクト評価という概念を使用しないにせよ、本書各章で扱っているように、すでに費用便益分析や費用効果分析をはじめとして、インパクト評価は様々な分野のプログラム評価に活用されてきた。例えば、公共事業では費用便益分析が、医療の経済評価では費用効果分析等のインパクト評価が実施されてきた。また、貨幣価値への換算が難しいと思われる生物多様性の保全価値等についても、環境省は環境経済学分野の第一線の研究者と連携し、環境の経済評価に関する評価手法の発展や研究成果を系統的に収集・整理し、環境分野におけるインパクト評価を推進してきた[8]。

　こうしたインパクト評価に関する系統的な研究や評価活動の知的財産からの分断化は、「社会的インパクト評価」が一時的な「ブーム」に終わるのか、あるいはアウトプットの「量産」によって見せかけだけの成果を「可視化」する「インパクトウォッシング」（impact washing）[9]を蔓延させることになるのか、といった弊害を生じかねない。実際、「2020年までに、社会的インパクト評価を広く社会に定着させ社会的課題の解決を促進させます」という「社会的インパクト評価イニシアチブ」（SIMI）（以下、SIMI）の目標は現実味のないもの

8　「環境経済情報ポータルサイト」　参照
（http://www.env.go.jp/policy/keizai_portal/F_research/index.html　2020年1月5日アクセス）
環境の経済評価については、本書第4章とケーススタディ編を参照。

となっている[10]。そもそも短期間での評価事例の「量産」等を目標化すること自体が評価の質の低下を招きかねない。また、「社会的インパクト評価」を狭く捉えすぎていることや、大学・シンクタンク等アカデミクスとの連携がなされていないことから、収集されているデータに偏りがあり、評価活動の実態を反映できていないと言わざるをえない。

　このように、日本国内では、「社会的インパクト」を強調する政策的立場から、単にインパクト評価ではなく、「社会的インパクト評価」という「アイデア」（idea）が、まるで斬新な発想であるかのような意味付けを伴って、特にSIBやインパクト投資、休眠預金等に利害関係のあるアクター間で少なからず共有されている。すなわち、斬新な「アイデア」としての「社会的インパクト評価」という「準拠枠組み」（frames of reference）が、そうしたアクター間で調整や伝達の機能を一定程度発揮している。

　内閣府の支援によって民間団体によるSIMIが形成されたことも、「社会的インパクト評価」が、社会的認知は未だ限定されているとはいえ、従来の評価手法に革新をもたらすようなアプローチという印象を与えるのに寄与している。まさに、特に日本では、政治学者シュミットのいう「言説的制度化」（discursive institutionalism）（Schmidt 2008）が顕著に進行している[11]。インパクト評価に関する言説が政策や実践に一定の影響力を持つようになりつつある。

9　GIINの年次レポートで、リサーチ・ディレクターのAbhilash Mudaliarは、「インパクトウォッシング」という言葉を、インパクト投資に関わるアクターが、意味のあるやり方でインパクトを正確に示す努力もせずに、単にラベル貼りだけの行為に陥るリスクという意味で使っている（Global Impact Investing Network 2018：p.Ⅲ）。企業がうわべだけの環境保護を熱心に取り組んでいるかのように見せかけることを「グリーンウォッシング」と表現したが、それと似た造語である。
10　例えば、「社会的インパクト評価の推進に向けたロードマップ 2017年–2020年」では、「2020年までに、多様な社会的インパクト評価事例があらゆる地域で1000事例蓄積され、活用されている」、「リソースセンターに1000件の評価事例がアップロードされている」などと数値目標が設定されている。しかし、少なくともSIMI（現在「社会的インパクト・マネジメント・イニシアチブ」に名称変更）のウェブサイトの「事例集」サイトで確認する限り、紹介されているのはわずか17事例に過ぎない。(http://www.impactmeasurement.jp/case/　2020年1月5日アクセス)。
11　シュミット（Vivien A. Schmidt）の言説的制度論では、アイデアとしての言説（discourse）が、政治的アクター間の調整機能や、政治的アクターから市民（public）への伝達（コミュニケーション）の機能を果たし、それによって制度変容がもたらされることを指摘している。シュミットの言説的制度論については、加藤（2011）が参考になる。

3　インパクト評価と変化の理論

(1)　変化の理論

　医療・福祉、児童養護、教育、雇用等、様々な分野で、公共サービスの一環
として実施されている社会的プログラムのインパクトを計測し評価すること
は、単に「プログラムが計画通り実施されたか」といったアウトプットやプロ
セスを問うのとは異なる。すなわち、プログラム・インパクトの評価は、受益
者への介入の成果としての「変化」に焦点を当てるため、「変化の理論」(theories
of change) の構築・活用が必要とされる。

　特に実際の評価において見落とされがちなのは、評価の実施方法や実施体制
以前に、プログラムの実施計画と結びついた「プログラム理論」(program
theory)あるいは変化の理論の構築である。ここでいうプログラム理論とは、「プ
ログラム計画を立ち上げる土台となる仮説」(Weiss 1998：p.55) であり、プ
ログラムのインプットを、アウトプットやアウトカムと結びつける「因果関係
連鎖」(causal links) の説明である。ワイスは、変化の理論を「プログラムの
インプットと期待される結果（ends）を達成するための活動とを関連づける
諸仮定（assumptions）であり、実施理論（implementation theory）[12]とプロ
グラム理論の双方を含む」(Weiss 1998：p.338) と定義している。

　仮にその評価が明確な変化の理論を踏まえたものでない場合、その評価は説
明・検証不能で、「ブラックボックス化」する危険がある。評価がブラックボッ
クス化してしまえば、評価結果だけでなく、その社会的プログラムを運営する
組織や社会的プログラムのサービスを調達（委託）した政府への信頼性も損な
われる。

12　実施理論（implementation theory）とは、ワイスによれば、「もし、活動が十分な質の高さ、熱
　心さ、計画への忠実さを伴って予定通り実施されるとしたら、期待された結果が獲得できるという理
　論である。実施理論では、サービスとプログラムの目標達成とを媒介するプロセスそのものは扱われず、
　プログラム活動の実施のみが対象となる」(Weiss 1998：p.331) と定義される。

(2)　ロジックモデルとは何か

　前述したように「インパクト」という概念そのものは、プログラム評価等で使用されるロジックモデル（Logic Model）と結びついた概念である。ロジックモデルは、米国のユナイテッド・ウエイ（United Way of America 1995）やケロッグ財団（W.K.Kellogg Foundation 2004）などによって、論理的説明がなされたガイダンスが作成され、世界的にも普及している。

　ロジックモデルは、プログラムの論理（ロジック）を明確化するためのモデルであるが、具体的には、"if-then"（もし―それなら）や、"how-why"（どのように－なぜ）を鎖状に示すことによって、プログラムに内在するプロセスをチャート形式で示すものである（安田・渡辺　2008：40頁）。

　ロジックモデルでは、通常、「インプット（投入資源）→アクティビティ（活動）→アウトプット（結果）→アウトカム（成果）→インパクト」という流れで示される。もし、資源（インプット）が投入されれば、活動（アクティビティ）が起こり、その活動を通じて直接的な結果（アウトプット）がもたらされ、その結果を通じて介入対象に変化（成果＝アウトカム）が生じるという因果関係を示すものである。リザルト・チェーン（results chain）と呼ぶ場合もある。マクローリンらは、ロジックモデル・ツールを活用する利点を下記のように説明している（McLaughlin and Jordan 1999：p.2）。

・プログラムや、リソース、リーチ可能な顧客や結果への期待（予想）に関する共通理解を生み出す。それはアイデアの共有や、活動の前提（仮説）の特定、チームビルディングやコミュニケーションにとって有効である。
・プログラムのデザインや改善に有効である。すなわち、ゴールの達成に不可欠な事業を特定するだけでなく、不要な事業、あるいはプログラムの構成要素として合致しにくいものや、関連性が疑われる事業を特定するのに役立つ。
・様々な管理階層レベルでロジックモデルのチャートが共有される場合は、組織内でプログラムを扱う場所や、問題を扱う所管部署でのコミュニケーションに役立つ。
・主要業績測定の評価ポイントや評価課題に関する体系的な組み合わせの提示の根拠となる。これにより、データ収集や利用可能性が改善され、GPRA[13]

の要求事項を満たすことができる。

　評価の計画・実施においては、まずプログラム理論の構築が重要であるが、ロジックモデルは、プログラム理論の理論仮説を可視化し、ステークホルダー間で評価の目的や方向性を共有するコミュニケーション・ツールとして有効である。すなわち、ロジックモデルの活用には、「混沌としたプログラム開発及びプログラム評価の手順を流れ図的に標準化できる」（安田・渡辺 2008：45頁）という利点がある。

　しかし、ロジックモデルの作成が自己目的化し、ロジックモデルに様々な異なる活動を盛り込み過ぎて、大きくなりすぎると、体系化された評価自体が困難となる。マクローリンらも、ロジックモデルに盛り込む活動としては、大雑把な指針であるが、せいぜい5個のグループにとどめたほうがよいとしている（McLaughlin and Jordan 1999：p.8）。

⑶　ロジックモデルの構造

　マクローリンらは、基本的なロジックモデルを図表1-3のようなチャートで示している。この図にあるように、ロジックモデルでは、プログラムの流れに沿って、「左から右へ」、すなわち、インプットからアウトカムへという道筋で作成するのが一般的である。しかしながら、アウトカムが明確な場合は、むしろ、アウトカムを皮切りに「右から左へ」という発想の流れで、ロジックモデルを完成させていくのも1つの方法である（安田・渡辺　2008：44頁）。

　ロジックモデル上の主要概念を、マクローリンやワイスらの定義を参考にしつつ整理すると図表1-4の通りである。

13　GPRA（Government Performance and Results Act）（政府業績成果法）。クリントン政権時代の1993年5月成立。省庁に、使命と目標を明確にしたうえで達成状況を測定し、報告することを求めるもの。

図表 1 - 3　基本的なロジックモデル

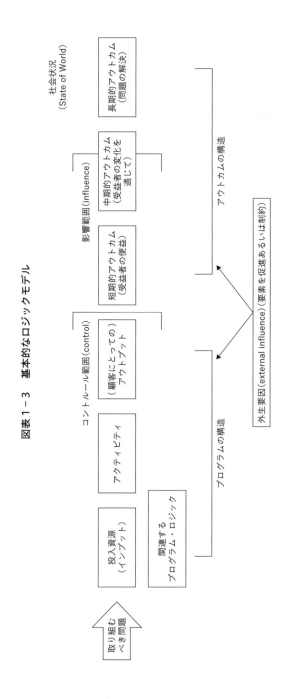

出典：McLaughlin and Jordan（2015）：p.65の図表を筆者翻訳

図表1－4　ロジックモデルの鍵概念

概念	説明
インプット (Inputs)	プログラム運営に必要な人的・金銭的資源（human and financial resources）およびその他の投入資源（インプット）
アクティビティ (Activities)	プログラムのアウトプットを生み出すのに必要とされる中核的なアクション・プロセスの諸段階（steps）
アウトプット (Outputs)	プログラムの直接的な受益者（customers）やプログラム参加者に提供される製品やサービス[14]
アウトカム (Outcomes)	活動やアウトプットに接した結果と想定される人々、組織、あるいは他のプログラム・ターゲットにおける変化（changes）や便益
短期的アウトカム 　(Short-term outcomes)	プログラムのアウトプットに最も密接に結びついた、あるいは因果関係の強い変化や便益
中期的（中間）アウトカム 　(Intermediate outcomes)	短期的アウトカムの結果と想定されるアウトカム
長期的アウトカム 　(Long-term outcomes)	中期的アウトカムの結果に起因すると想定されるアウトカム
インパクト (Impact)	プログラムの純粋な効果。より大きなコミュニティへのプログラムの効果を意味する場合もあるが、より一般的にはアウトカムと同義に理解される。

出典：McLaughlin and Jordan（2015）：p.65-66およびWeiss（1998）p.331の記述を参照し、筆者翻訳。「インパクト」についてのみWeiss（1998）からの引用。

　マクローリンらは、最後の「短期的アウトカム」「中期的アウトカム」「長期的アウトカム」について、教員向け研修プログラム（teacher training program）を例にとって、わかりやすく説明をしている（McLaughlin and Jordan 2015：p.66）。すなわち、研修に参加した結果として、教師は教室運営のテクニックに関する新しいスキルや知識を獲得する。このアウトカムは短期的アウトカムである。次に、教師はこの獲得したスキルを実際の教室運営に応用する。これは中期的アウトカムである。さらに、そうした変化（中期的ア

14　アウトプットは、活動によってもたらされた直接的な事象であり、定量的なもので、活動から生じた基礎データ（開催回数、配布資料数、参加率、参加者数等）である（安田・渡辺 2008：42頁）。

ウトカム）は、生徒にとっても教育機会の拡大、ひいては学習状況の改善を導くことが期待される。これが長期的アウトカムであり、教員研修プログラムはそもそも、この目的の達成のためにデザインされたものである。

　しかしながら、アウトカムを「短期」「中期」「長期」と相互の因果関係と時間軸を踏まえ、系統的に定義するのは、プログラムの内容・特性によっては、かなり難しい場合もありうる。

　アウトカムの分類については、対象プログラムの特性を考慮する必要があろう。

4　インパクト評価と「反事実」

(1)　予見的評価と遡及的評価

　評価実施の時間軸を基準にすれば、「予見的インパクト評価」（prospective impact evaluation）と「遡及的インパクト評価」（retrospective impact evaluation）というように、大きく2つに分類できる[15]。予見的インパクト評価は、プログラムのデザインとその開始と同時に、評価の設計・実施がなされていくのがその特徴である。プログラム開始前のベースライン・データが、介入を受けるトリートメント・グループ（treatment group）と、介入を受けない比較観察グループ[16]（comparison group or control group）のそれぞれについて収集される。対照的に、遡及的インパクト評価では、プログラムのインパクトが、プログラムは実施された後で評価される（Gertler, Martinez, Premand, Rawlings and Vermeersch 2016：p.9）。

　予見的評価の方が、遡及的評価と比べ、評価結果の信頼性という点ではより強固である。なぜなら、前者は、プログラム開始に先立ち、アウトカム計測の

15　これらの分類以外にも、プログラムが実施される前にその効果を予測するために、費用便益分析等では事前評価（Ex Ante CBA）が広く行われている（Boardman, Greenberg, Vining and Weimer 2011：p.3）。こうした事前評価は公共事業等に用いられ、政府の政策的意思決定（その事業に投資すべきか否か）に活用される。

16　しばしば、コントロール・グループと表現される。

ためのベースライン・データを収集するからであり、トリートメント・グループと比較観察グループを設定するからである。対照的に、後者の場合、プログラムが本当に成功したのかどうか、プログラム参加者が本当にそのプログラムにより便益を受けたのかどうかを評価するための情報が圧倒的に不足している（Gertler, Martinez, Premand, Rawlings and Vermeersch 2016：p.9–10）。

⑵　"efficacy" と "effectiveness"

　インパクト評価の目的は、そのプログラムのパフォーマンスのエビデンスを提示することにある。とりわけ政策サイドからすれば、そのプログラムの成功が他の事例にも適用でき、さらに同種のプログラムをスケールアップできるエビデンスを提示できること、すなわち、一般化可能性（generalizability）が重要となる（Gertler, Martinez, Premand, Rawlings and Vermeersch 2016：p.11）。

　しかしながら、インパクト評価によっては、その対象となるプログラムの性質からして、必ずしもその結果の一般化までを求めていない場合がある。例えば、特定の理想的な条件に厳格にコントロールされたプログラムの効果のみを検証することが目的で、通常の状況で同種のプログラムをスケールアップして実施することまでは想定しないケースもある。すなわち、同じように効果を測定するのであるが、一般化を前提とせず、特定の条件下での効果のみを評価する場合と、一般化を前提としてその効果を評価する場合である。英語表現では、前者を「efficacy」、後者を「effectiveness」と区別することが多い（Gertler, Martinez, Premand, Rawlings and Vermeersch 2016：p.11）。医薬品の臨床評価や予防医学等の分野ではよく用いられる。

　Efficacyとeffectiveness を日本語に訳せば、どちらも「有効性」と訳すことができるが、本論文では、この２つの概念の区別に限って、efficacyを「効力」（あるいは「限定的有効性」）、effectivenessを「有効性」と表現する[17]。すなわち、前者のefficacyは、最適の条件下（実験室でコントロールされたような

17　医療専門家の医学マニュアル「MSDマニュアル・プロフェッショナル版」（https://www.msdmanuals.com/ja-jp/　2020年１月５日アクセス）などを参照。

条件下）では効力を発揮するが、通常の条件下では有用ではないプログラムの効果を意味し、後者のeffectivenessは通常の状況でそのプログラムを実施しても同様の効果が期待できる（一般化可能である）ものを意味する。

　例えば、新しい治療法のプロトコール（治療計画）を導入したパイロットを優秀なマネージャーと医療スタッフを擁した特定の病院で実験し効果があがったとしても、同種のプログラムが他の平均的な病院で導入されても同じような効果があがるとは限らない（Gertler, Martinez, Premand., Rawlings and Vermeersch 2016：p.11）。このパイロットの評価で特に一般化可能性のエビデンスまでが求められていなければ、それは統制された条件下の効力（efficacy）のみを評価することになる。対照的に、有効性（effectiveness）の評価は、それが適切にデザインされ実施されるならば、その評価結果は、そのプログラムの受益者を超えて、他の受益者（同様の方法で介入を受ける受益者）にも一般化することが可能となる（Gertler, Martinez, Premand., Rawlings and Vermeersch 2016：p.11）。

　以上のような観点から、インパクト評価は、最適条件下での効力を対象とする評価と、一般的な有効性を対象とする評価に分類することもできる。「理想」の条件で統制された施設内で介入を受け、自己肯定感を改善できた無業の若者が、いったん「現実」社会に復帰すると様々な社会的要因が制約となり、再び自信を喪失し職に就くことができないということは大いに起こりうることである。若年無業者の自立支援など、政策的意思決定への評価結果の活用が期待される場合には、有効性を証明するエビデンスが求められることになる。

⑶　インパクト評価と「反事実」（counterfactual）

　インパクト評価には様々なアプローチがあるが、いかなる評価アプローチをとるにしても、共通する基本的な特徴は特定の因果関係（cause-and-effect）に焦点をあて、因果関係に関する問いへの答えを見出すタイプの評価という点である。焦点はインパクト、すなわち、プログラムに直接起因する変化に向けられる。そして、プログラムが変化に直接もたらしたインパクトを推計するには、いかなるインパクト評価手法も、反事実（counterfactual）を推計しなければならない（Gertler, Martinez, Premand., Rawlings and Vermeersch

2016：p.8）。反事実とは、観察対象の個人や対象単位（ユニット）が仮にそのプログラムに参加しなかった状況で生じるアウトカムである（Gertler, Martinez, Premand., Rawlings and Vermeersch 2016：p.49）。この反事実をどのように扱うかは、効果の因果関係を証明しなければならないインパクト評価においてきわめて重要である。すなわち、プログラムに起因するインパクトを証明するには、「原因が起こったという『事実』における結果と、原因が起こらなかったという『反事実』における結果を比較しなければならない」（中室・津川　2017：36–37頁）のである。

　本書で扱う費用便益分析（cost-benefit analysis：CBA）も、インパクト評価の一種であるが、反事実仮想による比較が大前提となる。すなわち、費用便益分析が対象とするプログラムの状況と、そのプログラムがなかった場合の状況（反事実）が比較され（「with-without」の比較）、インパクトは両者のアウトカムの差異（differences）として計測される（Boardman, Greenberg, Vining and Weimer 2011：p.288 ）。

⑷　エビデンス・レベル

　保健医療の世界では、エビデンスに基づく医療（Evidence Based Medicine：EBM）、あるいはエビデンスに基づく保健医療（Evidence Based Health）が、1990年代初頭から、カナダのマクマスター大学のサケット（Sackett 1989; Sackett, Straus, Richardson, Rosenberg and Haynes 2000）や、EBMの名付け親である医師のガイヤットら（Guyatt 1991）によって提唱され、その後、世界的に広がっていた。

　EBMとは、サケットらによれば、「研究上から得られた最善のエビデンス（best research evidence）を、臨床的な専門技能（clinical expertise）と患者の価値観（patient values）に統合させるものである」（Sackett, Straus, Richardson, Rosenberg and Haynes 2000：p.1）と定義される。EBMは日本では科学的根拠（エビデンス）に基づく医療と解釈されることが多いが、その本質は、単に科学的根拠重視ということではない。サケットらの定義にあるように、科学的根拠、臨床の専門性、患者の価値観という３要素を統合させるところにある。

　とはいえ、EBMには、医療の意思決定は、入手可能な最善のエビデンスを基礎になされるべきという考え方が基本にある。EBMの進展のなかで、研究や実験で得られたエビデンスの強さの階層化（ランク付け）が試みられてきた[18]。エビデンスのヒエラルキー（hierarchy of evidence）あるいはエビデンス・レベル（level of evidence）といわれるものである（Sackett 1989：Sackett, Straus, Richardson, Rosenberg and Haynes 2000）。

　エビデンス・レベルは、エビデンスを提供するための研究デザインと関連している。強力なエビデンスを提供する研究デザインとみなされているのが、ランダム化比較試験（randomized controlled trial：RCT）（以下、RCT）である。2019年のノーベル経済学賞受賞者も、RCTを用いた貧困緩和政策研究での実績が高く評価されたマサチューセッツ工科大学(MIT)のアジビット・バナジー、エステル・デュフロ、ハーバード大学のマイケル・クレマーの3氏であった[19]。RCTとは、研究対象群を無作為に2つのグループに分けて（ランダム化）、評価の対象とする介入の効果を比較する研究デザインである。すなわち、一方のグループには生活習慣病の重症化予防等のための介入を行い（介入群＝トリートメント・グループ）、もう一方のグループ（コントロール・グループ）にはトリートメント・グループに行うような介入を提供しないことにより、一定期間後に罹患率、生存率等を比較し、介入の効果を検証するという手法である。

　このRCTは単独で実施される場合もあるが、複数のRCTを統合して評価する、いわゆるシステマティック・レビュー（systematic review：SR）あるいはメタ分析の信頼性が、単なる（単独の）RCTよりもエビデンスとしては上位に位置づけられる。全米アカデミーズ（National Academies）[20]の医学院のIOM（The Institute of Medicine）[21]によれば、SRとは、「特定のリサーチ・

18　すでにカナダでは、1979年のカナダ定期健康診断特別委員会（Canadian Task Force on the Periodic Health Examination 1979）が、エビデンスの階層化に関する問題提起を行っていた。

19　このうちデュフロ氏、クレマー氏らによるランダム化比較試験に関する共著（Duflo, Glennerster and Kremer. 2008）を参照。翻訳もされている。

20　米国の学術団体を統合する非営利組織。政府の科学・技術・医療政策等への専門的提言なども行う。

21　現在は、全米科学・工学・医学アカデミーズ（National Academies of Sciences, Engineering, and Medicine）内のHDM（The Health and Medicine Division）に改称

クエスチョンに焦点をあて、類似するが、個別に行われた研究の知見を特定し、選択し、評価し、まとめるために明確で計画された科学的方法を使用する研究方法である」（IOM 2011：p.21）と定義される。SRとメタ分析との関係については、IOMは、「別々の研究からの結果の定量的統合（メタ分析）を含むことも含まないこともある」（IOM 2011：p.21）と述べている。メタ分析とは、研究サンプルから推論を引き出し、対象集団へのその適用を可能にすることを企図して、複数の類似する研究の結果を定量的に統合するために統計的手法を使用するSRである（IOM 2011：p.21）。

　公益財団法人日本医療機能評価機構は、その『診療ガイドライン作成マニュアル』の中で、SRとメタ分析を同一視することは適切でないとして、SRと呼べるための条件として、以下の4点を提案している（小島原他編著 2017：71頁）。

　1．参照した研究に漏れがない

　2．採択された研究に偏りがない

　3．中立の立場で一定の基準に基づき各研究を評価：

　　①アウトカムに及ぼす効果の大きさ

　　②効果の確実性

　4．結論に評価の結果が反映されている

　なお、エビデンス・レベルについては、介入が実施される分野によって階層化のパターンも、また、どのレベルまでのエビデンスが収集可能かも異なると思われる。しかしながら、例えば、類似の分野で複数の異なるプログラム間のインパクトの比較を実施する場合、ある程度、エビデンス・レベルを標準化させていく必要があろう[22]。

5　インパクト評価と標準化

　費用便益分析や費用効果分析等のインパクト評価は、とりわけ政策評価分野で広く活用されてきた評価手法である。インパクト評価の中には便益を貨幣価

22　RCTやエビデンス・レベルの詳細は第9章を参照。

値に換算するタイプの評価もあれば、貨幣化まではせずになんらかの定量化にとどめるタイプの評価もある。便益を貨幣化する費用便益分析の中でも、市場価格に基づく経済価値のみを評価する市場アプローチもあれば、環境のような非市場財を仮想評価法（仮想市場評価法）（Contingent Valuation Method：CVM）（以下、CVM）[23]等などを用いて評価する非市場アプローチもある。また、インパクト評価によって依拠するエビデンス・レベルも様々である。

　しかしながら、費用便益分析や費用効果分析では、それが厚生経済学をベースにアプローチや手法、メトリクスの開発・改善が進められ、評価の鍵概念を構成する用語も明確に定義され、それらが共通言語として共有されてきた。そのため、ガイダンスやガイドラインの作成など、一定の標準化が可能である。

　事実、英国では、省庁横断的に、財務省が発行する『グリーンブック』（HM Treasury 2018）という政策評価のためのガイダンスが策定され、先行研究・実践等の蓄積を踏まえ改訂を重ねてきた[24]。財務省発行ということでもわかるように、『グリーンブック』のようなガイダンスを策定する究極の目的は、公金を投入した政策・施策・事業の効果をVFM（Value for Money）（支出に見合う価値あるサービス）の観点から評価し、効率的で有効な政策効果を実現できるように、政策上の意思決定を支援することにある。すなわち、『グリーンブック』には、省庁や組織の縦割りを超えた一貫性のあるやり方で、政府関係者がその政策意思決定に対して透明性があり、目的志向で、エビデンスに基づく助言を行うことに役立つことが期待されている（HM Treasury 2018：p.1）。したがって、『グリーンブック』は、政府の「チーフエコノミスト評価グループ」のレビューを経て、全省庁・部局、関連外郭機関、規制当局に適用される（HM Treasury 2018：p.3）。そして、各省庁は、『グリーンブック』の評価指針をその管轄分野でいかに実行するかを説明した内部向け評価ガイダンスを策定するが、その内部ガイダンスの内容は『グリーンブック』と整合的でなければな

23　CVMとは、市場で取引されない環境財などについて、仮想的な市場を設定して、アンケートによって支払意思額（willingness to pay：WTP）を聞く手法。

24　『グリーンブック』関連のガイダンスは、下記ウェブサイト参照。
（https://www.gov.uk/government/publications/the-green-book-appraisal-and-evaluation-in-central-goverent　2020年1月10日アクセス）

らない（HM Treasury 2018：p.3）。

『グリーンブック』の内容は、主に費用便益分析や費用効果分析のような経済評価がベースになっているが、貨幣化困難な介入効果についても、別の方法で定量化することを推奨し（HM Treasury 2018：p.47）、環境財の経済評価のテクニック、保健医療の経済評価の指標・テクニックなどを紹介している（HM Treasury 2018：p.61–75）。すなわち、費用便益分析や費用効果分析等の評価の対象を公共事業に限定せず、環境や医療・福祉分野などまで広げており、非市場的な価値の評価を支援するために様々なテクニックが参照できる内容となっている[25]。

日本でも、各省庁が個別に費用便益分析マニュアルや評価ガイダンスを策定してはいるが、全省庁横断的な政策評価の準拠枠を提供するような評価ガイダンスは存在しない。そのため、全省庁的に評価の質を標準化・向上させていく仕組みは機能しにくいと思われる。その点でいえば、『グリーンブック』のようなガイダンスを策定する意義は大きいといえる。

しかしながら、『グリーンブック』は基本的に政策評価の支援が目的で、様々な読者が参照可能とはいえ、主に公務員など、政策意思決定に関与する、比較的専門性の高い人々を対象としたものである。また、政府の政策・施策・事業に関するものであり、例えば、NPOなど、社会的セクター組織の社会的プログラムなどを前提としたものではない。NPOなどの社会的プログラムに応用可能ではあるが、難度が高く、評価の専門人材がいないとガイダンスとして普及させるには難しい内容である。それは英国においても同様である。したがって、政府が『グリーンブック』などのガイダンスを通じてインパクト評価の標準化を推進する一方で、民間サイド、特に社会的セクターサイドでも、政府の取組みや大学・研究機関等とも連携しつつ、民間主導でインパクト評価の標準化を推進していく必要があろう。一方、民間主導でインパクト評価の標準化を

25　三菱UFJリサーチ&コンサルティングによる『アメリカ及びイギリスにおける費用便益分析の手法に関する調査研究』でも、『グリーンブック』の特徴について「公的資本形成等のハード事業だけでなく、医療や環境、持続可能性等に関する基準作成や、間接的な経済効果も評価対象としている。また、定量化できる要因やできない要因も含めて考慮することになっており、多様で総合的な評価を行うことが目指されている」（三菱UFJリサーチ&コンサルティング 2012：68頁）と述べている。

進めていく場合であっても、評価の質を高めていくために参照可能な『グリーンブック』のようなガイドラインは必要となろう。評価に関する膨大な先行研究や実践、データを集約して、専門的知見も踏まえ、ガイダンスを策定するのには、莫大な費用がかかり、民間団体だけで長期的にその費用を負担するのは困難である。

　したがって、インパクト評価の標準化を推進していくための公民連携が求められているといえる。

参考文献

加藤雅敏（2011）「福祉国家再編分析におけるアイデア・利益・制度（二）：制度変化の政治学的分析に向けて」『北大法学論集』62(2)：1 –48。

小島原典子・中山健夫・森實敏夫・山口直人・吉田雅博編（2017）『Minds 診療ガイドライン作成マニュアル．Ver.2.0』公益財団法人日本医療機能評価機構 EBM 医療情報部。（http://minds4.jcqhc.or.jp/minds/guideline/pdf/manual_all_2017.pdf　2020年 1 月 5 日アクセス）。

中室牧子・津川友介（2017）『「原因と結果」の経済学』ダイヤモンド社。

三菱UFJリサーチ＆コンサルティング（2012）『アメリカ及びイギリスにおける費用便益分析の手法と実例に関する調査研究（平成23年度会計検査院委託業務報告書）』三菱UFJリサーチ＆コンサルティング株式会社。

安田節之・渡辺直登（2008）『プログラム評価研究の方法』新曜社。

Boardman,A.E.,Greenberg,D,H.,Vining,A.R. and Weimer,D.L.（2011）*Cost-Benefit Analysis: Concepts and Practice.* 4th ed. New Jersey : Pearson Education.

Cabinet Office（2013）*G8 Social Impact Investment Forum Outputs and Agreed Actions.*（https: //assets.publishing.service.gov.uk/government/uploads/system/uploads/attachment_data/file/225547/G8_Social_Impact_Investment_Forum_-_Outputs_and_Agreed_Actions.pdf　2020年 1 月 5 日アクセス）

Canadian Task Force on the Periodic Health Examination（1979）'The periodic health examination: Task Force Report', *CMA JOURNAL,* 121: 1193-1254.（https: //www.ncbi.nlm.nih.gov/pmc/articles/PMC1704686/pdf/canmedaj01457-0037.pdf　2020年 1 月10日アクセス）

Department for Digital, Culture, Media & Sport（2018）*The Public Services（Social Value）Act 2012: An introductory guide for commissioners and policymakers.*（https: //assets.publishing.service.gov.uk/government/uploads/system/uploads/attachment_data/file/690780/Commissioner_Guidance_V3.8.pdf　2020年 1 月28日アクセス）

Department for International Development（DFID）（2014）*Sharpening incentives to perform: DFID's Strategy for Payment by Results.*（https: //assets.publishing.service.gov.uk/government/uploads/system/uploads/attachment_data/file/323868/Sharpening_incentives_to_perform_DFIDs_Strategy_on_Payment_by_Results.pdf　2020年 1 月 5 日アクセス）

Duflo,E., Glennerster, R.and Kremer,M.（2008）'Using Randomization in Development Economics Research', in *A Toolkit. Handbook of Development Economics,* Vol.4 Chapter 61: 3895-3962.（邦訳、小林庸平監訳〔2019〕『政策評価のための因果関係の見つけ方』日本評論社。）

Epstein, M.J.and Yuthias,K.（2014）*Measuring and Improving Social Impacts: A Guide for Nonprofits, Companies, and impact investors.* Sheffield: Greenleaf Publishing.（邦訳、マーク・J・エプスタイン/クスティ・ユーザス『社会的インパクトとは何か』英治出版、2015年。）

Gertler, P.J., Martinez,S, Premand,P., Rawlings,L.B. and Vermeersch,C.M.J.（2016）*Impact Evaluation in Practice.* 2nd ed. Washington. D.C.: World Bank Group.

Guyatt,G.H.（1991）'Evidence-based medicine', *ACP Journal Club,* 114(2): A16.

HM Treasury（2018）*The Green Book: Central Government Guidance on Appraisal and Evaluation.*（https://assets.publishing.service.gov.uk/government/uploads/system/uploads/attachment_data/file/685903/The_Green_Book.pdf　2020年 1 月10日アクセス）

Global Impact Investing Network（GIIN）（2018）*Annual Impact Investor Survey 2018.*（https://thegiin.org/assets/2018_GIIN_Annual_Impact_Investor_Survey_webfile.pdf　2020年 1 月10日アクセス）

Institute of Medicine of the National Academies（IMO）（2011）*Finding What Works in Health Care Standards for Systematic Reviews.* Washington D.C. : the National Academies Press.

McLaughlin, J.A. and Jordan,G.B.（1999）'Logic Models: A Tool for Telling Your Program's Performance Story', *Evaluation and Program Planning,* 22(1): 65-72.

McLaughlin, J.A.and Jordan,G.B.（2015）'Using Logic Models', in Newcomer, K.E., Hatry,H.P.,and Wholey,J.S. *Handbook of Practical Program Evaluation.* 4th ed. New Jersey: John Wiley & Sons.

Nicholls,A., Nicholls,J. and Paton,R.（2015）'Measuring social impact', in Nicholls,A., Paton,R　and Emerson,J.（eds）*Social Finance.* Oxford: Oxford University Press.

Rossi,P.H., Lipsey,N.W. and Freeman,H.E.（2004）*Evaluation: A Systematic Approach,*（7nd edn）. London: Sage.（邦訳、大島巌・平岡公一・森俊夫・元永拓郎監訳『プログラム評価の理論と方法: システマティックな対人サービス・政策評価の実践ガイド』日本評論社、2005年。）

Sackett,D.L.（1989）'Rules of Evidence and Clinical Recommendations on the Use of Antithrombotic Agents', *CHEST,* 95(2): 2s-4s.

Sackett,D.L., Straus,S.E., Richardson, W.S.,Rosenberg,W.and Haynes, R.B.（2000）*Evidence-Based Medicine: How to Practice and Teach EBM.* 2nd ed. Edinburgh: Harcourt Publishers Limited.

Schmidt, V.A.（2008）'Discursive Institutionalism: The Explanatory Power of Ideas and Discourse', *The Annual Review of Political Science,* 11: 303-326. doi: 10.1146/annurev.polisci.11.060606.135342.

Social Investment Taskforce（2014）*Measuring Impact.*（http://gsgii.org/wp-content/uploads/2017/07/Measuring-Impact-WG-paper-FINAL.pdf　2020年 1 月 5 日アクセス）

United Way of America（1995）*Measuring Program Outcomes: A Practical Approach.*

Weiss, C.H.（1998）*Evaluation.* 2nd ed. New Jersey: Prentice Hall.（邦訳、佐々木監修、前川美湖・池田満監訳『入門　評価学: 政策・プログラム研究の方法』日本評論社、2014年。）

W.K.Kellogg Foundation（2004）*Logic Model Development Guide.* Michigan: W.K. Kellogg Foundation.

第 2 章

インパクト評価と費用便益分析

大野　泰資

　費用便益分析は、プロジェクトの効果と費用を同じ貨幣単位で比較することができ、そのプロジェクトは費用をかけて実施するに見合うだけの価値があるかどうかを判断することに役立つ。また、純便益の現在価値や費用便益比（B/C）などの評価基準を用いて、代替的な複数のプロジェクト間での優劣をつけることができる。便益の測定手法には、消費者余剰法やヘドニック法、仮想市場評価法、代替法など様々なものがあるが、前提条件の置き方次第で評価結果は大きく変わることには留意が必要である。

　また、効率性を基準にした分析であるため、分配の公平性については評価できないこと、たとえ効果が大きくても発現までに時間がかかるプロジェクトの評価は不利になること等、利用に際しては手法としての利点と限界をわきまえる必要がある。

　日本における費用便益分析は、公共事業の評価に利用されることが多いが、今後は、教育や職業訓練等の社会課題に対応する事業への適用も考えられる。フィールド実験によって効果把握を行えば、EBPMの推進にも資する。なお、目的に対して、どのプロジェクトが効くのか、という順付けを行うのであれば、便益評価に伴う不確実性を避けるため、費用便益分析ではなく、費用対効果分析を積極的に活用することも考えられる。

1 はじめに

　本章では、分析手法として長い歴史のある費用便益分析（Cost Benefit Analysis：CBA）を取り上げ、その根本的な考え方や、用いられている評価手法を解説するとともに、エビデンスに基づく政策立案（EBPM：Evidence-Based Policy Making）が求められる時代における費用便益分析の活用の方法

について考察したい。

　費用便益分析とは、プロジェクトが実施された場合（withケース）と実施されなかった場合（withoutケース）を比較し、もしそのプロジェクトが実施されたならば、実施されなかった場合に比べ、社会全体の構成員に対して、どれだけの効果および費用がもたらされるのかを明らかにするための分析枠組みである。近年、社会のニーズが高まっているインパクト評価では、プロジェクトが実施されるという事実（factual）によるアウトカムの変化と、プロジェクトが実施されないという反事実（counterfactual）でも生じたであろうアウトカムの変化を比較し、純粋に当該プロジェクトに起因して生じたアウトカムの変化分だけを因果関係のあるエビデンスとして、プロジェクトの効果とするが、費用便益分析の文脈でも、捉えようとしているものは同じである[1]。

　なお、本章では、以下において、政策や施策、事業における「効果」という用語と「便益」という用語を区別して用いることにする。

　「効果」とは政策や施策、事業によって発生する様々なメリットやデメリットのことであり、それには定性的に記述されるものもあれば、定量的に数値として把握できるものもある。これに対して「便益」とは、効果の大きさを金銭価値換算化したものである。例えば、A、Bの2地点間に道路が開通することによって、「2地点間の移動時間が短縮される」というのは定性的な効果の記述である。これに対して、2地点間の移動時間が「5分短くなる」という記述は定量的に効果を表している。さらに、2地点間での移動時間が5分短くなることにより、年間でその効果は「1億円の価値がある」という形で金銭換算化して表されれば、それは便益としての表示ということになる。

　上記の区分を基に、本章では、政策・施策・事業の費用（これは、金銭で表される）を、効果の大きさが金銭価値換算化されたものと比較する場合のみ「費用便益分析」と呼び、金銭価値換算化されていない定量的効果と比較する場合は「費用対効果分析（Cost Effectiveness Analysis：CEA）」と呼ぶことにする。

　現在、行政、議会、メディア等では、政策・施策・事業の効果を把握し、そ

1　費用便益分析では、必ずしもフィールド実験に基づく比較を前提としていないためか、「factualとcounterfactualの比較」ではなく、「withケースとwithoutケースの比較」という用語が用いられることが多い。

れを事業に要する費用と比較する分析のことを総称して、「費用効果分析」、「費用対効果分析」、あるいは「費用便益分析」等、さまざまな用語が用いられている。例えば、総務省の政策評価ポータルサイト「公共事業に関する評価実施要領・費用対効果分析マニュアル等の策定状況[2]」には、各府省が所管する公共事業別に、「費用便益分析」のマニュアルが整理されているが、マニュアルのタイトルは「費用対効果分析」であったり「費用便益分析」であったり、まちまちである。しかし、いずれも効果を金銭価値換算化して事業に要する費用と比較した上で、投資に見合うだけの事業となっているかどうか、事業の適切性を判断するためのマニュアルであるので、それらはみな本章で言うところの「費用便益分析」のマニュアルである。

　以下、本章の構成を示すこととする。第 2 節では費用便益分析と費用対効果分析の特徴を概観する。第 3 節では、政策評価という枠組みの中で費用便益分析がどのように用いられているのかを、米国、英国、日本を例に取り上げる。第 4 節では、費用便益分析における現在価値換算化の考え方と費用便益分析の評価基準を紹介し、続く第 5 節では、これらの基準を用いてプロジェクトを比較し、選択する際の原則を示す。第 6 節では、プロジェクトの効果を金銭価値換算化するための手法を解説する。これにより、プロジェクトの効果を金銭価値換算化するためには、多くの強い仮定が置かれていることや、算出結果の精度にもかなりの幅が生じるであろうことが、推察される。最後に、第 7 節では、インパクト評価に費用便益分析を活用していく上での課題、留意点を整理する。

2 費用便益分析と費用対効果分析

　費用便益分析も費用対効果分析も、政策（Policy）―施策（Program）―事業（Project）という政策体系の中では、抽象度の高い政策や複数の事業を含む施策よりも、より下位レベルで具体的で明確な形となっている個別の事業を

2　総務省政策評価ポータルサイト
https://www.soumu.go.jp/main_sosiki/hyouka/seisaku_n/koukyou_jigyou.html（2020年 1 月 8 日アクセス）

評価するのに適した手法である。

　費用便益分析の最大の長所は、効果の大きさを便益として金銭価値換算化して表示するので、同じく金銭の大きさで表示されている費用との間で、絶対額同士での比較が可能となり、そのプロジェクトは、費用をかけて実施するに見合うだけの価値があるかどうかを判断することができる点にある。一方で、費用便益分析の最大の短所もまた、プロジェクトの効果を便益へと金銭換算化する点にある、と言ってよい。すなわち、プロジェクトの効果が定量的に捉えられたとしても、その効果を便益へと金銭価値換算化するための手法には、前提条件の置き方次第で便益の大きさが大きく変動するものが多く、誤った前提条件が置かれると、便益は過大または過小に推計されやすい。

　これに対して、費用対効果分析では、効果の大きさを定量的に把握するところまでは行われるが、効果の金銭価値換算化までは行われていない。したがって、金額表示された費用とは単位が異なるため、効果と費用のどちらが大きいかは、直接的には比較できない——すなわち、そのプロジェクトが費用をかけて実施するに見合うだけの価値があるかどうかまでは、判定できないという短所を持つ。他方で、すでにプロジェクトに対する総支出が決まっている場合、複数の代替的なプロジェクトの中から、目的を達成するためにはどのプロジェクトの効果が最も大きいのかを、1 円当たりの費用に対してプロジェクトごとの効果がどの程度あるかを定量的に示すことを通じて把握することができるので、プロジェクト間の優劣をつけることは可能である。また、各プロジェクトの効果が等しい場合は、各プロジェクトの費用を比べるだけでプロジェクト間の優劣を判定することもできる。したがって、岡（2002）が指摘するとおり、費用対効果分析は，不確実性の大きい便益の測定を回避しながら、プロジェクト間の優劣を判断できるという長所を持っていると言える。

　費用便益分析も費用対効果分析も、どちらかと言えば、プロジェクト実施前の事前の段階での分析道具[3] である。そして費用便益分析は、適切に運用されれば、あるプロジェクトをどのような方法によって、どの程度の規模で実施す

3　プロジェクト実施中の中間時点や、プロジェクト終了後の事後段階での費用便益分析の実施も可能である。

べきであるかを事業担当者に明らかにするとともに、そもそもそのプロジェクトが投資に見合うだけの価値があるものかどうか評価することを可能としてくれる。また、当該プロジェクトの評価結果を表すと同時に、代替的な複数のプロジェクト間での優劣を決定することを可能とし、分析結果の違いがどのような前提条件・評価手法の相違から生じているのかなど、事業担当者に様々な情報を提供するので、プロジェクトの漸次的な改善を促すための分析手法としても有用である。

　しかし、事業担当者には、立案されたプロジェクトについて、便益については過大に、費用については過小に評価したいという強い誘因が働く。そのため、様々な操作（manipulation）が入り込む余地が大きいことも、たびたび指摘されている。

3　政策評価制度の中での費用便益分析の活用状況

　厚生経済学の発展とも歩調を合わせ、費用便益分析が公共プロジェクトの評価に最初に用いられたのは、1930年代の米国における水資源開発プロジェクトの評価においてであった。その後第二次世界大戦後になると、費用便益分析は、公共事業だけでなく、医療や教育政策の分野など、公共政策全般の評価に用いられるようになっていった[4]。

　1960年代後半のジョンソン政権下では、各省庁は各政策についての費用便益分析を実施し、その結果に基づいて予算編成を行うというPPBS（Planning-Programming-Budgeting-System）[5]の導入が試みられるようになったが、この試みは、1971年に早々に廃止されることとなった。

　PPBSの失敗[6]としては、政治上の限界、分析上の限界、実務上の限界等が指摘されているが、これらの指摘は、費用便益分析の限界も内包している。第一

4　米国や英国の政策評価制度の中での費用便益分析の活用状況については、三菱UFJリサーチ＆コンサルティング（2012）を参照のこと。また、日本の政策評価制度の状況については、畠（2015）を参照のこと。

5　PPBSは、システムズ・アナリシスの考え方をベースに、第二次世界に元々はランド研究所で開発され、マクナマラ国防長官時代の1961年に最初に国防省へ導入された手法である。

6　PPBSの内容や失敗要因については、宮川編著（1971）や福島（1980）を参照のこと。

に、政治上の限界として、議会で決定される政策目的は、目的相互の矛盾や抽象性を抱えており、費用便益分析での定量化に耐え得るほどに明確に規定されていることは少なかった。第二に、分析上の限界として、プログラムのもたらす成果の多くは金銭換算が困難であった。また、異なるプログラムは異なる受益者を対象にしており、どちらの受益を優先させるかの判断基準を提示することは困難であった。第三に、実務上の限界として、データの収集や分析のための資金不足、政策分析のための専門的人材の不足があったこと、全プログラムを対象にしたため、行政官の作業負荷が極大化したこと、評価主体が行政内部のみであったため、議会との合意形成に困難をきたしたこと、などが挙げられている。

　ただし、PPBSの試みが失敗した後も、公共政策の評価には、引き続き費用便益分析が活用され続けてきた。1981年には、レーガン大統領が「大統領令（Executive order）12291」により、政策評価制度として費用便益分析の実施を指示し、1994年にはクリントン大統領が「大統領令12893」により、すべての社会資本投資について定性的手法を含めた費用便益分析を指示している。規制についての費用便益分析についても、1993年の「大統領令12866－規制の立案と評価」（ただし、2002年の「大統領令13258」により微修正されている）により実施されている。

　英国では、中央政府が実施するプロジェクトの評価に関する評価マニュアルとして、財務省が発行する"The Green Book：Central Government Guidance on Appraisal and Evaluation"（通称『グリーンブック』）[7] に基づき、評価が行われている。

　もともと英国では1960年代より費用便益分析に基づいて道路事業の評価が実施されていたが、プロジェクトの効率性を重視する分析に対しては批判が多く、1970年代後半には、環境への影響などの分析項目が取り入れられていった。今日では、貨幣換算化が困難な要素を含め、経済性や環境、安全性など多様な

7　本稿執筆時点では、2018年の第 4 版が最新版である。第 4 版では、因果関係を考慮した事後的なインパクト評価に関する記述が充実化された。『グリーンブック』では、学術的な検討課題については略述されているものの、費用便益分析を含めたプロジェクトの評価マニュアルとして、分析手順や検討すべき要素、分析結果の表示方法まで、実務上、参考になる点が多い。

評価項目を設定し、総合的に評価を行う仕組みが採用されている。

『グリーンブック』は、1991年にプロジェクトの評価マニュアルとして発行され、以来、改訂を重ねている。適用対象は公共事業だけでなく、環境や健康に関するプロジェクト、規制の影響にも適用可能な表記が取られており、実際のプロジェクト評価は、『グリーンブック』に準拠して行わなければならない。なお、プロジェクトを所管する各省庁は、『グリーンブック』に準拠し、分野毎の技術的な評価マニュアルを作成している。

日本では、1997年に当時の橋本総理大臣の指示により、国が行うすべての公共事業について「費用対効果分析」を行うべきという指示がなされ、公共事業については費用便益分析が行われるようになった。また、2002年4月に施行された政策評価法（行政機関が行う政策の評価に関する法律）により、国民生活や社会経済に与える影響が大きい政策や多額の費用を要する政策で、かつ、政策効果把握の手法等の評価手法が開発されている場合には、事前評価を行うこととされており、一定以上の事業規模を有する公共事業、研究開発、政府開発援助の分野について、事前評価を行うことが義務付けられた。

事前評価では、個々の事業の採択を決定する前に、その採否、選択などに役立てる見地から、あらかじめ期待される政策効果やそれらに要する費用等を推計・測定することとなっており、事実上、費用便益分析の実施が求められている。

その後、2006年には、「規制改革・民間開放推進3か年計画」が再改定（閣議決定）され、規制影響分析（Regulatory Impact Analysis：RIA）の導入推進が盛り込まれたため、2007年度からは規制が事前評価の対象になった。さらに、2010年度からは租税特別措置[8]も事前評価の対象に加えられることとなり、2019年度時点では、公共事業、研究開発、政府開発援助、規制、租税特別措置の分野について、事前評価を行うこととなっている。

ただし、これらの事業の中で、具体的な費用便益分析の実施手順や、効果種類別の便益の測定手法までマニュアル化されているのは、ほぼ公共事業の分野

8　対象となるのは、法人税、法人住民税および法人事業税関連の租税特別措置。ただし、これら以外の税目についても実施される場合がある。

に限られている。

4　費用便益分析における評価基準

　費用便益分析においては、便益と費用を特定し、その大きさを推計[9]した後には、次の手順に沿って分析を進める必要がある。

(1)　社会的割引率による便益と費用の現在価値換算化

　費用便益分析では、そのプロジェクトの実施によって、現在から将来にかけて社会全体が受ける便益と社会全体に生じる費用を割り引いて評価し、現在価値換算化した上で比較しなければならない。このような手順が必要になるのは、仮に、現在に発生する便益と将来に発生する便益とが同額であっても、将来の便益は、その同額を民間投資に充てていたら将来に得られるであろう投資収益を犠牲にしているのであるから、その分、割り引いて評価しなければならない。また、将来については災害や景気後退等の事態が発生するリスクがあり不確実性が高いため、我々は確実な現在をより強く好むという、現在と将来の間での時間選好が異なるという理由もある。

　公共プロジェクトによって発生する、異時点間における費用・便益の価値を、現在価値化する際に用いられる割引率のことを、特に「社会的割引率（Social Discount Rate）」[10]と言う。この社会的割引率の大きさ次第で、費用便益分析の結果は大きく影響を受ける。特に遠い将来に発生する便益や費用は大きく割り引かれて評価されることになる。

　社会的割引率の大きさについては、確立された値は存在しない。理論上は、社会的時間選好に基づく方法と、資本の機会費用に基づく方法があり得るが、社会的時間選好に基づく割引率の設定は実務的には困難なため、日本では資本

9　便益や費用の推計方法については、第 6 節で紹介する。

10　社会的割引率の考え方に関する議論の詳細については、以下の文献を参照のこと。
・Boardman et al（2011）の "Chapter10 The Social Discount Rate"
・社会資本整備の費用効果分析に係る経済学的問題研究会（1999）の「第 3 章　費用便益分析における割引率」
・佐藤・加藤監訳（1999）の「第10章　将来の結果の評価：割引」

の機会費用に基づく設定方法が用いられている。なお、現状の費用便益分析では、社会的割引率の中でリスクを考慮していないので、公共事業の資金調達が公債発行に依っていることを理由に、リスクの少ない債券の代表格である国債の実質利回りを参考に、社会的割引率を4％と設定している例が多い。

図表2-1　便益と費用の現在価値換算化のイメージ

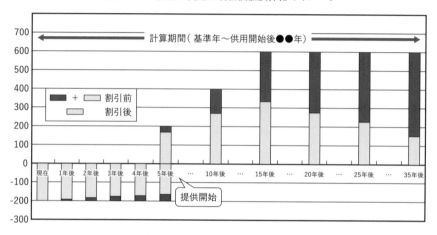

(2)　費用便益分析における評価基準

①純便益の現在価値（Net Present Value：NPV）

　純便益の現在価値NPVとは、上記の(1)により、現在価値化された各期の便益と費用を、評価対象期間全体についてそれぞれ合計した上で、その差分を求めた値である。

$$純現在価値(NPV) = \sum_{t=0}^{T} \frac{(B_t - C_t)}{(1+i)^t}$$

t：期　　　　T：期間　　　　i：社会的割引率

B_t：社会的便益　　　C_t：社会的費用

図表 2 - 2　　純便益の現在価値（NPV）算出の手順

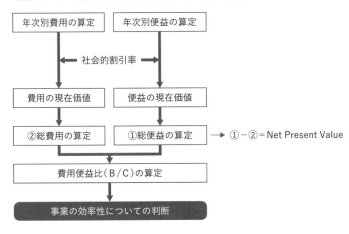

②費用便益比B/C（Cost Benefit Ratio）

　費用便益比B/C[11]とは、費用と便益を社会的割引率によって現在価値換算化
し、評価対象期間についてそれぞれを合計した比率である。社会的に見て現在
価値に換算された費用 1 単位が、事業期間で平均的に見てどれだけの便益を
生み出すかを表す。B/Cが 1 を上回る場合は、費用を上回るだけの便益が発生
していることを意味し、費用をかけて実施するに見合うだけの価値のあるプロ
ジェクトであることになる。

$$費用便益比 (B/C) = \frac{\sum_{t=0}^{T} \dfrac{B_t}{(1+i)^t}}{\sum_{t=0}^{T} \dfrac{C_t}{(1+i)^t}}$$

t：期　　　　T：期間　　　i：社会的割引率

B_t：（社会的）便益　　　C_t：（社会的）費用

　なお、前述①のNPVの定義から、B/CとNPVとの間には、次の関係が成立す
る。

11　「ビー・バイ・シー」と表現される。

$$NPV＝B－C＞0 \quad ⇔ \quad B／C＞1$$
$$NPV＝B－C＝0 \quad ⇔ \quad B／C＝1$$
$$NPV＝B－C＜0 \quad ⇔ \quad B／C＜1$$

③内部収益率IRR（Internal Rate of Return）

　内部収益率IRRとは、前途①における純便益の現在価値のNPV＝0となるような社会的割引率 i のことであり、その水準までの割引率であれば社会的に見て正の純便益を生み出すとみなすことができる。IRRの値が大きいということは、より厳しい基準（社会的割引率）で評価した場合でも、i までの大きさならば当該事業は便益を生み得ると判断されることになる。複数の事業を比較検討する場合、i の値が高い方が優良な事業であるといえる[12]。

図表2-3　IRRの算出：純便益の現在価値NPV＝0となる社会的割引率

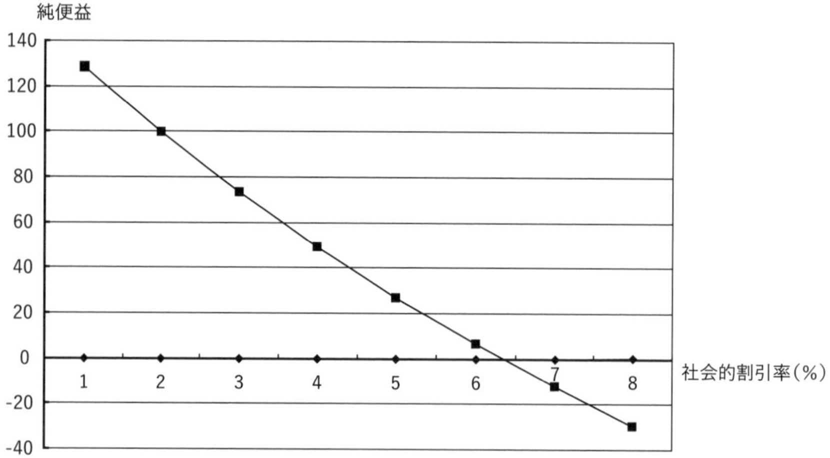

※図では、NPV＝0となる社会的割引率は6.35％であり、この値がIRRとなる。

12　しかしながら、評価対象期間中に単年度の純便益が正負に振れる場合には、IRRは複数解存在し、一義的には決まらないという問題を抱えている。

④感度分析（Sensitivity Analysis）

　費用便益分析に用いる各種の設定数値は、本来的には不確実なものである。また、評価対象期間が長期に及ぶため、費用便益分析の精度は低いものにならざるを得ない。このような場合、単一の条件設定による分析では十分であると言いがたい。社会的割引率や将来の需要予測、工期などの設定数値を10％程度の範囲で上下させた場合、最終的な分析結果がどのように変化するかを調べることが好ましい。これを感度分析という。

5　プロジェクト選択の原則

　前節では、費用便益分析の評価基準として、純便益の現在価値NPV、費用便益比B/C、内部収益率IRR、感度分析を紹介した。それでは、実際のプロジェクト選定は、どのような基準で評価すればよいのであろうか。

　佐藤・加藤監訳（1998）やBoardman et al（2011）でも示されているとおり、あらゆる費用便益分析の評価基準の大原則は、「純便益の現在価値NPV」が最大であるプロジェクトを選択する（NPVが大きなプロジェクトから順に選択する）、というものである。

　単一のプロジェクトにおいて、どの程度の規模までそのプロジェクトを実施すべきかということが課題となっている場合は、限界純便益（追加的な1単位のプロジェクトの実施により得られる便益から、追加的な1単位のプロジェクトの実施に要する費用を差し引いた値）が0になるまでそのプロジェクトを実施するというものである[13]。

　プロジェクト実施の予算に制約がある場合の副次的な選択基準としては、B/Cの値が大きなプロジェクトから順に選択し、予算総額の範囲内に収まるようにする、というものである。その結果、複数のプロジェクトの純便益の合計は最大化されることになる[14]。

　これらの選択基準から含意されることは、純便益が最大化されるプロジェク

13　ここでは、収穫逓減（総便益の「増加分」は、プロジェクトの増加とともに減少する）の仮定が置かれている。

トを選択すれば、そして純便益がプラスである限りは、実施されるプロジェクトから生じる便益によって、プロジェクトから利得を受けた人が、プロジェクトにより損失を被った人に対して、補償を行うことが可能となり、すべての人の厚生水準を向上させることが可能になる、という点である。この場合、補償が実際に行われる必要はなく、そのような補償が可能な状態になっていれば良い、という点には注意が必要である。つまり、費用便益分析は、もっぱらプロジェクトの効率性にフォーカスするため、分配の公平性については考慮されていないのである。

6 便益・費用の測定手法

前節までは、便益についても費用についても計測できていることを前提とした議論であった。しかし、費用便益分析で最も困難なのは、プロジェクトの効果を金銭換算化し、便益として推計することである。

公共プロジェクトについては、市場価格が存在しないので、それが市場で取引されたと仮定してシャドウ・プライスを推定することが必要になる。そして、便益とは、社会を構成する個人の効用（満足度）に基づくものであることが原則である。したがって、その評価方法は、当該プロジェクトから受けるサービスについての個人の支払意思額（WTP：Willingness to Pay）＝シャドウ・プライスから、費用を差し引いた金額を、社会を構成するすべての人について足し上げた総和として捉えることが基本となる。

以下では、費用便益分析でよく用いられる便益の測定手法[15]について、概説を行う。

(1) 便益の測定手法

①消費者余剰法（Consumer Surplus Method）

14　公共事業をはじめとする日本のプロジェクト評価において、B/Cの値が重視されているのは、予算の範囲内での純便益の最大化を目指しているためである、と解釈することができる。ただし、実際のプロジェクト選定は、B/Cの値の大小のみで選択されているわけではない。

15　各手法の説明は、三菱UFJリサーチ＆コンサルティング（2012）を基に作成した。

　消費者余剰とは、公共政策の対象者の当該政策に対する支払意思額と、実際の価格との差分をいう。費用便益分析では、公共政策の有無により当該政策による財・サービスの価格および利用量が変化するため、その変化分を計測することによって、当該政策の便益とすることができる。この手法を消費者余剰法[16]と呼び、あらゆる公共政策の便益測定の考え方の基本となるものである。

図表 2 - 4　消費者余剰法による推計イメージ

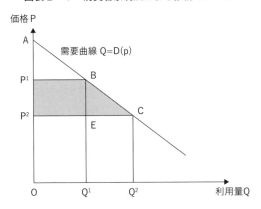

　ここでは道路を 2 車線から 4 車線に拡幅する整備を例にとって、消費者余剰の考え方を示す。なお、車線数増加によっても、当該道路に対する消費者の需要曲線はシフトしないという最も単純なケースを想定する。

　図表 2 - 4 において、需要曲線の高さは、道路利用者の道路利用に対する支払意思額を表している。道路整備前の利用者の移動時間費用や燃料代、疲労等を含めた一般化費用は OP^1 で表され、利用量は OQ^1 である。この時、利用者全体で支払ってもよいと考えている額は、台形 $OABQ^1$ で表される。

　一般化費用 OP^1 は、実際にこの道路を利用している人のうち、最も低い価値しか認めていない人の支払意思額に等しく、その他の利用者はこの道路に一般化費用 OP^1 以上の価値を認めていることになるが、実際に支払っている価格は

16　消費者余剰法に基づく便益測定の利点や課題等、より詳細な議論については、金本（2004a）を参照のこと。

全員が一般化費用のOP^1である。利用者全員が支払っている費用の大きさは、長方形OP^1BQ^1である。したがって、利用者が得ている便益は、台形$OABQ^1$－長方形OP^1BQ^1＝三角形ABP^1で表され、この大きさが道路整備前の消費者余剰の大きさである。

　道路整備（車線数増加）によって、一般化費用はOP^1からOP^2へと低下し、それに伴い道路の利用量はQ^1からQ^2へと増加する。この時の消費者余剰も同様に求めると、

　　　道路整備後の消費者余剰＝台形$OACQ^2$－長方形OP^2CQ^2

　　　　　　　　　　　　　　＝三角形ACP^2　で表される。

　よって、道路整備後の消費者余剰の大きさACP^2と道路整備前の消費者余剰の大きさABP^1の差分である台形P^1BCP^2の大きさが、消費者余剰法で計測したこの道路整備事業による便益ということになる。

　なお、消費者余剰法の一種であるが、特に公園やレクリエーション空間などの環境財の整備によってもたらされる便益を評価する際に用いられる手法として、トラベルコスト法がある。

トラベルコスト法 (Travel Cost Method：旅行費用法)

●トラベルコスト法[17]とは、公園等のレクリエーション施設を訪れる人が支出する交通費や時間費用等を合わせた総旅行費用と利用頻度の関係（需要曲線）をアンケートにより導出し、その施設がもたらす便益を消費者余剰法によって評価する手法である。大別すると、個人の訪問回数と旅行費用を用いる「個人トラベルコスト法」と、ある地域からの訪問率と旅行費用を用いる「ゾーントラベルコスト

---

[17]　トラベルコスト法に基づく便益測定の利点や課題等、より詳細な議論については、竹内（1999）を参照のこと。

法」に分かれる。

- ●トラベルコスト法は、消費者余剰法の一種であるが、公園やレクリエーション空間などの環境財によってもたらされる便益を評価する際に用いられる手法であり、消費者余剰法とは独立して扱われることが多い。また、その施設が整備されなければ、代替的な旅行需要は発生しないという強い仮定を置いている。

- ●発地点、または着地点でアンケート調査を行い、対象施設の利用頻度や利用交通機関、同伴人数、費用等を把握する。これらのデータを基に、一般化費用（交通費用にガソリン代や運賃、機会費用を加えたもの）と訪問頻度との間で、その施設に対する訪問頻度関数（＝需要関数）を推定した後、消費者余剰法と同様の計算により、便益を求める。

- ●未だに供用されていない施設への需要関数は、施設魅力度や他の類似事例の需要関数より推定するしかない。また、同一旅程で複数の施設を訪問する場合には、それぞれの施設に対して旅行費用を配分しなければならない。旅行費用については、遠隔地からの利用者の微小な動きが全体の評価に大きな影響を与える。

- ●旅行費用の一部を構成する時間費用については、賃金率をベースにすることが多いが、余暇活動時における賃金率をどのように設定するかという点については、経済学的にも統一的見解が存在しない。したがって、余暇活動時における賃金率[18]の設定の仕方によって、旅行費用は大きく異なり、ひいては需要関数の推定にも大きな影響を与えることになる。

18　先行研究の多くでは、余暇目的の場合の時間価値（賃金率）を、ビジネス目的の場合の約 2 分の 1 程度に設定している。例えば、Boardman et al（2011）のChapter16 "Shadow Prices from Secondary Sources"を参照のこと。

図表2-5　トラベルコスト法の実施手順

手順1 評価対象の決定	【目的やデータ利用可能性に応じて詳細な手法を決定】 ・個人トラベルコスト法：個人の訪問回数と旅行費用を用いる方法 ・ゾーントラベルコスト法：ある地域からの訪問率と旅行費用を用いる方法　等
手順2 調査地点の決定	【目的やデータ利用可能性に応じて地点を決定】 ・発地点＝全住民 ・着地点＝訪問者のみ （注）地点により調査標本数が異なる。
手順3 調査票の作成	【標準的な質問項目】 ・評価案件の場所の認識度、利用体験。 ・評価案件の場所の利用頻度、主な利用目的。 ・評価案件の場所までの主な交通機関。 ・評価案件の場所への平均同伴人数。
手順4 旅行費用原単位の推計	【交通費用、機会費用を算定】 ・交通費用は一般化費用（運賃、ガソリン代、サービス頻度、快適性等を加えたもの）。 ・機会費用は事業案件に依存する。
手順5 訪問頻度関数の推定	【便益算定の基礎となる需要関数の推定】 ・手順1で選択した手法により関数は異なる。
手順6 便益の推計	【トラベルコスト法によって算出される便益】 ・総受益者数の設定・推計 ・総便益＝旅行費用（単価）×受益者数（効果数量）

出典：総務省（2005）46頁

②ヘドニック法（Hedonic Approach）

　ヘドニック法[19]とは、プロジェクトの便益が全て土地に帰着するというキャピタリゼーション仮説[20]に基づき、地価関数を推定することによって、プロジェ

19　ヘドニック法による便益測定の利点や課題等、より詳細な議論については、金本・中村・矢澤（1989）や肥田野（1997）を参照のこと。

20　理論上キャピタリゼーション仮説が完全に成立するためには、以下の条件を満たす必要がある。①地域間の移動が自由で費用がかからない。②社会資本の便益の及ぶ範囲が地域的に限定されている。③消費者は同質である。④参入・退出が自由であり、完全競争の仮定が成立する。⑤価格体系に歪みはない。

クトを実施する場合の理論地価と実施しない場合の理論地価を算出し、プロ
ジェクト実施に伴う地価上昇分を計測することにより、当該プロジェクトの便
益とする方法である。具体的には、土地市場等における地価を被説明変数とし、
事業特性を表す土地の諸属性を説明変数とした地価関数を推定することによ
り、環境質の価値を貨幣換算して推計する。

　例えば、再開発事業によって前面道路の幅が拡幅され、地価が 1 ㎡当たり
5 万円上昇すると理論的に推計されるならば、その差額 5 万円がその一地点
における再開発事業の価値である。これを再開事業全体の面積に広げて積み上
げるのが、ヘドニック法の基本的な考え方である。

　ヘドニック法は、プロジェクトの便益が地価に影響を与えると考えられる都
市開発事業、市街地再開発事業等に適用可能であるが、事業実施地域の地価関
数を通じて便益評価を行うため、評価が可能な事業は、投資事業の影響が地域
的に限定される事業に限られる。また、地価関数を構成する説明変数間で相関
が起きやすい上、地価推計には確立した手法が存在しないため、関数形の設定
が恣意的になりやすいという懸念もある。

図表 2 - 6　ヘドニック法による便益の計測方法（イメージ）

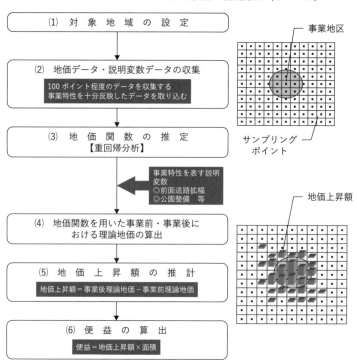

図表 2-7　ヘドニック法の実施手順

手順 1 評価対象の決定	【目的やデータ利用可能性に応じて詳細な手法を決定】 ・推計する環境と密接な関係をもった財の価格を調べる。 ・実際には地価を使用する場合がほとんどである。
手順 2 データの収集・整理	【地価のデータの取扱い】 ・地価データは、公示地価、取引実績等何種類かあり、それぞれ性格が異なるため、評価の目的に合ったデータを使用する必要がある。
手順 3 地価関数の特定	【説明力とデータの利用可能性を考慮】 ・地価を決定する要因（説明変数）を決定する。
手順 4 地価の予測	【施策・事業完了後の姿を描く】 ・施策・事業を講じる場合と講じない場合の地価を予測し、上昇分を推計する。
手順 5 便益の推計	【対象を正確に捕捉する】 ・地価上昇の影響がどの程度の範囲に広がるかを合理的に推計する。

出典：総務省（2005）48頁

③仮想市場評価法（Contingent Valuation Method：CVM）

　仮想市場評価法[21]とは、アンケート等を用いて、対象事業に対する支払意思額を住民に尋ねることにより、事業の便益を算出する方法である。理論上は、市場で取引されることのない大気や水質等の利用価値から野生生物や生態系等の非利用価値などの環境保全政策、医療や交通安全対策の便益評価など、既存の他の手法によって評価することが困難なあらゆる財・サービスの評価が可能であるが、質問の仕方によって評価額にバイアスがかかりやすい手法である。

　実施上は、施策対象住民に十分な情報を与え、対象施策の有無による状況の相違を正確に理解させる必要がある。また、質問方法や回答方法、支払方法などから生じるバイアスを最小限に抑える工夫が必要となる。

　施策の内容と想定される効果、弊害を簡便に正確に住民に伝え、その施策実

21　仮想市場評価法の実施手順や課題等、より詳細な議論については、Boardman et al（2011）の Chapter15 "Contingent Valuation: Using Surveys to Elicit Information about Costs and Benefits" や、栗山（1998）、竹内（1999）、肥田野（1999）を参照のこと。

施に対する支払意思額を尋ねる。回答方法には、二項二肢選択、付け値ゲーム、自由回答など様々な方法があるが、二項二肢選択方式はバイアスが小さいとされる。次に、集計された提示金額と受諾率の回答パターンに最も近くなるような分布関数の形状を特定して、受諾曲線を描き、支払意思額（中央値または平均値）を算出する。

　この値に受益者数を乗じることによって対象施策の便益を算出する。

$$総便益＝支払意思額×受益者数$$

仮想市場評価法は、消費者に直接支払意思額を尋ね、回答させる際に様々なバイアスが生じやすく、得られた評価結果の信頼性に対しては、受益者の範囲設定方法と共に常に論争となっている。これらの問題点に起因し、算出結果の妥当性について検証ができないので、他の手法でも評価が可能な場合は、相互比較を行うことが望ましい、とされる。

図表2−8　仮想市場評価法（CVM）における提示金額と受諾曲線

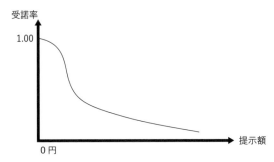

図表 2 - 9　仮想市場評価法（CVM）の実施手順

手順 1 評価対象の決定	【目的やデータ利用可能性に応じて詳細な手法を決定】 ・CVMは対象の制限が少ない。 ・広く適用が可能。
手順 2 情報収集と事前調査	【対象の正確な伝達が必要】 ・アンケートで正確に対象について伝えるために情報収集が必須。
手順 3 調査票の作成	【目的・費用に応じた支払意思額の尋ね方】 ・自由回答、付け値ゲーム、支払カード、二項選択といった種類がある。
手順 4 事前テスト	【調査票の適切性の判断】 ・情報が正しく受け止められているか？ ・支払手段の違いがどの程度影響するか？ ・必要があれば複数回実施する。
手順 5 本調査	【適切な調査手順の厳守】 ・抽出した標本に偏りがないか？ ・郵送方式かインタビュー形式か？ ・質問があった場合の準備は整っているか？
手順 6 支払意思額の決定	【質問方式に応じた推定モデルの決定】 ・需要曲線の決定。 ・支払意思額の決定（中央値又は平均値）
手順 7 便益の推計	【CVMにより導き出せる便益】 ・対象範囲の設定に応じて拡大 ・総便益＝支払意思額×受益者数

出典：総務省（2005）52頁

　この他に、経済学的裏付けは欠くものの、直感的に分かりやすい方法として、次に紹介する代替法も、費用便益分析ではよく用いられている。

④代替法

　代替法とは、ある公共プロジェクトと同等な効果を持つ他の市場財で代替する場合に必要となる費用をもって、当該事業の便益とする評価手法である。消費者の支払意思額に基づいているとは言いがたく、経済理論的な裏付けを欠いているが、直感的に理解しやすい方法である。

　評価額は、代替財に対する潜在的支出額、または事業の整備により回避され

る被害額として捉えられる。市場価格を用いて評価を行うため、データの収集や評価作業は比較的容易である。例えば、治水事業や、急傾斜地崩壊対策事業等、災害防除のための事業では、回避される被害額を代替法により決定している。

　反面、受益者の支払意思額と代替財の供給費用が一致するとは限らず、経済理論上の裏付けがない。適切な市場財が存在しない場合、評価することができないため、網羅的評価ができない、という欠点を有している。また、例えば、野生動物や生態系等は、人工物で置き換えることができない、すなわち、（完全）代替物が存在しないため、代替法で評価することは一般に難しい。

図表2−10　代替法の実施手順

手順1 代替財の決定	【対象の機能に応じて代替財を決定】 ・推計しようとしている財と同等の役割を果たす市場財をみつけ出す。
手順2 代替財の機能分析	【代替財の機能を定量化する】 ・他の事例等から代替財の単位当たりの機能や価格（原単位）を把握する。
手順3 代替財の量を明確化	【どの程度の規模の代替が必要か】 ・対象となる財と代替財の具体的な量的関係を把握する。
手順4 便益の推計	【対象便益の算出】 ・総便益＝原単位×規模

出典：総務省（2005）50頁

　公共事業を例に、事業別に費用便益分析の評価対象となっている便益、およびその計測手法を例示したものが図表2−11である。

図表 2－11　公共事業別・費用便益分析の便益とその計測手法

事業名	費用便益分析の対象		便益の計測手法	費用便益分析以外の主な評価項目
	費用	便益		
河川・ダム	・事業費 ・維持管理費	・年平均被害軽減期待額 ・水質改善効果等 （環境整備事業の場合）	・代替法 ・CVM ・TCM[1]	・災害発生時の影響 ・過去の災害実績 ・災害発生の危険度 ・地域開発の状況 ・地域の協力体制 ・河川環境等をとりまく状況　等
道路・街路	・事業費 ・維持管理費	・走行時間短縮便益 ・走行経費減少便益 ・交通事故減少便益	消費者余剰法	・事業実施環境 ・物流効率化の支援 ・都市の再生 ・安全な生活環境の確保 ・救助・救援活動の支援等の防災機能
市街地再開発	・施設整備費 ・用地費 ・維持管理費	・事業区域内の便益 ・事業区域外の便益	ヘドニック法	・防災上危険な市街地の解消 ・安全な市街地の形成
下水道	・建設費 ・維持管理費 ・改築費	・生活環境の改善効果 ・公共用水域の水質保全効果 ・浸水の防除効果 ・その他の効果	代替法 CVM	・他の汚水処理施設との調整状況 ・地域の活性化
都市公園	・施設整備費 ・用地費 ・維持管理費	・空間としての利用便益 ・環境の便益 ・防災の便益	TCM コンジョイント分析[2] CVM	・安全性の向上 ・地域の活性化 ・福祉社会への対応 ・都市環境の改善

1) TCMとはトラベルコスト法のことである。

2) 本章では紹介しなかったが、コンジョイント分析（Conjoint Analysis）とは、評価対象となっている事業の構成要素の組み合わせを変化させた「プロファイル」を複数作成し、その選好順序をもとに、支払意思額を推定しようとする手法のことである。

出典：国土交通省 (2017) より一部抜粋

⑵　費用の捉え方

　最後に、費用便益分析における費用の捉え方について説明する。費用便益分析は、プロジェクトの効率性に着目する分析手法であるため、分析で用いられるべき費用は、会計的な費用ではなく、「同額の費用が他の最も収益性の高いプロジェクトに投じられた場合に得られるであろう価値の大きさ」、すなわち機会費用でなければならない。ただし、機会費用を正確に把握することは困難であるので、実務上は、会計的な意味での費用を用いる場合が大半である。

7　インパクト評価における費用便益分析・費用対効果分析の活用に向けて

　本章を締めくくるに際して、費用便益分析を用いる際の留意点について整理しておきたい。その上で、社会課題を解決することが期待されているプロジェクトのインパクト評価に対して、費用便益分析が応え得るのかどうかについて、検討してみたい。

⑴　費用便益分析を用いる際の留意点

①費用便益分析は効率性に基づく評価であって、公平性については評価できない

　費用便益分析は、現在価値化された総便益と総費用を比較・評価し、投入した費用に見合うだけの効果が得られているかどうか、という事業の効率性を判断する基準としては有用である[22]。しかし、その便益や費用が、どの地域の誰に帰着するか、という情報については得られない上、富裕者も貧困者も、同額の便益に対しては同じだけの満足度を持っている（つまり、富裕者が感じる1万円の価値も、貧困者が感じる1万円の価値も同じということ）、との仮定の上で分析が行われる。したがって、費用便益分析に基づく判断が、社会的公平を損なう結果をもたらすことがあり、便益が高所得層に集中し、逆に負の影響（負の便益）が低所得層に集中する場合もあり得る[23]。

22　政策・施策・事業の評価には、他にも必要性、有効性、公平性等の基準がある。
23　この問題に対して、社会的な公平性を判断する材料として、費用や便益の帰着構成表を作成する試みが行われる場合もあるが、帰着先を明確に分けて推計することは、技術的にもかなり難しい。

　事業担当者は決して公平性（所得分配）の問題に無関心であるわけではない。したがって、費用便益分析の結果は、あくまでも効率性を基準とした分析の結果であって、公平性や優先性をも考慮する必要がある政策判断を行う上では、別の判断基準が必要である。費用便益分析は、あくまでもプロジェクトの性質を理解することを助けるツールの一つと割り切って用いる必要がある。

②費用便益分析は、事業主体の財務状況については考慮していない

　費用便益分析は財務分析とは異なる。費用便益分析は、社会全体での便益と費用を比較するものであり、事業主体の財務状況については分析の対象外である。したがって、費用便益分析によって事業の実施が社会的に好ましいと判断されても、事業の実施を期待される主体にとっては、財務状況的に事業の実施が不可能な場合がある[24]。

③効果の発現に時間がかかる事業は、不利になる

　通常の事業は、先に費用が投入され、その後遅れて効果が発現する。費用便益分析では、将来の便益や費用は社会的割引率によって割り引かれるため、たとえ効果が大きな事業であっても、効果発現までに時間を要する事業では、B/Cや純便益の現在価値NPVの値は小さなものになる。

④すべての効果を金銭価値換算化できるわけではなく、推計結果には幅がある

　一つのプロジェクトには、複数の効果が存在する場合がある。しかし、そのすべてについて、金銭価値換算化（便益化）が可能であるとは限らない。例えば、就労支援プロジェクトには、就職率が向上する効果以外にも、プロジェクト参加者の間で自己肯定感が育まれ、様々な場面で自立的に行動できるようになる効果があったとしても、それを金銭価値換算化することには大きな困難が伴う[25]。金銭価値換算化できない効果については、費用便益分析の対象からは漏れてしまうことには留意が必要である。

　また、第 6 節でみたとおり、便益測定のためには様々な手法があるが、いずれの手法を用いても、前提条件の置き方次第で評価結果が大きく変わり得る。

24　このような場合には、事業主体に補助金等を与えることによって事業を実施させることが考えられる。

25　第 6 節(1)③で紹介した仮想市場評価法（CVM）を用いれば、金銭価値換算化は不可能ではないが、評価額にはバイアスがかかりやすい。

不確実性の高い評価結果を無理に便益に加えることは、分析の信頼性を損ねることになりかねない。そうであるからこそ、感度分析を実施し、前提条件の変更によって評価結果がどの程度変化するかを確かめることは、事業の不確実性の程度を認識し、事業の優先順位を判断するために、有意義なことである。

⑤異なる評価手法で推計された事業同士は、優劣の比較が不可能である

　図表2-11で見たとおり、異なる事業では異なる便益測定手法が使われている。費用便益分析では、同種事業内同士で、同一の評価手法が用いられている場合には、結果についての相互比較が可能であるが、異種事業同士で異なる評価手法が用いられている場合は、結果について相互比較することは、市場が完全でない限りは不可能である。すなわち、消費者余剰法で評価されたB/C＝3.0の道路aとB/C＝2.0の道路bの費用便益分析の結果を比較することは可能だが、消費者余剰法で評価されたB/C＝2.5の道路cと、ヘドニック法で評価されたB/C＝1.5の市街地再開発事業の間では、優劣を比較することはできない、ということである。

　現状の費用便益分析の精度を考慮すれば、費用便益分析の結果は、優先順位付けの手段としてではなく、計測可能な範囲で最低条件をクリアー[26]しているかどうかを判断するツールとしてのみ利用することが好ましいといえよう。つまり、費用便益分析の限界をわきまえ、守備範囲を限定した上で、控え目な解釈・利用を行う方が、誤差が少なく精確である、ということである。

⑵　インパクト評価における費用便益分析、費用対効果分析の可能性

①対人サービスプロジェクトでのフィールド実験による効果把握

　日本での費用便益分析の対象は、公共事業が大半であるが、Boardman et al.（2011）によれば、米国では、健康、教育、職業訓練、福祉等の対人サービスプロジェクトにおいても、費用便益分析は多数実施されており、その場合の効果把握は、ほとんどがフィールド実験に依っているという。健康、教育、職業訓練、福祉等の対人サービス分野では、フィールド実験が効果検証に使いやすいためである[27]。

26　純便益の現在価値NPV≧0、または同じことであるがB/C≧1.0

　今後は、日本でも、費用便益分析の対象を、対人サービスプロジェクトに広げていくことが考えられる。プロジェクトを全面展開する前の時点で、小規模のフィールド実験からプロジェクト実施と対象者のアウトカム変化（インパクト）の因果関係を明らかにできれば、EBPMの推進にも資する。また、プロジェクトの便益が費用を下回ることが明らかになった場合には、教育や職業関連プロジェクトを拡大することによって利益を得ようとする集団が形成される前に、プロジェクトを廃棄・縮小できる、というメリットがある。

②費用対効果分析の積極的活用

　前述①とも関連するが、フィールド実験を用いたプロジェクト効果の検証では、投資に見合うだけのプロジェクトになっているかどうかという関心もさることながら、総支出額が決まっており、複数の代替的なプロジェクトの中から、目的を達成するためにはどのプロジェクトの効果が最も大きいのかを明らかにしようというケースも多い。

　そして、プロジェクトの順位づけを目的とするのであるならば、費用便益分析だけでなく、費用対効果分析も利用することができ、しかも費用対効果分析は、不確実性の大きい便益評価を避けることができる。また、費用対効果分析は、効率性を評価基準とした分析ではあるものの、効果と費用を同じ貨幣単位で比較するわけではないので、費用便益分析に比べ、プロジェクト評価における効率性基準の適用水準は低く、その分、公平性や優先性といった効率性以外の価値基準との調和を図りやすい。

　プロジェクトとアウトカム変化（インパクト）の間の因果関係を重視し、どのプロジェクトが効くのかを追求するEBPMと、プロジェクトの順位付けを可能とする費用対効果分析とは相性がよいといえる。

27　公共事業のようなプロジェクトでは、インフラを実験的に整備することも難しければ、利用できる人と利用できない人をランダムに振り分けて、利用の有無を監視することも難しいので、フィールド実験には向かない。

参考文献

秋吉貴雄（2017）『入門公共政策学』中公新書。

岡敏弘（2002）「政策評価における費用便益分析の意義と限界」『会計検査研究』第25号。

金本良嗣（2004a）「消費者余剰アプローチによる政策評価」『RIETI Discussion Paper Series 04-J-042』独立行政法人経済産業研究所。（http://www.rieti.go.jp/jp/publications/dp/04j042.pdf 2020年 1 月13日アクセス）

金本良嗣（2004b）「公共政策の経済評価」『経済セミナー』2004年11月号：22–26。

金本良嗣・中村良平・矢澤則彦（1989）「ヘドニック・アプローチによる環境の価値の測定」『環境科学会誌』2(4)：251–266。

栗山浩一（1998）『環境の価値と評価手法』北海道大学出版会。

国土交通省（2017）「事業評価をとりまく近年の状況」平成29年度 第 1 回公共事業評価手法研究委員会（平成29年 5 月19日）資料。（http://www.mlit.go.jp/common/001185795.pdf 2020年 1 月13日アクセス）

佐藤隆三・加藤寛監訳（1998）E.ストーキー、R.ゼックハウザー「第 9 章プロジェクト評価：便益・費用分析」『政策分析入門』勁草書房。（原著：Stokey,E. and Zeckhauser,R〔1978〕*A Premier for Policy Analysis,* New York：W.W. Norton & Company）。

社会資本整備の費用効果分析に係る経済学的問題研究会（1999）『費用便益分析に係る経済学的基本問題』。（https://www.mlit.go.jp/pri/houkoku/gaiyou/H11_1.html 2020年 1 月13日アクセス）

総務省（2005）『諸外国における政策効果等の定量的把握の方法等に関する調査研究結果報告書』。

竹内憲司（1999）『環境評価の政策利用—CVMとトラベルコスト法の有効性』勁草書房。

畠基晃（2015）「政策評価制度の現状と課題—見直し決議から10年、その検証を踏まえて—」『立法と調査』360：153–167。

肥田野登（1997）『環境と社会資本の経済評価—ヘドニック・アプローチの理論と実際』勁草書房。

肥田野登（1999）『環境と行政の経済評価—CVM（仮想市場法）マニュアル』勁草書房。

福島康人（1980）「PPBSの教訓と政策科学への道」『オペレーションズリサーチ』25(5)：285–296。

三菱UFJリサーチ＆コンサルティング（2012）『アメリカ及びイギリスにおける費用便益分析の手法と実例に関する調査研究』（平成23年度会計検査院委託調査）。

宮川公男編著（1971）『PPBSの研究—プログラム体系およびアウトプット指標を中心として』経済企画庁経済研究所研究シリーズ第24号。

Boardman, A.E., Greenberg, D. H., Vining, A.R. and Weimer, D. L.（2011）*Cost-benefit Analysis.* 4th ed. Boston: Prentice Hall.

HM Treasury（2018）*The Green Book: Central Government Guidance on Appraisal and Evaluation.*

第3章

インパクト評価とSROI

塚本　一郎

> 　SROI（社会的投資収益分析）は、費用便益分析（CBA）を基礎に開発された評価手法である。SROIがインパクト評価の理論や技法に大きなイノベーションをもたらしたとみるのは過大評価であろう。しかしながら、比較的規模の大きい公共事業等、政策評価で活用されることの多いCBA等では、もっぱら外部コンサルタントや専門研究者によって評価活動が実施され、NPO等社会的セクター組織がその評価デザインやプロセスに本格的に参加することは稀である。対照的に、SROIでは評価デザインや実施プロセスへの社会的セクターの参加がより重視され、実際、サービス実施団体だけでなく、資金提供者や協働関係にある政府・他団体等のステークホルダーが参加することも多い。SROIは、社会的セクター向けのCBAの「簡易版」であり、ステークホルダー参加型の評価アプローチということができる。SROIの最大の価値は「コレクティブ・インパクト」タイプの協働の触媒になりうる点にある。他方で、評価の方法論や指標等が標準化されていない、プロジェクト間の効率性比較に適していないなどの課題も多い。

1　混合的価値とSROI

　近年、SDGsやESG投資への世界的関心が高まるなか、公共サービスや社会的プログラムによって創出されるインパクトをいかに把握し、計測し、価値として可視化していくかが喫緊の課題となっている。公共サービスへの成果連動型契約の導入、企業・財団等のフィランソロピー活動のアカウンタビリティの強化、インパクト投資の世界的拡大など、いずれの分野においても投下資源（費用）に比してインパクトの創出が有効かつ効率的になされたかのエビデンスへのニーズが高まっている。

　公共サービスや社会的プログラムは、公共圏（public sphere）あるいは公

共的領域に対して、市場を通じての創出が困難な価値も含め、様々な価値を創造している。こうした公共圏に対して提供される追加的価値は、「公共価値」（public value）などと呼ばれるが、公共価値の創造は政府のみならず、営利セクターや非営利セクター、ボランタリーな住民団体なども担いうる。公共価値のコンセプトや理論を提起したハーバード大学のマーク・ムーア教授らは、公共価値の概念を、市場経済アプローチを超えて、経済価値（economic value）、社会・文化的価値（social and cultural value）、政治的価値（political value）、生態系的価値（ecological value）の4つに分類している（Bennington and Moore eds 2011：p.45–46）[1]。

　公共価値のコンセプト同様、民間営利・非営利組織や政府が生み出す財・サービスや社会的介入がもたらす価値を、営利（for-profit）か非営利（non-profit）かという二項対立図式を超えて、より複合的な価値視点から再定義する動きは、1990年代後半以降、特に2000年以降、顕著となっている。その背景には、ESG投資等サステナブル投資や、ビジネスを通じて社会課題の解決に貢献する社会企業家（social entrepreneur）（Dees, Emerson and Economy 2001）の世界的台頭などがある。例えば、ジェド・エマーソン（Jed Emerson）は、営利企業であれ、非営利組織であれ、企業活動には単に経済価値の創造のみならず、経済価値、社会価値、環境的価値を含む「混合的価値」（blended value）を創造する機能があり、そうした企業への投資を通じて創造されるリターンも混合的価値を有することから、従来のROI（Return on Investment）（投資収益率）に対置して、混合的ROI（Blended ROI）というコンセプトを投資効果の判断基準として提起した（Emerson 2003）。

　エマーソンは、サンフランシスコを拠点とするベンチャー・フィランソロピー・ファンドのRobert Enterprise Development Foundation（以下、REDF）とともに、1996年に、非営利組織によって創出される社会価値を貨

1　経済価値は経済的活動や企業、雇用の創出を通じて公共的領域に追加される価値、社会・文化的価値は社会関係資本（social capital）、社会的紐帯、社会関係、文化的アイデンティティ、個人やコミュニティのウェルビーイング等に寄与することを通じて公共的領域に追加される価値、政治的価値は民主的対話や能動的な市民参加を促進することによって公共的領域に追加される価値、そして、生態系的価値は持続可能な開発の積極的促進や、大気汚染、廃棄物、地球温暖化等、負の公共財（public bads）の削減を通じて公共的領域に追加される価値、である。

幣化するために、社会的投資収益分析（Social Return on Investment）（以下、SROI）のコンセプトを開発したことでも知られる[2]（Worth 2009：p.136）。SROI は、今日では英国で最も普及しているが、そのルーツは、1990年代後半の米国の非営利組織や社会的企業（social enterprise）の支援活動に遡る。REDF等によって開発されたSROIは米国では広く普及することはなかったが、その後、英国の非営利系シンクタンク nef（New Economics Foundation）によってテストされ、応用・発展させられた。SROIのさらに本格的な開発・普及の取組みは、SROIネットワーク（SROI Network）[3]に引き継がれ、初期は政府の支援も得つつ、英国を中心に独自な進化を遂げていった。

　SROIネットワークによれば、SROIは「より広いコンセプトの価値を計測し、説明するためのフレームワークであり、社会的、環境的、経済的な費用と便益を評価に組み込むことで、格差や環境破壊の抑制、福祉の向上などを追求する」（SROI Network 2012：p.8）評価手法である。エマーソンが提起した混合的価値の視点から、単に財務価値のみならず、非財務価値も含めて、社会的インパクトを評価する。SROIはインパクト評価の一種であるが、費用のみならず便益も貨幣化し、効率性指標である費用便益比を算出する点で、費用便益分析（cost benefit analysis）（以下、CBA）と共通している。後述するように、SROIはCBAの理論や技法の応用であり、基本的にCBAを基礎に開発されたものである。日本では一部に、SROIがCBAに取って替わりうる新たな評価手法とみなす傾向もあるが、かなりの誤解と言わざるをえない。

　本章では、既存のCBAなどとも比較しつつ、インパクト評価としてのSROIの意義と限界について論じる。

2　現在、REDF自体はSROIの活用・開発をやめている。

3　現・Social Value UK (http://www.socialvalueuk.org/　2020年１月５日アクセス)

2 　SROIと費用便益分析

(1)　費用便益分析（CBA）の応用

　インパクト評価の一種であるCBAは、第２章で論じられているように、政策評価手法として活用されることが多い。CBAでは、政策の結果として社会の構成員にもたらされた価値（便益）が貨幣単位で定量化され（Boardman, Greenberg, Vining and Weimer 2011：p.2）、貨幣化された社会的総便益（便益の総和）を投資費用と対比することで効率性の評価が行われる。その場合の効率性判断は、総便益より費用を差し引いた純便益（net benefits）あるいは費用便益比（B/C：benefit-cost Ratio）を基準に行われる。

　インパクト評価の一種であるSROIも、CBA同様、社会的プログラム等により創出された価値を貨幣化し、総便益、純便益、費用便益比（SROI Ratio：社会的投資収益率）を算出する。SROIの評価枠組みや技法の多くはCBAを基礎に開発されたものであり、伝統的なCBAと同様に、SROIでも、現在価値に割り引かれたキャッシュフローのかたちで、有形および無形の費用と便益を組み合わせて、費用便益比を算出する（Arvidson, Lyon, McKay and Moro 2010：p.5）。

　経済評価のテクニックを使うという意味でCBAと非常によく似ている点に関して、SROIネットワークも、SROIが社会会計（social accounting）やCBAから発展したもので、以下の７つの原則を基礎にしていると説明している（The SROI Network 2012：p.9）。

・ステークホルダーを関与させる（Involve stakeholders）
・何が変化したのかを理解する（Understand what changes）
・重要な事柄を価値づけの対象とする（Value the things that matter）
・重要なもの（アウトカム）のみを含める（Only include what is material）
・過大推計を避ける（Do not over-claim）
・透明性を重視（Be transparent）
・結果の証拠を提出する（Verify the results）

⑵　SROIの方法論的特徴 − CBAとの相違

　CBAの広義の目的は、社会的資源の効率的配分に資するような社会的意思決定を支援することにある。CBAは主として政府の様々な政策、施策、事務事業、規制、その他の介入に適用され、伝統的には比較的大規模な公共事業等の政策評価に用いられてきた。非営利組織等、社会的セクターのプログラム評価等においても、CBAは適用可能ではある。しかしながら、実際に、本来の事業活動に加えて、CBAが通常求める厳格なレベルの評価を実施するとなると、評価のための費用が増大することになる。したがって、CBAに関する知識やノウハウが社会的セクターにまで伝播し、活用されることは稀であったといえる。

　一方で、1990年代後半から、社会的セクターや中間支援組織、シンクタンク、政府や投資家の側からも、活動の成果を価値として可視化するニーズが高まるなかで、CBAを基礎としつつも、評価プロセスへの社会的セクターの参加をより重視した参加型の評価手法としてSROIの開発・普及が進められた。

　SROIに対してその新規性や革新性が過大に評価される傾向もみられるが、SROIには、インパクト評価の理論や技法として、特に顕著な新規性が認められるわけではない。例えば、SROI の主要なイノベーションは、「アウトプット」を超えて、「アウトカム」や「インパクト」を考慮した点にあるとも言われる (Bull, Ridley-Duff and Seanor 2016：p.140)。確かにSROIは貨幣化困難な無形のコストや便益（intangible costs and benefits）の評価を重視するともみられている。しかしながら、CBAでも「ウェルビーイング」(Wellbeing) [4] や自己肯定感（self-confidence）、生態系保全の価値などが、仮想評価法（CVM）等、様々な手法を用いて計測されてきた。医療経済学、環境経済学、教育経済学、労働経済学など、様々な学問系統で、あるいは学問系統を超えて、CBAには無形的な社会価値の経済評価に関する膨大な蓄積があり、それらの貨幣化のための洗練されたテクニックが開発されてきた。SROI は独自な評価理論を開発したというよりも、むしろCBAにおいて発展させられてきた理論や技法

4　"Wellbeing"とは、「肉体的にも、精神的にも、そして社会的にも良好な状態」を意味する。（日本WHO協会ウェブサイト参照 https://www.japan-who.or.jp/commodity/kenko.html　2020年 1 月 5 日アクセス）

に多くを依存しているのである。

　SROIに関する過大評価や誤解の背景には、SROIが、「本場」の英国でも、学術的な研究対象となることが極めて少なかったという事実がある（Arvidson, Lyon, McKay and Moro 2010：p.3–4）。しかしながら、近年、インパクト評価へのニーズが高まるなかで、SROIについての研究が活発化し、その意義や限界について理論的実証的見地から論じられるようになっている（Maier, Schober, Simsa and Millner 2015; Nicholls 2018; Farr and Cressey 2019）。

　まず、SROIの伝統的なCBAとは異なる主要な特徴について検討する。

　第一に、SROIのステークホルダー・アプローチが、評価の基本枠組みにおいて非常に重要な位置を占めている点にある。アレックス・ニコラス（Alex Nicholls）も、SROIの方法論は、ステークホルダー間の協議（stakeholder consultation）を重視する原則に依拠したものであり、そうした協議は、社会的インパクト会計モデル（social impact accounting model）において、マテリアリティ（materiality）[5]の枠組みを構築するための鍵となる仕組みであると指摘している（Nicholls 2018：p.135）。確かに、ステークホルダーによる協議の重視はCBAとの主要な相違点である。SROIでは、一般的に計測対象とするアウトカムは、その社会的プログラムのゴールとの関連で重要度の高いものが選択される。すなわち、アウトカムの設定という評価フレームの基本部分が、基本的にはステークホルダーとの協議を通じて行われるのである。

　しかしながら、SROIとCBAとの違いは評価方法の本質的な部分にあるのではなく、むしろ「アプローチ」の違いにある（Arvidson, Lyon, McKay and Moro 2010：p.7）。SROIにおいては、評価プロセスにおけるステークホルダーの参加を基本に、「変化」の価値化（「変化」の価値づけ）と、社会価値の貨幣化（貨幣価値への換算）が行われる。例えば、SROIでは、まず「期待されるアウトカム（成果）」としての課題群の枠組みが設定されるが、これらのアウトカムの定義において、ステークホルダーの参加を可能にする十分な柔軟性を有している（Bull, Ridley-Duff and Seanor 2016：p.141）。CBAにおいても、

5　「マテリアリティ」とはもともと会計領域の専門用語で、「重要性」または「重要性の原則」を意味し、会計的には財務に重要な影響を及ぼす要因を指す。SROIでは、その評価対象とする社会的プログラムの目的に照らして何がマテリアル（重要）かということが問題となる。

ステークホルダーとの協議について言及はされるものの、SROI に比べるとその重要性の強調は弱い（Arvidson, Lyon, McKay and Moro 2010：p.7）。

　第二に、SROIの正当性獲得の手段としての有効性である（Maier, Schober, Simsa and Millner 2015：p.1811）。SROIにおける強力なステークホルダー志向自体がそのプログラムや組織の正当性の裏付けとなりうる。また、SROIを用いることによって、「ビジネスライク」（成果志向で効率的）な組織であることを印象づける効果もある。

　第三に、SROIのマネジメント・ツールとしての活用可能性である。SROIによって導き出された成果評価によって、プロジェクト実施組織にとっては事業・経営改善のための学習が可能となるし、インパクトを強化する方向での資源管理が可能となる（Arvidson, Lyon, McKay and Moro 2010：p.7）。対照的に、CBAのアプローチにおいては、もっぱらコンサルタントなどの外部機関によって評価が行われる傾向がある。CBAでも、評価結果が組織にフィードバックされ、経営改善等に活用されるプロセスが重視されていないわけではない。しかしながら、CBAでは、評価に関する情報の利用が限定されており、実施主体の組織内部にまで浸透しているとはいいがたい。一方、SROIの方がマネジメント・ツールとして組織、あるいはプログラムに関係する組織間で「内部化」される傾向が強い。ただし、この点もCBAとの本質的な相違というよりも、アプローチの相違ということができる。

⑶　REDFのSROIと英国のSROI

　SROIを最初に開発したのは米国のREDFであるが、そのアプローチは英国で普及したSROIのアプローチと若干異なっている。すなわち、REDFのSROIが事業価値（Enterprise Value）[6] も計測し、評価に組み込むのに対して、SROIネットワーク等によって修正された英国のSROIモデルは、社会価値のみを計測の対象とする（Flockhart 2005：p.36）。また英国のSROIのアプローチが、社会的企業と関係する多様なステークホルダーの幅広い社会価値の分析により焦点

6　事業価値（enterprise）とは、売上から販売費、管理費、運転資金調達コスト、減価償却費等を差し引いた収益を意味する（Cooney and Lynch-Cerullo 2014：p.371）。

を当てるのに対して、REDFのアプローチは、計測対象とする社会価値（RFDF
は、"Social Purpose Value"と表現）を公共部門の財政節約便益[7]に限定する
傾向があった（Cooney and Lynch-Cerullo 2014：p.371）。

　このように英国で普及したSROIは、REDFのSROIアプローチと比較して、
よりステークホルダー志向のアプローチをとっており、事業価値（事業収益等
の経済価値）は総便益に含めない一方で、様々なステークホルダーに帰属する
幅広い社会価値を総便益に含めて、計測するところに特徴がある。クーニーら
は、REDFのSROIが資金提供者視点であるのとは対照的に、SROIネットワー
クの方法論は、投資家のみならず、社会的企業にも採用可能なものであり、ス
テークホルダーに対するROI（投資収益率）開示に熱心な組織による活用をよ
り志向しているとその相違を指摘している（Cooney and Lynch-Cerullo
2014：p.372）。

3　SROI分析のフレームワーク

⑴　SROI（社会的投資収益率）の算出

　SROI分析では最終的に社会的便益等が、割引率を用いて現在価値（PV：
present value）（現在の価値に修正された貨幣価値）に修正され、最終的にプ
ログラムのSROI（社会的投資収益率）が以下の数式で計測される。SROI値が、
総便益が総費用を上回る「1.0」を超えれば、基本的にはその社会的プログラ
ムは投下費用に見合う効果が生じたということで、効率的とみなされる。

SROI（社会的投資収益率）＝総便益（total present value）÷総費用（total inputs）

　社会的プログラムの効率性評価は、費用便益比であるSROIを示せば十分な
ように思われる。しかし、実際には、2.0、3.0といったSROI値だけでなく、
総便益や総費用、純便益（総便益−総費用）を明示することが多い。というより、

7　被支援者の状態改善による福祉的手当の支給の削減や、再犯率低下等による財政支出削減等
（Cooney and Lynch-Cerullo 2014：p.371）。

費用便益比を示すSROIだけで、その社会的プログラム等の効率性を評価することは、政策判断や投資判断として必ずしも適切とはいえない。

　例えば、類似の就労支援分野でプロジェクトAとプロジェクトBのSROIを比較した場合、AのSROIが2.0、BのSROIが1.2だったとする。SROIだけで比較すれば、Aが効率的とみなされる。一方で、純便益で比較した場合、Aはわずか100万円、Bが300万円だったとする。その場合、仮説的補償原理（基準）[8]からすれば、純便益の最大化が政策の判断基準となり、Bが選択されることになる。

　SROI分析もCBAを基礎にしているが、CBA研究の通説では、費用便益比を政策判断の基準とすることは避けるべきとするのが一般的である（Boardman, Greenberg, Vinning and Weimer 2011：p.33–34；長峯2014：130–131頁）。費用便益比基準が好ましくないとされる理由は、政策等（政策、施策、事務事業）によっては、そもそも費用と便益の定義が曖昧なものが多く、恣意的操作（マニュピレーション）の余地が大きい点や、社会的純便益の規模が軽視される点などが挙げられる。費用便益比が高くない場合、項目を操作することにより、便益の「過大推計」（水増し）や、「過小推計」が行われる可能性は否定できない。

(2)　SROIと感度分析

　SROI分析でも、CBAと同様、感度分析（sensitivity analysis）を行うことがある。「感度分析」とは、予測に含まれる重要な要素（パラメーター）の価値に関する不確実性を認識するため方法（Boardman, Greenberg, Vining and Weimer 2011：p.167）である。すなわち、感度分析とは、最終的な計算結果に重大な影響を与えうる仮定（条件）について、その仮定した値を変化させたときに最終的な計算結果がどう変化するかを見る作業である（長峯 2014：135頁）。

　例えば、後述する寄与率について、60％と仮定した場合と、70％と仮定した

8　変化によって利益を得る人々と損失を被る人々が発生した場合、利益を得る人々が損失を被る人々に補償をしても、それでもなお便益を享受できるということ。この場合、実際に補償が行われることを前提としておらず、純便益により補償が行われる可能性があるという仮説である。

場合では、総便益や純便益、SROIが大きく変わる可能性がある。また、特定の金銭代理指標として平均賃金を設定する場合、賃金構造基本統計調査の正社員の平均賃金のデータをとるか、その地方の最低賃金のデータをとるかによって、やはり総便益、純便益、SROIが大きく変化する可能性がある。

　SROI分析において必ず感度分析が必要というわけではない。しかし、評価の前提となる有力な条件に別パターンも考えられ、それらを変化させることで価値額が大きく変化することが想定される場合には、感度分析を行った方が、過大あるいは過小推計を避けるには有効であろう。

⑶　SROIと社会的割引率

　SROI分析の場合も、その評価対象とする社会的プログラムや施策等の実施に関する便益と費用が将来も継続的に発生すると考えられる。したがって、将来に亘って、介入効果としてのアウトカムの継続が期待される場合、SROIの場合も、第2章で説明されている社会的割引率を用いた現在価値換算化が必要となる。アウトカムが持続する期間（duration）を何年に設定するかは、プログラムの性格などにもよる。例えば、社会的アウトカムが介入開始年度から4年後まで（5年間）続くと仮定すれば、社会的割引率を用いて2年目から5年目までの純便益を現在価値（1年目）に割り引くことになる。第2章でも述べられているように、日本では国債の実質利回りを参考に、4％を社会的割引率に設定することが多い[9]。

　図表3－1は、仮想の社会的プログラムの例で、割引率（i）=0.04として、基準年（現在）から4年後までの総便益、純便益を現在価値換算したものである。仮想事例は、若年無業者を対象に政府あるいは財団等からの1,000万円の資金提供（inputs）で、スキル修得の就労支援を実施、支援プログラムは3カ月で終了し、その後、参加者は就職活動を経て就労達成を目指すプログラムである。プログラム成果が継続する期間を5年間に設定した。なお、1年目

9　英国の財務省の『グリーンブック』によれば、英国では、社会的割引率として、3.5%が推奨されている（HM Treasury 2018：p.28）。ただし、固定した社会的割引率を一律に適用することには疑問も提起されており、医療経済分野では、多くの国では低めの割引率の設定が推奨されている（Mulgan 2010；白岩他　2012）。

の就労達成者が就労を継続することで、所得の増加、税収の増加、生活保護費等社会保障費の削減という便益が継続するが、4年経過するまでに離職者も生じ、便益の減少が生じると考えられることから、離職による便益減を仮定した。なお、プログラム費用は1年目のみ発生し、2年目以降は発生しない。基準年から4年後までの評価期間を設定して、最終的には、3億円以上の純便益が生じたと推計される。

図表3−1　社会的割引率を用いた割引現在価値（例）

単位（万円）	現在 （基準年） (t=0)	1年後 (t=1)	2年後 (t=2)	3年後 (t=3)	4年後 (t=4)	現在〜 4年後 の総純 便益 (NPV)
(B) 便益	8,000	7,500	7,000	6,500	6,000	
(C) 費用	1,000	0	0	0	0	
純便益（B-C）	7,000	7,500	7,000	6,500	6,000	
社会的割引率（i=0.04） による現在価値換算*	7,000	$\dfrac{7,500}{(1+i)^1}$ 7,212	$\dfrac{7,000}{(1+i)^2}$ 6,472	$\dfrac{6,500}{(1+i)^3}$ 5,778	$\dfrac{6,000}{(1+i)^4}$ 5,129	（計） 31,591

＊計算式：総純便益の現在価値 $(NPV) = \sum_{i=0}^{T} \dfrac{(B_t - C_t)}{(1+i)^t}$

　CBAは公共事業など、比較的規模の大きいプログラムの政策評価に用いられることが多いため、将来に亘り、複数年度の便益を現在価値に割り引いて推計することが多い。しかし、SROIの場合は、介入の効果（アウトカム）が介入実施期間を超えて長期に持続すると想定しがたい、あるいは予測・推計が困難なプログラムもある。他方で、プログラム終了後も長期的アウトカムの継続が想定されるものもある。したがって、アウトカムの持続期間を1年のみに限定するSROI分析もあり、10年以上の評価期間を設定するSROI分析もある（SROI Network 2012：p.43）。SROIアプローチでは、その判断は主たるサービス実施者、あるいはステークホルダーの判断次第であり、ある意味、評価デザインにおける柔軟性が高い。

⑷　SROIの算出プロセス

　SROI分析によるSROI等の算出プロセスは、図表3−2のように、基本的に6つのステージで構成される。6つのステージはいずれも重要であるが、まずは分析の対象範囲の境界線をどこまでに設定するかが、関係者の間で合意されなければならない。

　スコープやステークホルダー特定後の次のステージがインパクトマッピングである。SROIでは、縦軸に受益者である各ステークホルダーを記載し、横軸にステークホルダー別に「インプット—アウトプット—アウトカム—インパクト」の因果連鎖（「変化のストーリー」）を表形式で可視化したインパクトマップを作成することが多い。インパクトマップには、アウトカムの定量化と貨幣化に必要な指標群が明示され、成果量と指標に基づき価値額（便益）の算出が容易にできるような工夫が施されている。最終的には、インパクトマップ上に記載されたアウトカムのエビデンス・データ、データを定量化するためのアウトカム指標、成果量を貨幣換算するための金銭代理指標（financial proxy）、反事実、寄与率等をもとに、プログラムによって創出された総価値額（総便益）、純便益（総便益−総費用）、SROIが推計される。

図表 3 − 2　SROI分析の 6 つのステージ

1	**評価対象（scope）の確定とステークホルダーの確定** ・SROI 分析の分析範囲（境界）と、誰がそのプロセスにどのように関与するかを明確にする。
2	**アウトカム・マッピング（インパクトマップ）** ・ステークホルダーと共に、「変化の理論」であるインパクト・マップを創り上げる。インパクト・マップは、インプット、アウトプット、アウトカムの関係性を可視化する。
3	**アウトカムを証明するデータの発見とその評価**
4	**インパクトの確定** ・アウトカムの証拠を集め、それらを貨幣化する。そのプロジェクトがなくても生じた変化や、他の要因によって生じた変化は計測対象から除外される。
5	**SROI（社会的投資収益率）の計測**
6	**レポーティング** ・事実発見をステークホルダー間で共有・活用し、適切なアウトカム・プロセスを実践に組み込む。

出典：SROI network（2012）pp.10–11を翻訳（加筆修正）

(5)　ロジックモデル

　データや指標が確定し、SROIにおける貨幣換算のメトリクスが組み込まれたインパクトマップが完成すれば、後は計算式に基づいて価値を算出すればよい。しかしながら、プログラムによっては、介入が本格的に開始される前から金銭代理指標まで落とし込んだインパクトマップを作成することが難しい場合もある。そこで、まずロジックモデルを作成することを通じて、そのプログラムに適切なアウトカムを確定する方が容易である。

　ロジックモデルとは、第 1 章で説明した通り、プログラムがその目的を達成するまでの論理的な因果関係を、「アクティビティ（活動）―アウトプット―アウトカム」の各局面間の連鎖図として示したものである。リザルト・チェーンと呼ぶ場合もある。

　図表 3 – 3 は、実際に海外で実施された交通安全教育プログラムに関するロジックモデルである。すなわち、損害保険ジャパン株式会社（損保ジャパン）の資金助成を得て、セーブ・ザ・チルドレンが事業実施主体となって2014年 4 月から2018年 3 月の 4 年間にかけてインドネシアの西ジャワ州・バンドンで実施された「西ジャワ州における子どもたちと青少年のための交通安全事業」（以下、インドネシア交通安全事業）の効果測定のために作成されたロジックモデルである。日本国内においてSROI評価で最も実績のある株式会社公共経営・社会戦略研究所（以下、公社研）が、第三者評価機関として参画し、SROIの手法を用いて本プログラムの社会的インパクトの計測とレポーティングを担った。インドネシア交通安全事業では、子供たちが安心・安全に暮らせることを目指して、バンドン市内の小学校15校、中学校15校の生徒、および教師、保護者、コミュニティ住民を対象に、様々な交通事故の予防・削減に向けたプログラム（介入）が展開された。図表 3 – 3 のロジックモデルでは、具体的な活動を通じて、各ステークホルダーに帰属すると期待されるアウトカムが時系列的に（中間・長期アウトカムというように）整理され、ステークホルダー別に、そして、左から右へというフローで記述されている。ロジックモデル上では、最終的に貨幣化しない、あるいは貨幣化困難なアウトカムについても、それがプログラムの目標との関連で重要とみなされるものについては記載されている。

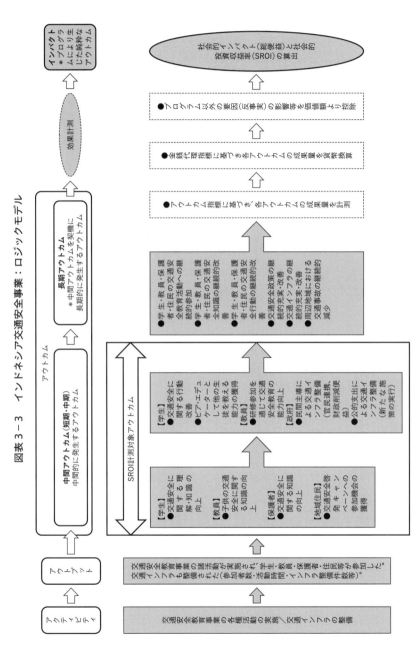

図表 3－3　インドネシア交通安全事業：ロジックモデル

出典：公共経営・社会戦略研究所（2018）9 頁

⑹　SROI算出のための鍵概念

　SROI等の費用便益分析で計測の対象となる「インパクト」は、波及効果や長期的アウトカムというよりも、基本的にはそのプログラムの実施に純粋に起因して生じたアウトカム（成果）を意味する。すなわち、単に前後比較で肯定的な変化（「交通安全に関する知識が向上した」など）が生じたとしても、その変化の原因すべてをその介入に帰することは不正確であり、過大評価となる可能性がある。他の外生要因の影響を排除できないからである。したがって、最終的なインパクトの算出に当たっては、「当該プロジェクトがなくても生じたアウトカム」（反事実）や、その介入（支援等）がどの程度変化に寄与したか（寄与率）が考慮されなければならない。

　また、SROIによっては、当該プロジェクトによるアウトカムが単にネガティブなインパクトとして他の地域などに置き換えられたりする効果（「置換効果」）や、時間の概念を入れて、アウトカムの計測期間における効果低減度（「ドロップ・オフ」）をインパクト算出の際の指標として用いる場合もある。

　図表3-4は、「インパクト」算出における鍵概念を整理したものである。最終的なインパクトを算出する際には、単にアウトカムの成果量を貨幣換算するだけでなく、アウトカム換算値から反事実相当分を控除した価値額に寄与率を乗じて、インパクト（純粋なアウトカム）を算出することになる。置換効果やドロップ・オフを考慮する場合は、その推計割合も控除されることになる。

　「反事実」（counterfactual）は、SROIでは「死荷重」（deadweight）と表現されることが多く、英国財務省の費用便益分析マニュアル『グリーンブック』でも、「死荷重」を「介入がなくても生じたであろうアウトカム」（HM Treasury 2018：p.109）と反事実と同様の意味で定義している。しかしながら、「死荷重」は、経済学では一般に「ある行動や政策が効率的市場均衡数量よりも取引量を減らすときに起こる、総余剰の損失」（クルーグマン・ウェルス、大山他訳2019：765頁）と理解されている。用語の使用の仕方で、混乱が生じる可能性があることには注意を払う必要があろう。

図表 3 - 4　SROIによるインパクト算出における鍵概念

「反事実」(counterfactual) または「死荷重」(deadweight)	当該プロジェクトがなかったとしても生じるアウトカム ・例：長期失業者の訓練プログラムの場合、同地域で長期失業者が失業保険受給から脱する率
「置換効果」(displacement)	当該プロジェクトの参加者のアウトカムがプロジェクト外の者のアウトカムを置き換える、あるいは代替する割合 ・例：ある区の街燈設置プログラムによって同地区の犯罪率が減少したが、他方、プロジェクトの同期間に隣接区で犯罪率が上昇
「寄与率」(attribution)	成果の総便益に対して当該プロジェクトが寄与する割合であり、他の組織や要因が影響する割合を控除して設定したもの
「ドロップ・オフ」(drop-off)	アウトカムが時間を経て低減する割合。通常は固定した割合（%）を各年ごとに減じていく ・例：ドロップ・オフを10%と設定した場合、１年目の価値が100であれば、２年目「90」、３年目「81」となる。
現在価値（present value）と割引率(discount rate)	現在の価値に修正された貨幣価値が「現在価値」（時間を考慮し、10年後の１万円の価値は現在の１万円よりも割り引いて低く見積もる。割引現在価値を算出する際に用いるのが割引率あるいは社会的割引率）

出典：The SROI Network（2012）等を参考に著者作成

⑺　インパクトマップ

　図表 3 - 5 が、インドネシア交通安全事業のSROI算出で実際に用いられたインパクトマップの一部抜粋である[10]。図表 3 - 5 のインパクトマップには一部のアウトカムしか記載されていないが、すべてのアウトカムのインパクトを合算して算出すると、２億円を超える総便益、約１億5,000万円の純便益、2.73というSROI（社会的投資収益率）が達成できたことになる。この結果からも、本事業の有効性・効率性が十分実証されたといえる。

　アウトカムの成果量（肯定的変化の割合）、反事実、寄与率などは受益者向け現地アンケートの結果により算出された（公共経営・社会戦略研究所

10　公社研（2018）20-23頁からの一部抜粋。

2018：17頁）。反事実的状況における成果量を確認するには、介入を直接受けるグループ（トリートメントグループ）と、類似の特徴を有するグループで介入を受けないグループ（コントロールグループ）を厳密に設定する方法が理想的ではある。医療分野の臨床試験等では、通常この方法が用いられる。しかし、あらゆる分野でこうしたトリートメントグループとコントロールグループの設定が可能かというと現実には困難である。様々な事情でコントロールグループを設定するのが難しい場合や、データ比較に膨大なコストを要したり、あるいはそもそも2グループに分けること自体が倫理的に受け入れられない場合もある。

　SROIではこうした問題に対処するため、反事実を比較可能な統計的データや先行研究を用いて設定したり、あるいは受益者の主観に依存するが、受益者に他に同種の介入を受けている割合や、その介入を受けなかったと仮定した場合の変化を確認するという方法をとることも多い。本事業でも、受益者に当該介入がなかった場合の変化の度合いを尋ねるかたちで反事実が確認された。

　また、教員の研修参加や住民のイベント参加を費用にではなく、便益（アウトカム）に計上することについては疑問が提起されるかもしれない。しかし、所得獲得機会を犠牲にしてまで、その行動を選択したこと、それにより地域的なつながりが強化されることは、視点を変えれば、社会関係資本（social capital）[11]（Putnam 1993）という社会価値の増加ということで、社会的便益に計上することができる。ファー（Michelle Farr）らもSROIに関する論文で、ボランティアの活動時間（volunteer time）はコストではなく、公共価値の創造とみなしている（Farr and Cressey 2019：p.248）。

　安全行動の獲得（リスク回避の行動変化）というアウトカムの貨幣価値への換算については、ヘルメット着用による教育機会逸失利益の減少抑制分（低減される金額）の算出がメトリクスとして使われていた。すなわち、事故による重傷化で少なくとも1カ月ほどに亘り公教育を受ける機会を失うという公教育サービス受益の逸失（逸失利益）分が、ヘルメット着用により、70%ほど低

11　社会関係資本（social capital）とは、ロバート・パットナムらの研究によれば、コミュニティにおいて効果的な協働を促進する水平的なネットワークや信頼、規範など、社会的組織の特徴を表現する概念である（Putnam 1993）。

減（回避）できるという仮説[12]のもとで、教育機会損失額の低減分が貨幣価値として算出されている。このメトリクスでは、インドネシアにおける 1 人当たり公的教育支出（OECDのEducation at a Glance 2017のデータを使用）が金銭代理指標として用いられている。

　この例からもわかるように、SROIでは、社会価値を貨幣化する際、金銭代理指標を用いて貨幣換算を行うが、多くの場合、その価値は仮想された貨幣価値であり、現実に生じたキャッシュフローを意味するものではない。これはCBAも同様である。換言すれば、金銭代理指標を何に設定するかによって、価値額が大きく変わることになる。同種の複数のプログラムにおいて、同種のアウトカムを貨幣化する場合、プログラムによって金銭代理指標やメトリクスが異なれば、そもそも比較が不可能になる。大規模な公共事業を扱うCBAでは、メトリクスの標準化の試みがなされてきたが、SROIでは、指標やメトリクスの標準化までには至っていないのが現状である。同種のプロジェクト間での比較の困難性が、英国でも、特に政策評価での活用が限定されている背景にあるといえる。例外的には、近年、英国の雇用年金省が、イノベーション・ファンド（Innovation Fund）というソーシャル・インパクト・ボンド（塚本・金子編著　2016）の全国プログラムにおいて、SROIを用いて費用便益比を算出し、1 回目（Round One：2012年 4 月開始）と 2 回目（Round Two：2012年11月開始）のイノベーション・ファンドのプログラムの効果の比較を行っている（Department for Work & Pensions 2018）。傾向スコア・マッチング法（Propensity Score Matching）[13]を使い、コントロールグループ（介入を受けなかった若者グループ）を設定するなど、従来のSROIと比較すれば、厳格な評価手法をベースにしているが、報告書でも指摘されているように、アウトカムを限定し過ぎていて、実際に創造されたであろう社会的便益を過小評価しているといわざるを得ない[14]。

12　WHOの推計などを参照。
13　傾向スコア・マッチング法については、第 9 章参照。
14　SROI値もRound Oneで1.3、Round Twoで1.25であった。

図表3-5　「インドネシア交通安全プロジェクト」インパクトマップ（一部抜粋）

ステークホルダー	アウトプット	アウトカム		アウトカムの成果量	金銭代理指標	反事実（%）	寄与率（%）	インパクト（円）
		成果説明	アウトカム指標					
プログラム参加生徒（対象校30校の生徒9,000人）	・正規・課外授業での交通安全教育の実施・参加生徒数：32,416人	交通安全教育を受けて交通安全に関する知識・理解が向上した。	正規授業中の研修を受けて、交通安全に関する知識が向上した生徒の割合	・91.89%（エンドライン・アンケートでの肯定的回答割合）・授業参加時間総計：26,581.12h	学生1人当たりの教育への公的支出額：1,288ドル（年間）（OECD, Education at a Glance 2017）	28.96	94.28	1,742,262.79
		交通安全教育を受けて交通のリスク削減のための行動をとることができるようになった。	研修を受けて、研修を受ける前よりも、リスク回避の行動がとれるようになった生徒の割合	85.47%（エンドライン・アンケートでの肯定的回答割合）	・1カ月当たりの教育機会逸失利益額（1,288米ドル/12カ月）・ヘルメット着用による重症化低下割合：70%（WHO等の推計）	28.96	94.28	149,515,387.48
学校教員60（教員60人、校長30人）	・教員向け交通安全研修を実施・参加者：144人	研修を受けて、生徒の交通安全に関する知識の向上	生徒の交通安全に関する知識が向上した割合	97.96%（エンドライン・アンケートでの肯定的回答割合）	教員の平均給与：3,715,800 IDR	12.24	100	274,258.42
地域住民	・地域住民向け啓発キャンペーンを実施・参加者数：12,156人	住民が啓発キャンペーンに参加した。	啓発キャンペーン参加者数	12,156人	法定最低賃金：2,843,662 IDR(月額、バンドン市、2017年)	60.4	100	821,326.46

出典：公社研（2018）20−23頁からの一部抜粋

4　SROIの意義と課題

(1)　SROIの意義

　SROIにせよ、CBAにせよ、インパクト評価には、資金提供者や受益者等へのアカウンタビリティの強化、政策形成者やプログラム実施者、資金提供者等、ステークホルダーの意思決定の支援、パフォーマンス・マネジメントの支援、ステークホルダー間のコミュニケーションの支援、そして、学術研究や政策開発に寄与するような知識生成等の意義がある。

　前述したように、SROIがインパクト評価の理論や技法に大きなイノベーションをもたらしたとみるのは過大評価であろう。しかしながら、従来、費用便益分析等のインパクト評価では、もっぱら外部のコンサルタントや専門研究者によって評価活動が実施され、社会的プログラムの実施主体がその評価デザインやプロセスに本格的に参加したり、評価結果を実践に活用することは稀であった。対照的に、SROIでは、前述した通り、評価のデザインや実施プロセスへの社会的セクターの参加がより重視され、実際、プログラムの実施主体が評価活動の直接的な担い手となり、その評価結果を事業改善等に活用することも多い。

　一方、SROIの場合、評価デザインや評価実施プロセス、評価結果の検証に、サービス実施団体（NPO等）だけでなく、資金提供者や協働関係にある政府・他団体等のステークホルダーが参加することも多い。すなわち、そうした参加型評価の枠組みのもとで、ステークホルダーによる相互作用的コミュニケーションが強化され、その過程でSROIにかかわる鍵概念やフレームワーク、プログラムを通じて創出された価値が当事者間で共有される。従来の費用便益分析、費用効果分析等は、経済学・統計学等、アカデミックな世界で普及している用語や専門的な評価テクニックを操作できる評価者による厳格な評価を前提としている。対照的に、SROIでは、"impact map"、"social return"、"SROI ratio"など、独特な表現が使用され、SROIの評価ガイドラインとともに、ステークホルダー間で共有され、「共通言語」化される。SROIは費用便益分析と比較して特に革新的な手法というわけでもないし、鍵概念も従来使用されてきた用

語の言い換えに過ぎないものも多いが、より社会的セクターに親和性があり、実践者が活用しやすいようなフレームワークが共有されていくことで、参加型の側面がより強化されるところに大きな意義がある。前述したように、ステークホルダーの参加を前提としてSROIの評価システムが、その社会的プログラムや組織の正当性を付与することにもなる。

　SROIが同種のプロジェクト間の比較を強く志向していない点も、CBAとは異なる点である。政策評価で活用されることの多いCBAでは、公共事業等、同種のプロジェクト間の効率性の比較が頻繁に実施されている。事実、そのためのマニュアルやガイドラインを省庁が作成している。しかし、SROIがプロジェクト間比較で活用されることは稀であり、プログラムを継続的に改善するマネジメント・ツールとして、PDCAのプロセスの中に位置付けられることが多い。これは意義でもあるが、限界でもある。

　以上のように、SROIは、社会的セクター向けのCBAの「簡易版」であり、ステークホルダー参加型の評価枠組みということができる。SROIの最大の価値は、「コレクティブ・インパクト」（collective impact）タイプの協働の触媒になりうる点にある。「コレクティブ・インパクト」とは、セクターを超えて多様な主体が、特定の社会課題の解決のために、共通の目的を掲げ、共有された評価枠組みを活用して、中間支援組織等の支援も得ながら、相互に活動を強化し合い、継続的なコミュニケーションを維持しつつ、長期的にコミットメントするタイプの協働を意味する（Kania & Kramer 2011; Kramer & Pfitzer 2016）。

　SROIの評価を協働のプロセスに組み込むことは、一方でデータ収集、データ・マネジメント、コミュニケーション・対話・協議等に多くの時間・労力を費やすこととなり、取引コストを増大させる。しかし、それは単なるコストではなく、コミュニケーションや協働の質を向上させることで、よりアウトカムの達成度や持続性を向上させるという意味で便益に寄与することも期待できる。

⑵　SROIの課題

　SROIには共通の評価枠組みのもとで、様々なステークホルダー間での価値の共有や、価値創造の可視化を促進していく大きな意義がある一方で、様々な

課題も指摘されてきた。

　SROIの最も重要な課題は、方法論の標準化や評価の質保証という面で、いまだ開発途上であり、既存のCBAのようには洗練されていないという点である（Arvidson, Lyon, Mckay and Moro 2010; Cooney and Lynch-Cerullo 2014; Arvidson and Lyon 2014; Maier, Schober, Simsa and Millner 2015）。すなわち、スコープの設定の仕方、データ収集の方法、反事実や寄与率、エビデンス・レベルの設定、ドロップ・オフ等の計測方法、代理指標の設定などにおいて、学術的にも信頼できる標準化された基準やガイドラインがあるわけでもなく、それらの選択は組織やコンサルタントの裁量に委ねられている。こうした限界から、「SROI は費用とリターンをきわめて独断的に推定することが多いため、最終的に計測された価値が多大な影響を受ける。SROI は大まかな予測には役立つが、きめ細かな意思決定の助けにはならない」（Mulgan 2010：p.40）といった批判がなされてきた。

　一方で、指標の設定等に裁量の余地が大きいことは、組織内部の戦略的資源配分、パフォーマンス・マネジメントやマーケティング・ツールとしての活用にとっては利点であろう。組織にとって関心のあるアウトカムだけを選別し、それらアウトカムを金銭価値化すれば強力なメッセージとなり、マーケティングとして有効である（Arvidson and Lyon 2014：p.881）。

　しかしながら、標準化や質保証の欠如は、より広い社会に対して、評価結果の透明性や信頼性を説得することを困難にする。「ステークホルダーの参加の強調は指標（indicators）の多様化につながり、その結果として、他の活動との比較を困難にする」（Arvidson, Lyon, McKay and Moro 2010：p.7）と指摘されているように、方法論の標準化や評価の質の保証がなされず、参加型評価の側面だけ強調されると、SROIはそもそもプログラムやプロジェクト間の客観的な効率性比較には向かないということになる。長峯（2015）も同様の課題を指摘している[15]。

15　長峯は、CBAとSROIとの大きな相違点として「(SROIが) アウトカム（指標）を可能な限り設定し、それぞれを貨幣評価した額を、インパクト全体の貨幣価値として積み上げ計算している点」を指摘し、「それを単純に積み上げて計算を行うと、社会的純便益としては重複計算になるのではと思われる」と疑念を提起している（長峯　2015：56頁）。

　確かにSocial Value UK やSocial Value Internationalなどが、質保証スタンダード（assurance standard ）に基づいたSROI最終レポートの認証などを実施している。しかしながら、アレックス・ニコラスも指摘しているように、そうしたSROIレポートの質保証認証（assurance）は、ステークホルダー・エンゲージメントや、データ、計測法（calculation）等に関する検証を何ら含んでおらず、単なる原則ベースのアセスメント（principle-based assessment）に過ぎない（Nicholls 2018：p.135–136）。

　以上のように、SROI の有効性や実用性については、きわめて懐疑的・批判的な見解が存在する。これらの批判を踏まえると、評価手法の標準化や恣意性の排除は喫緊の課題である。SROIが組織間やプログラム間の比較を目的としていない場合も、指標の設定や評価枠組みの設定の方法において、ある程度の標準化は必要である。

　しかし、例え標準化のための条件が満たされたとしても、価値に関する合意形成はそう容易ではない。なぜならステークホルダーの「社会的価値観」が反映されるからである（Mulgan 2010：p.40）。何を望ましい成果とみなすかについても、価値観の相違が影響し、合意を困難にするだろう。一方で価値の相違があるとしても、協働を通じて合意形成、価値の共有化を進めるプロセス自体が、関係性の質の改善につながるともいえる。SROIにはそのためのツールとしての意義もあるといえよう。

参考文献

クルーグマン.P・ウェルス.R著、大山道広他訳（2019）『クルーグマン　マクロ経済学（第2版）』東洋経済新報社。

公共経営・社会戦略研究所（2018）『インドネシア・西ジャワ州バンドンにおける子どもたちと青少年のための交通安全事業−効果測定に関するインパクトレポート』。（http://koshaken.pmssi.co.jp/base118.html　2020年1月10日アクセス）

白岩健・西美恵・池田俊也・下妻晃二郎（2011）「医療経済評価における割引率をどのように設定すべきか？」『薬剤疫学』（Jpn J Pharmacoepidemiol, 17W(1)）June 2012：33。（https://www.jstage.jst.go.jp/article/jjpe/17/1/17_33/_pdf/-char/ja　2020年1月5日アクセス）

塚本一郎・金子郁容編著（2016）『ソーシャルインパクト・ボンドとは何か：ファイナンスによる社会イノベーションの可能性』ミネルヴァ書房、2016年。

長峯純一（2014）『BASIC 公共政策学11: 費用対効果』ミネルヴァ書房。

長峯純一（2015）「ソーシャル・インパクトの評価可能性とガバナンス―SIBへの期待と懸念も含めて」
『公共政策研究』15:51-63。（https://www.jstage.jst.go.jp/article/publicpolicystudies/15/0/15_51/_
article/-char/ja/ 2019年12月 1 日アクセス）.

Arvidson,M., Lyon,F., McKay,S.and Moro,D.（2010）'The ambitions and challenges of SROI', *Third Sector Research Centre Working Paper,* 49: 1 -21.（https://www.birmingham.ac.uk/Documents/college-social-sciences/social-policy/tsrc/working-papers/working-paper-49.pdf 2019年12月 1 日アクセス）

Arvidson,M.and Lyon,F.（2014）'Social Impact Measurement and Non-profit Organisations: Compliance, Resistance and Promotion', *Voluntas,* 25: 869-886. doi: 10.1007/s 11266-013-9373-6.

Benington,J.and Moore,M.H.（eds）（2011）*Public Value: Theory & Practice,* Houndmills: Palgrave Macmillan.

Boardman,A.E., Greenberg,D.H., Vining, A.R. and Weimer,D.L.（2011）*Cost-Benefit Analysis: Concepts and Practice.* 4th ed. New Jersey : Pearson Education.

Bull,M., Ridley-Duff,R., and Seanor,P.（2016）'Measuring Social Value: Outcomes and Impacts', in Ridley-Duff,R. and Bull,M.（eds）*Understanding Social Enterprise: Theory and Practice.* 2nd ed. London: Sage.

Cooney, K.and Lynch-Cerullo, K.（2014）'Measuring the Social Returns of Nonprofits and Social Enterprises: The Promise and Perils of the SROI', *Nonprofit Policy Forum,* 5 (2): 367-393. doi: 10.1515/npf-2014-0017.

Dees,J.G., Emerson,J.and Economy,P.（2001）*Enterprising Nonprofits: A Toolkit for Social Entrepreneurs.* New York: John Wiley & Sons,Inc.

Department for Work & Pensions（2018）*Evaluation of the Innovation Fund pilot: Quantitative assessment of impact and social return on investment,* London: Department for Work & Pensions.（https://assets.publishing.service.gov.uk/government/uploads/system/uploads/attachment_data/file/737021/evaluation-of-the-innovation-fund-pilot-quantitative-assessment-of-impact-and-social-return-on-investment.pdf 2020年 1 月 5 日アクセス）

Emerson,J.（2003）'The Blended Value Proposition: Integrating Social and Financial Returns', *California Management Review,* 45(4) :35-51.

Farr, M and Cressey,P.（2019）'The social impact of advice during disability welfare reform: from social return on investment to evidencing public value through realism and complexity', *Public Management Review,* 21 (1-2) :238-263. doi: 10.1080/14719037.2018.1473474.

Flockhart, A.（2005）'The use of social return on investment（SROI）& investment ready tools（IRT）to bridge the financial credibility gap', *Social Enterprise Journal,* 1 (1): 29-42.

HM Treasury（2018）*The Green Book: Central Government Guidance on Appraisal and Evaluation.*（https://assets.publishing.service.gov.uk/government/uploads/system/uploads/attachment_data/file/685903/The_Green_Book.pdf 2020年 1 月10日アクセス）

Kania,J.& Kramer, M.（2011）'Collective Impact', *Social Innovation Review,* 9 (1):36-41.

Kramer,M.R.and Pfitzer,W.M.（2016）'The Ecosystem of Shared Value', *Harvard Business Review,* October 2016: 80-89.

Maier,F., Schober, C., Simsa,R. and Millner. R.（2015）'SROI as Method for Evaluation Research: Understanding Merits and Limitations', *Voluntas,* 26:1805-1830. doi: 10.1007/s11266-014-9490-x.

Mulgan,G.（2010）'Measuring Social Impact', *Stanford Social Innovation Review,* Summer 2010:.38-43.（https://ccednet-rcdec.ca/files/ccednet/pdfs/2010-Mulgan-Measuring_social_value_SSIR.pdf 2020年 1 月 5 日アクセス）

Nicholls,A.（2018）'A General Theory of Social Impact Accounting: Materiality, Uncertainty and Empowerment', *Journal of Social Entrepreneurship,* 9 (2):132-153. doi: 10.1080/19420676.2018.1452785.

Putnam,R.（1993）*Making Democracy Work.* Princeton,N.J.: Princeton University Press.（河田潤一訳『哲学する民主主義』NTT出版、2001年）

The SROI Network（2012）*A Guide to Social Return on Investment.* Liverpool: The SROI Network.

Worth,M.J.（2009）*Nonprofit Management: Principles and Practice.* London: Sage.

第 **2** 部

環境・医療・産業振興分野における
インパクト評価

分野編

第 4 章

自然環境分野における社会的インパクト評価

西田　貴明・遠香　尚史

　「社会的インパクト評価」という言葉が自然環境分野において取り上げられる機会はいまだ少ない。しかし、医療や保健福祉、教育といった他分野と同様に、社会貢献活動と収益事業や投資活動との関係性が急速に深まり、活動の透明性や経済性が求められる中で、環境分野においても社会的インパクト評価は、政策や施策から公共事業、民間事業、地域活動まであらゆる領域において今後必要性は高まると見込まれる。環境分野の社会的インパクト評価の手法としては、公共事業の費用対効果分析において参考となる事例が蓄積されており、環境経済学において経済的な評価手法が整理されている。このため、既存の評価手法により、一定の範囲で環境分野の社会的インパクト評価を実施できることから、近年では民間企業などの環境保全活動において環境価値の評価が試みられている。現時点では「社会的インパクト評価」と冠した事例は少ないが、今後ESG投資や休眠預金の活用が広がるにつれて、環境保全の取組みの評価や判断をする場面は増えてくると見込まれ、環境分野でも成果を可視化するための社会的インパクト評価の役割は重要になってくると考えられる。

1　環境分野で広がる社会的インパクト評価の期待

　環境分野において社会的インパクト評価が期待される背景には、公的資金の適正かつ効率的な運用が求められるということがある。加えて、環境問題そのものの複雑化や民間企業による環境保全活動への関心の高まりといった、近年の環境分野の動向にも起因する。環境問題は時代や地域によって重要となる対象は変化してきた。かつては土壌や大気の汚染、騒音などいわゆる公害問題が議論の中心であったが、現在の日本の環境問題というと、地球温暖化対策など

の「気候変動（気候危機）」、リサイクルなどの「資源循環」、生態系管理などの「生物多様性」が主要なテーマとなっている。つまり、公害問題のように、即座に人命や健康に直接被害を及ぼす問題ではなく、気候変動や生物多様性保全といった長期的に複雑で広範囲に大きな被害をもたらす問題が残されている。さらに、これらの環境問題が地域の経済活動や防災減災といった他の社会課題と密接に関係しているため、これらの相互に複雑な関係を見極め、問題解決のプロセスや影響を包括的に捉えることが重要である。言い換えれば、環境問題の範囲が広がり、他の社会課題への影響も大きくなることで、環境問題に関わる関係者が多様化し、課題解決に向けたアプローチに関する合意形成も難しい状態になりつつある。

　そして、このような問題への対策を社会全体で効果的に進めるためには、従来よりも説得力のある現状や対策による影響に関する情報が求められる。例えば、気候変動の問題に関しては、「気候変動の経済学」のレポート（環境省 2007）が大きく議論を進めたと言われる。このレポートでは、地球温暖化から予測される経済的被害を分析し、経済学的な観点から社会的に効果的な対策を示している。さらに、生物多様性の問題に関しても、2010年に発表された国際研究プロジェクト「生態系と生物多様性の経済学（TEEB[1]）」のレポートにおいて、野生動植物や生態系の存在や、生態系から人間にもたらされる便益（生態系サービス[2]）について、様々なケースごとに経済的な価値が示された。

　このような生態系の経済的な評価結果は、ビジネスの現場における環境価値の認識や理解を広げ、企業や政府の環境保全の取組みの後押しとなってきた。また、環境問題を考慮すべき対象期間・範囲について、長期的であり不確実性が高まってきている中で、政策担当者や事業者などの関係者による意思決定においては、社会的な影響を見通すための客観的な情報がこれまで以上に求められているといえる。このため、環境保全の対策からプロセスまでの妥当性を確認しながら、社会的な効果を客観的に明らかにする「社会的インパクト評価」

1　TEEB：「生態系と生物多様性の経済学（The Economics of Ecosystem and Biodiversity）」の頭文字をとったもの。
2　生態系サービス：2001年に国連環境計画が中心となって進められた「ミレニアム生態系評価」において取り上げられた概念であり、人類が自然環境から得られる様々な便益のこと。

の必要性が高まっている。

　さらに、ESG投資と呼ばれる環境問題や社会的課題の解決に貢献する事業に対する投資の世界的な機運の高まりを背景に、公共事業中心であった環境分野の「社会的インパクト評価」が民間企業や市民主体の事業や活動に浸透が進むと期待される。社会的インパクト評価とは、「事業が対象社会にもたらした変化（インパクト）を精緻に測定する評価手法」であり、公共事業の事業効果を測定する費用対効果分析も一つの手法として捉えられる。日本における公共事業を対象とした費用対効果分析は、森林や農地の多面的機能の評価をきっかけにして、1990年代以降において森林保全整備事業を中心に豊富な実績があり、環境保全に関する効果の分析手法も一定の整備がなされている。しかしながら、このような行政の費用対効果分析において環境分野の「インパクト評価」は部分的に用いられてきたものの、民間企業や市民活動が主体となる事業や活動においては、ほとんど取り入れられてこなかった。しかし、最近のESG投資の機運の高まりや休眠預金を活用した社会的インパクト投資の制度の整備は、投資家や民間事業者、さらには市民個人にとって資金の運用に関わることになる。このような機会が広がると、環境保全の取組みに関しても新たな資金の拠出において適正にかつ効率的に判断するための情報として、公共事業の費用対効果分析とは異なる民間事業を念頭に置いた新たな「インパクト評価」が求められる機会が増えてくると見込まれる。

　本章では、環境分野の中でも、自然環境保全（生物多様性）を題材にして、環境分野における「社会的インパクト評価」における評価対象の設定から、基本的な手順や経済的な価値の算定手法を解説しながら、「社会的インパクト評価」として捉えられる取組み事例を紹介し、自然環境分野の社会的インパクト評価の現状を整理したい。

2　社会的インパクトとして捉える環境価値

　国際開発機構（FASID）のレポート（国際開発機構　2015）によれば、インパクトとは「事業の活動結果を原因として、受益者を含むステークホルダーに対して生み出された変化」であり、社会的インパクト評価は「事業の結果と

して創出された社会的インパクトを定性的／定量的に識別・測定し、事業判断を加えること」と定義している。これを踏まえると、自然環境分野のインパクト評価の対象となる「生み出された変化」は、温室効果ガスの削減や野生動植物の生息地の確保といったものになる。このような、環境保全による変化は、新たな雇用や市場の拡大といった経済的な影響として顕在化しないことが多く、本質的には金銭的な価値評価がされにくいものである。しかしながら、自然環境における社会的な価値としては確かに存在するものであり、環境経済学において環境の経済的価値の考え方が整理され、それに基づいて価値評価の手法が構築されてきた。とはいえ、その環境の経済的価値の中においても、間接利用価値や非利用価値（後述）については市場で全く取引されないことから、経済評価のために必要な価格水準や需要量に関する情報が得られにくい。そのため、かつては環境価値を便益として定量的に把握することは困難な状況であったが、日本でも1970年代頃より大学、試験研究機関などを中心に、環境価値の定量化に関する理論や手法の精緻化に関する研究が進められてきた。さらに、行政からも環境価値に関する評価手法のガイドラインが作成され、政策や事業の現場における普及拡大として分析手法の解説や計算用ファイルなどが整備され、実務の現場においても環境の経済的価値が捉えられるようになってきた。

　まず、自然環境の価値の捉え方を整理すると、多面的機能や生態系サービスなど、様々な用語が使われているため分かりにくい部分もあるが、社会的な便益という観点から捉えた「自然環境（生態系）の持つ機能（サービス）」が環境の経済的価値の主な評価対象となる。これらの自然環境が持つ機能の経済的な評価に関しては、日本では林野庁や農林水産省などが中心となり、森林や農地について「多面的機能の評価」として政策的には早い段階から進められてきた。多面的機能としては、森林や農地は、農林産物の生産だけでなく、森林の樹木による土壌流出の抑制や土壌の雨水浸透による洪水抑制、また農地による雨水の一時貯留といった役割も期待されている。多面的機能の評価では、農産物や林産物の生産機能以外の農地や森林の幅広い自然環境の価値を整理している。農業・農村において持続的な食糧供給、環境への貢献、地域社会の形成・維持など、10以上の機能が整理されている。また、森林に関しても、同様に、

生物多様性保全機能をはじめ、地球環境保全機能など、防災や地域社会にもたらす多岐にわたる機能が取り上げられている。また、多面的機能の評価では、複数の機能に関して定量的評価、および貨幣価値換算が実施されている。農業・農村においては、洪水防止、河川流量安定、地下水涵養、土壌侵食（流出）防止、土砂崩壊防止、有機性廃棄物分解機能、気候緩和機能、保健休養・やすらぎ機能が経済的評価の対象となり、森林においては、二酸化炭素吸収、化石燃料代替、表面侵食防止、洪水緩和、水資源貯留、水質浄化、保健・レクリエーションの機能が評価されている。

　また、「多面的機能の評価」だけでなく、自然環境の機能の評価は国内外の数多くの研究プロジェクトでも大規模に行われており、国際的には前述の「生態系と生物多様性の経済学（TEEB　2010）」のレポートが頻繁に取り上げられる。TEEBでは、自然環境の機能に関して「生態系サービス」という用語を用いて整理しており、「供給サービス」、「調整サービス」、「生息・生育地サービス」、「文化的サービス」の4つの項目に分けられている。「供給サービス」の各項目のように市場で扱われている対象もあるが、「調整サービス」、「生息・生息地サービス」、「文化的サービス」に見られるように、市場で扱われていないもの、効果が発現するまでに時間を要するもの、効果の及ぶ範囲が空間的に限定されるもの、あるいは逆に広範囲にわたるもの、またこれらを要因として価値の認識が難しいものが多く含まれている。

図表4-1　TEEBによる生態系サービスの整理

供給サービス	1	食料（例：魚、肉、果物、きのこ）
	2	水（例：飲用、灌漑用、冷却用）
	3	原材料（例：繊維、木材、燃料、飼料、肥料、鉱物）
	4	遺伝資源（例：農作物の品種改良、医薬品開発）
	5	薬用資源（例：薬、化粧品、染料、実験動物）
	6	観賞資源（例：工芸品、観賞植物、ペット動物、ファッション）
調整サービス	7	大気質調整（例：ヒートアイランド緩和、微粒塵・化学物質などの捕捉）
	8	気候調整（例：炭素固定、植生が降雨量に与える影響）
	9	局所災害の緩和（例：暴風と洪水による被害の緩和）
	10	水量調整（例：排水、灌漑、干ばつ防止）
	11	水質浄化
	12	土壌浸食の抑制
	13	地力（土壌肥沃度）の維持（土壌形成を含む）
	14	花粉媒介
	15	生物学的コントロール（例：種子の散布、病害虫のコントロール）
生息・生育地サービス	16	生息・生育環境の提供
	17	遺伝的多様性の維持（特に遺伝子プールの保護）
文化的サービス	18	自然景観の保全
	19	レクリエーションや観光の場と機会
	20	文化、芸術、デザインへのインスピレーション
	21	神秘的体験
	22	科学や教育に関する知識

出典：環境省（2012）3頁

　これら以外にも自然環境の価値を捉える枠組みとして様々なものが提案されているが、自然環境の価値評価として捉える対象としては「多面的機能」や「生態系サービス」から選定していくことが基本となる。つまり、社会的インパクトとしての特定の環境保全活動による効果は、自然の多面的機能や生態系サービスの変化（増減）をもって把握できる。次項以降においてこれまでの環境分野における社会的インパクト評価に関する動向を紹介し、環境保全活動の社会

的インパクト評価の測定手順を整理してみたい。

3　日本における環境分野の社会的インパクト評価事例

　日本の自然環境保全に関わる社会的インパクト評価は、公共事業の費用対効果分析として取り組まれてきた部分が大きい。自然環境に関わる事業が行われる森林や公園緑地、海岸は公有地であり、これらの事業評価は公有地を所管する国や地方自治体などの行政機関が担当する。行政の自然環境に関わる事業の「費用対効果分析」は、多面的機能の評価が行われた森林や農地をはじめ、沿岸や国立公園における事業など幅広い事業で行われている（西田　2014）。費用対効果分析は、事業による効果として生み出される様々な社会的便益の経済的価値（ベネフィット）と事業費（コスト）から事業の妥当性を評価する。この経済価値に対する費用の値が事業の妥当性を判断する基準となっており、事業主体はベネフィット（Benefit）とコスト（Cost）の比であるB/C（費用便益比）の算定結果により事業実施の判断を行っている。この社会的便益の一部に自然環境に関する便益も含まれており、森林であれば山地保全便益（土砂流出防止便益）、環境保全便益（炭素固定便益）といった項目が含まれている。これらの自然環境に関する便益について、国土交通省や林野庁など、各公共事業を所管する関係省庁が評価対象とする便益の整理から、便益を計算する方法、便益の単位当たりの経済的価値である原単位、計算方法を適用できる条件等を整備し、各省庁から費用対効果分析マニュアル（事業評価マニュアル）として公表している。自然環境に関する社会的な価値の重要性に対する認識の高まりに伴い、各省庁の費用対効果分析のマニュアルにおける環境価値の記載は増えている。

(1)　自然環境を捉えた費用対効果マニュアルの整備状況

　環境価値の評価は、公共事業の事業評価においてどのように導入されているのだろうか。日本では、各省庁の費用便益分析のマニュアルには様々な事業における多面的機能の捉え方や、それらの算定手法が基本的には整理されている。これらの費用対効果分析のマニュアルでは、行政担当部署にて便益を計算でき

るよう計算手順や原単位、データの整理方法、計算シートなどが紹介されている。公共事業評価は、事業採択時から完了後までの段階ごとに実施されるものであり、費用便益分析マニュアルは公共事業の妥当性を経済的側面から検討するために用いられる。そして、これらの費用対効果分析マニュアルの見直しは、評価実施における課題を踏まえて適宜進められており、評価手法の改善や精緻化が行われている。

　費用対効果分析マニュアルにおける環境価値の評価の記載状況を分析することで、公共事業評価における環境価値の導入状況について検討した。本調査では、自然環境による便益が記載されたマニュアルを調査対象として、林野公共事業における事前評価マニュアルをはじめ各省庁の費用便益分析指針など、10の自然環境の便益が捉えられていた、マニュアルや関連資料などを調査の分析対象としておこなった（遠香・西田　2014）。

　これらのマニュアルなどの記載内容から、自然環境（森林、水辺林、水田、農地、河川、公園、海岸、湿原、海洋）と、その便益（洪水抑止、水質浄化、景観保全、生態系保全など）を抽出した。類似する便益、類似する事業対象を生態系ごとに評価の結果を統合して、公共事業評価マニュアルに記載されている便益の評価手法の定性評価、定量評価、および原単位の記載状況を整理した。

図表 4 - 2　費用対効果分析マニュアルで対象となる生態系サービスと評価手法の整備状況

生態系サービス	生態系サービスの内容（便益）	林野公共事業				海岸・漁港整備事業				農村整備事業			
		生態系	定性評価	定量評価	原単位	生態系	定性評価	定量評価	原単位	生態系	定性評価	定量評価	原単位
調整サービス	洪水防止	森林	○	○	○								
	流域貯水	森林	○	○	○								
	水質浄化・改善	森林	○	○	○	砂浜	○	×	×				
	土砂流出防止	森林	○	○	○								
	土砂崩壊防止	森林	○	○	○								
	炭素固定	森林	○	○	○								
	気候緩和	森林	○	○	○								
	騒音軽減	森林	○	○	○								
	飛砂防止	森林	○	○	○								
	風害軽減	森林	○	○	○								
	大気浄化	森林	○	○	○								
	霧害軽減	森林	○	○	○								
	火災防備	森林	○	○	○								
文化的サービス	保健休養	森林	○	○	○								
	教育・活動									農地	○	×	CVM
	景観					海岸・漁港	○	×	CVM	農地	○	×	CVM
供給サービス	生産確保・増大	森林	○	○	○								
基盤サービス	生物多様性保全	森林	○	×	×	海岸・漁港	○	×	CVM	農地	○	×	CVM

生態系サービス	生態系サービスの内容(便益)	都市公園整備事業				ダムに代替する治水利水法				自然公園等事業			
		生態系	定性評価	定量評価	原単位	生態系	定性評価	定量評価	原単位	生態系	定性評価	定量評価	原単位
調整サービス	洪水防止					森林	○	×	×				
	流域貯水					水田	△	×	×				
	水質浄化・改善					河川	○	×	CVM				
	土砂流出防止												
	土砂崩壊防止												
	炭素固定												
	気候緩和	公園	○	○	○								
	騒音軽減												
	飛砂防止												
	風害軽減												
	大気浄化												
	霧害軽減												
	火災防備												
文化的サービス	保健休養					河川	○	○	CVM・TCM				
	教育・活動					河川	○	○	CVM・TCM				
	景観	公園	○	○	△	河川	○	○	CVM・TCM				
供給サービス	生産確保・増大												
基盤サービス	生物多様性保全	公園	○	○	△	河川	○	○	CVM・TCM	全て	○	○	○

定性評価：自然環境の便益の評価を定性、定量を問わず評価するかどうかについて確認し、評価を行うことを言及している場合に○を付した。

定量評価：自然環境の便益について、定量的に把握するための算定式などが整備されている項目に○を付した。

原　単　位：便益の定量評価が言及されている場合に関して、便益移転の方法[3]が整理されているか、参考単価、標準単価の設定があるものについて○を付し、算定条件などが設定されている項目には、△を付した。
　　　　　また、事業ごとに、個別に評価する必要がある項目は、その評価手法（CVM、TCM）を記載した。

出典：遠香・西田（2014）：51-63頁

　図表4-2に示すように、農林水産省、林野庁、国土交通省、環境省、いずれの公共事業の費用対効果分析のマニュアルにおいても、いくつかの自然環境

3　便益移転：既存の経済的価値の評価・研究結果を利用し、新たに実施される事業・施策などの便益を評価する手法のこと。評価対象1単位（例えば面積）当たりの評価額を用いて評価する「原単位法」、既存研究から求めた便益関数を評価対象事業・施策に適用して評価する「便益関数移転」などがある。例えば栗山他（2013）249-251頁を参照。

の生態系サービスの価値が評価されているが、各マニュアルごとに評価項目や算定方法などは大きく異なる。

　各分野のマニュアルの評価項目を比較すると、林野公共事業のマニュアルにおいて最も多岐にわたる生態系サービスを評価対象としている。一方で、これ以外の費用対効果分析のマニュアルでは対象とする評価項目が限られており、公共事業によって大きく異なる。これは、森林が他の生態系と比較して、自然環境から生み出される機能を多数備えていることが要因である。実際に2001年に日本学術会議から報告された「地球環境・人間生活に関わる農業および森林の多面的機能の評価」においても、森林の多面的機能の評価額が全体で70兆円を超える。加えて、林業、農業分野においては、政策的に多面的機能の評価に取り組んできた歴史が長く、経済価値の評価の手法が長年にわたり蓄積されていることも評価項目が充実している要因と考えられる。

　さらに、評価項目とともに、定量評価手法の策定状況に関しても省庁ごとに違いが見られた。林野庁の林野公共事業評価マニュアルにおいては、森林の便益を定量的、経済的に評価する手法が最も詳しく整理されている。ただし、林野公共事業の評価マニュアルでは生態系サービスの価値と同様の便益を工学的手法によって実現する費用で代替する算定方法が示されている。その一方、国土交通省は、公共事業の評価マニュアルにおいて、生態系の便益が工学的措置を代替するものであるとはみなしていない。これらのマニュアルでは「森林の保全は、効果を定量的に見込むための精緻な手法は十分確立されていない」とされていることや、「急傾斜地崩壊対策事業の費用便益分析マニュアル」および「治水経済マニュアル」などにおいては自然環境の機能として防災効果が示されていない（遠香・西田　2014）。経済評価の算定式が構築されていても算定式に含まれる係数や原単位を得ることが難しいために、便益評価額を算出しにくい場合もある。例えば、国土交通省と農林水産省の「海岸事業の費用便益分析指針」における砂浜の水質浄化機能については、便益評価額の算定式中の「砂浜による有機物処理量」の調査蓄積が全国的に少ないとされている。このため、この海岸事業の便益評価額の算出時には、砂浜の有機物処理量から計測しなければならず、評価実施コストが大きく実施が難しい項目もある。また、生物多様性保全や文化的サービス（景観等）に関する評価については、国土交

通省や農林水産省関連の便益評価で、個別の事業ごとにCVM（仮想評価法）やTCM（旅行費用法）が用いられることが多い。その理由としては、これらの便益が代替法などで評価できないものであること、便益の内容が混同・重複しやすいこと、さらに地域固有性が高いために、全国的な便益移転方法の設定が難しいことが挙げられる。しかし、個別の事業においてCVMを実施することは、大きな費用、および多大な時間を要するため、実際の事業評価において用いられないことが多い。いくつかのマニュアルにおいては、CVMの実施手順や方法が記載されているが、実際の運用においては調査票の設計等において外部有識者からの意見聴取なども必要なものであり、実務では的確に運用されていない可能性がある。しかしながら、近年、既往のCVMの調査結果が集まりつつあり、便益移転させるためのデータベースの整備を進めることで、評価の原単位を設定することができる状況になりつつある。このように公共事業評価における便益の算定式や原単位などがすべて社会的インパクトの評価においても適用できるものではないが、基本的な考え方や一定の評価対象については、「社会的インパクト評価」の実施に参考になると考えられる。

(2)　民間企業、団体における社会的インパクト評価の試み

　近年の自然環境の機能の経済的価値に注目が集まる中、民間企業や地域の保全活動においても自然環境の価値の評価やそれに基づく意思決定の動きが進んでいる。民間企業において、環境分野における「社会的インパクト」と捉えられる社会的投資収益分析（SROI）として評価した事例は、2015年に損保ジャパンによって実施された「SAVE　JAPANプロジェクト　2015　SROI評価レポート」（公共経営・社会戦略研究所　2016）である。この活動は、最終レポートが公開されており、非営利団体の環境保全活動に対する社会的インパクトを評価する上で極めて参考になる事例である。本事例の詳細は別項に譲るが、全国で展開されている50団体以上の市民による環境保全活動の定量的な評価、及びそれらの経済的な価値評価をおこない、事業費用に対する社会的効果を国内で初めて評価している（本書ケーススタディ(3)参照）。さらに、環境省においても政策に期待される効果の評価において、環境経済学的な評価を行っており（本書ケーススタディ(1)参照）、環境分野においても社会的インパクト評価

の試みが広がっている。

　他に社会的インパクト評価と捉えられる事例としては、企業の森林保全活動の経済価値評価が挙げられる。植林や森林整備は、民間企業のCSR活動として広く行われているが、一部の企業では、森林保全活動の成果の経済価値を評価した結果がホームページなどで公開されている。このような企業による森林保全活動を対象とした経済価値評価には、国や自治体による支援制度が一定の役割を担っている。林野庁の「法人の森制度」には、2012年度までに全国499カ所、2,352ヘクタールの国有林において企業が参加しており、企業のCSR活動としての森林保全の活動の展開に大きく寄与している。この制度における企業の森林保全活動の推進には、制度による信頼性の担保や活動場所の選定などの支援も重要であったが、企業の森林保全活動の効果を林野庁から環境貢献度として定量的に評価されることが有効であったと考えられる。法人の森制度における環境貢献度の評価は、水源涵養便益（洪水防止便益、流域貯水便益、水質浄化便益）、山地保全便益（土砂流出防止便益）、環境保全便益（炭素固定便益）などの森林の多面的機能の状況について、林野庁により定期的に保全活動効果（面積や二酸化炭素吸収量など）や、それらの経済的価値（金額）が算定される。このような環境貢献度における経済価値の算定結果は、企業の環境報告やCSRレポートにおいて活用され、企業の森林保全活動の社会的なアピールに用いられており、環境分野を対象に社会貢献活動の影響を定量的に評価した、社会的インパクト評価事例として捉えられる。

4　環境保全活動の社会的インパクトの測定方法

(1)　社会的インパクト評価の基本的な実施手順

　環境分野における社会的インパクトの評価の内容は、活動の内容や規模によって様々であるが、全体的な目的や、評価対象を基にした評価手法の選定が重要となる。実際の評価手順としては、評価の目的設定から、活動と成果の因果関係の整理、定量的評価と経済的価値の算定、活動結果の検証とフィードバックといった手順で進められる。エプスタインとユーザス（Epstein and Yuthas

2014）では、社会的インパクトの測定の基本的な手順として、測定の基礎を
整える、結果の活用、主要な社会的インパクトの特定と測定、結果の分析と報
告という 4 つのステップで整理している。環境分野における社会的インパク
ト評価の手順も、基本的には他分野のインパクト評価と同様であり、環境分野
に特異的な手順があるわけではない。しかし、環境保全の評価対象の設定やデー
タの取得や経済的な価値の算定手法は環境分野に特化した手法の構築が進んで
おり、環境経済学的の知見や手法が用いられる。インパクト評価の手順として、
環境省の調査で用いられた事例を踏まえて、図表 4 - 3 に整理をした。ただし、
環境分野においてもすべての環境保全活動の効果（社会的インパクト）を確実
に評価できる手法は確立されているわけでなく、保全活動の内容や評価の目的
に応じた適切な手法の選択が重要である。

図表 4 - 3　環境保全活動のインパクト評価の手順

手順	項目	取組内容
1	評価の目的の決定	評価結果の対外的な広報、結果を踏まえた取組みの高度化や新たな取組み方向性の検討、評価手法の精度向上など、評価の目的を検討する
2	評価対象となる保全活動の内容と成果の整理	活動の取組み内容を細かく分析し、それぞれの活動がもたらす社会的インパクトの項目を整理する
3	活動成果による生態系サービス（便益）の変化の把握	インパクトマップ（インプットからアウトカムまでの全体像）を作成し、評価対象活動によって影響を受ける生態系サービスを整理する
4	評価対象の算定式の検討、データの収集	インパクトマップをもとにして評価対象と設定した生態系サービスの算定式の検討し、算定に必要なデータの取得を行う
5	定量的評価、経済的価値の換算	算定式や原単位を用いて社会的インパクトの定量的評価を行い、必要に応じて経済的価値を算出する
6	結果の妥当性の検討	関係者内の議論、有識者からの意見を集めて評価結果の妥当性を検討し、必要に応じて修正などを行う
7	これまでの活動の改善、展開方策の検討	評価結果、評価実施過程を踏まえ、得られた課題や知見を整理し、活動の自己評価に活用する

出典：環境省（2017）21頁を基にして筆者作成

⑵ 環境分野の社会的インパクトの評価手順

　環境保全活動の社会的インパクトを的確に捉えるためには、保全活動により生じる様々な効果を体系的に細かく抽出することが重要である。例えば、企業による希少種を保全する緑地の整備や地域に対する普及啓発の活動を題材にしてみても、非常に多岐にわたる社会的インパクトが生じる可能性がある。一般的に企業の保全活動は、緑地の土地利用を変化させて、希少種の保全といった生物多様性保全だけでなく、自然からの物質的な恵みである供給サービスや、防災減災にも関わる調整サービスの機能を高めることが期待される。さらに、自然環境に関する普及啓発は、レクリエーションや保全活動をおこなう機会を提供することで、人の行動を変えていくことで、間接的に生物多様性の保全に貢献することもある。図表4-4は、環境保全における効果を土地利用や人の行動の変化など、保全活動がもたらす効果を様々なプロセスごとに整理し、実際に期待される便益を抽出している例である。

図表4-4　環境保全活動の社会的インパクトの対象

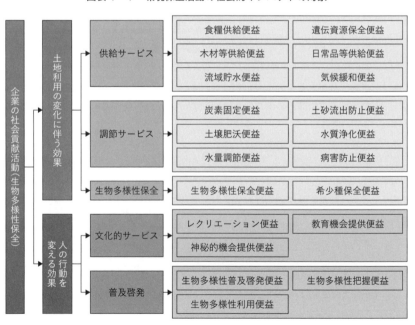

出典：環境省（2017）23頁

　これらの保全活動による効果を整理した後、それぞれの効果を捉える指標や項目を設定し、評価に用いるデータの収集をおこなう。データの収集においては、経済振興や保健福祉で頻繁に用いられるアンケート調査や統計情報だけでなく、野外の動植物の生息や生態系の状態を評価する生態学、環境学的な調査も必要になることもある。社会的インパクトの過大評価の排除・精度向上を図るためには、図表 4 − 5 に記載された項目について担保していくことが望ましく、これらをすべて満たすためには調査設計や厳密な調査が必要になる。しかし、実際は自然環境の状態や希少動物の生息情報など、地域の自然環境情報の収集は、野外調査が必要になる場合もあり、調査内容によっては経済的にも時間的にも大きなコストとなる。したがって、社会的インパクト評価に用いるデータの収集には、評価目的の実現に必要となる結果の精度を認識して、どの程度のコストを掛ける必要があるのかは十分に確認をしておくことが望ましい。

図表 4 − 5　社会的インパクト評価の精度向上のための留意事項

項目	内容
死荷重（反事実）	対象とする取組みがなくても生まれてくると想定される成果分は、除去する。
置換効果	対象とする取組みによる効果が、他（周辺地域など）にマイナスの影響を及ぼしている場合、その状況を考慮する。
寄与率（帰属性）	効果の合計に対して、対象とする取組みが寄与する割合を考慮する。
ドロップ・オフ	時間の経過にともない、取組みによる効果が低減する場合、その割合を考慮する。

出典：環境省（2017）22頁を基にして著者作成

　これらの社会的インパクト評価を行うためのデータの収集と並行して、社会的インパクトの評価対象である「活動による社会的な変化」を示す根拠が必要である。しかし、これらの根拠については、厳密に捉えると必ずしも完全なデータや根拠を得ることは難しい。例えば、間伐などの森林保全の活動においては、厳密な意味で活動による変化を捉えるためには、完全に同じ状態の森林を複数個所用意して、間伐を実施する森林と実施しない森林において生態系サービスや生き物のデータを収集し、間伐の有無による違いを統計的に分析することも

必要になる。さらに、森林の整備による人の行動の変化を明らかにするために
は、森林に関わる様々な関係者に対しても意識や取組みの変化を聞いていく必
要がある。しかし、企業や市民団体の保全活動においては、すべての活動地域
において野外のデータを集めることは、時間的にも経済的にも現実的ではない。
このため、実際には地域の保全活動を行った面積の情報や森林の状態に関する
定性的な情報などを収集しておき、すでに知られている森林の雨水貯留機能や
温室効果ガスの吸収機能などの計算方法に、各機能に関する単位面積当たり経
済的価値（原単位）、および保全活動の面積などを当てはめることで、経済的
価値が簡易的に算定される。つまり、既存の事例と同等の条件とみなせる場合
は、他の地域で作成された計算式や原単位などを活用できれば、簡易的に社会
的インパクト評価ができる。

　しかしながら、社会的インパクトの評価の対象によっては、活動の結果で生
じる変化の情報を独自に収集し、新たに経済価値を算定することが求められる。
生態系サービスの変化を捉える計算式や原単位については、地域や活動内容に
よって変わるものであり、地域ごとに構築することが基本的には望ましい。社
会的インパクト評価に援用できる算定手法については、環境価値としては利用
価値、または非利用価値といった種類によって適切な手法が整理されている。
評価手法は、評価に用いる情報が既に顕在化しているかどうかによって、顕示
選好法と表明選好法の二つに分類することができる。顕示選好法とは、実際に
顕在化している人の行動に基づいて評価するものであり、市場価格あるいは行
動を価格換算することなどによって便益を把握することができる。一方、既往
の行動として把握できない非利用価値については、表明選好法によって評価す
る必要がある。具体的には、各人の意識・意見に基づいて評価するものであり、
アンケートなどによってデータを収集することが不可欠となる。環境価値評価
に用いられる顕示選好法としては、代替法、TCM（旅行費用法）、ヘドニック
法などが挙げられる。また、表明選好法に分類される評価手法としては、
CVM（仮想評価法）、コンジョイント分析（選択実験法）などが挙げられる。
それぞれの評価手法の特徴や対象、留意点については下記に整理する。これら
の詳細は紙面の都合で割愛させていただくが、栗山ら（2013）、柘植ら（2011）
をはじめ数多くの専門書や実務書が発刊されている。実際に社会的インパクト

評価を行う際には、評価の対象や求められる精度、実施コストなどを踏まえて選択する。

図表 4 - 6　環境価値の経済的評価における分析手法

種類	分析手法	内容	評価対象	留意点
顕示選好法	代替法 －再生費用法	失われる環境サービスと同じサービスを提供する代替財の市場価格を精査。	森林の有する機能など。 …表面浸食防止機能 …表面崩壊防止機能 …洪水緩和機能　など	どの代替財を選択するか、そもそも適切な代替財が存在しない場合などは、信頼性の高い結果を得られない。
	代替法 －防御支出法	被害の回避・軽減に必要となる追加費用を算出。	公害などからの被害に対する自己防衛的な支出を減少させるもの。 …大気・水質浄化機能 …水質浄化機能　など	防御に要する支出だけでは公害の影響は回避されないため、被害の一部のみが把握されることとなる。
	TCM （旅行費用法）	評価対象地までの旅行費用（運賃、自動車移動費用、費やした時間の金額換算値）と利用頻度の関係より需要曲線を推計し、便益を算出。	観光客などの訪問を伴う娯楽・レクリエーション対象地。 非利用価値は評価できない。	余暇活動時の時間価値の設定いかんによって、旅行費用が大きく異なってくる。
	ヘドニック法	土地市場・住宅市場などで、周辺環境の質による地価や住宅価格への影響分を抽出。	地価・住宅価格などに影響する価値。 非利用価値は評価できない。	重回帰分析、使用データの特徴などに関する知識が必要。説明変数を多く含む場合、多重共線性が生じやすい。
表明選好法	CVM （仮想評価法）	シナリオを回答者に提示し、それに対する支払意思額をアンケート調査により把握。	非利用価値も含め、あらゆる価値を評価可能。	バイアスを除去するための様々な知識・技術・手順が必要。NOAAガイドラインなどに則した手順が求められる。

| | コンジョイント分析（選択実験） | 複数の要素から構成される選択肢を提示し、もっとも好ましい選択肢を選択した結果（複数回答サンプルのデータセット）をもとに推計。 | 非利用価値も含め、あらゆる価値を評価可能。評価対象を構成する個々の属性の価値を評価できる。 | 回答者側にとって、仮想評価法よりも回答が難しい。調査側も多くの手順・慎重な代替案設定などが必要。 |

出典：栗山他（2013）40,56,76,110,176頁などを基にして著者ら作成

(3)　地域の環境保全活動の事例をもとにした社会的インパクト評価の試み

　環境分野における民間団体の活動による社会的インパクトを評価した事例は少ないが、上述した損保ジャパンの取組み以外にも、企業の社会貢献活動としての保全活動を対象とした取組みも始まっている。2015年には環境省自然環境局の調査（環境省　2017）の一環で、企業の環境保全活動の社会貢献量を評価する手法の検討が行われ、複数の企業の環境保全活動の経済的な価値評価が試みられた。この調査では、本章で紹介した環境分野の社会的インパクト評価手法に従って、保全活動の経済的な価値評価を進めており、この調査に参加した大日本印刷株式会社（DNP）の保全活動とその評価について紹介する。

図表4−7　DNPの自然環境保全の取組み（評価当時）

出典：DNP

　DNPは、生物多様性保全分野における豊富な活動実績があり、全国各地における事業所内の生物多様性に配慮した緑地づくり（図表４−７）や、ユリ科の植物「ハマカンゾウ」といった希少植物を本来の生物の生息地ではなく、会社の事業所内において保護増殖させる「生息域外保全」の取組みをおこなっている。事業所の緑地づくりでは工場や事業所などの土地利用や敷地管理によって、周辺の生き物の移動や分散がしやすい緑地づくりを進めている。事業所と周辺地域の植生や生き物調査を行い、各事業所の緑地改善や植栽選定、管理方法の見直しなどが行われている。代表的な取組みとしては、本社所在地である東京・市谷地区の再開発に伴い、「市谷の杜」としてかつてこの地域に広がっていた武蔵野の雑木林をイメージした「都市における新しい森づくり」を進めており、新緑、紅葉、落葉といった四季を感じる豊かな景観や、皇居や外濠など、市谷地区周辺の緑地といきものが往来できる連続性の確保に向けた整備をしている（図表４−８）。また、森づくりに向けて、地域の方や社員とのコミュニケーションを深める場として市民セミナーを開催するなど、地域の自然環境に関する普及啓発もおこなってきた。

図表４−８　市谷の杜の緑地づくり

出典：DNP

　さらに、同社は、ハマカンゾウをはじめ各拠点の自然的社会的条件に合わせた希少植物の生息域外保全の取組みを行っている。ハマカンゾウの生息域外保全の取組みはDNPテクノパック横浜工場と東芝ライテック横須賀工場（現東芝ライテック横須賀事業所）が連携して実施されていた（本調査の実施後に連

携は解消）。東芝ライテックにて2012年より取り組まれていた、ハマカンゾウの保全活動の取組みを拡大するため、専門家の指導の下で東芝ライテック横須賀工場からDNPテクノパック横浜工場へハマカンゾウの株を移植し、生息域外保全の取組みを拡大させた。DNPテクノパック横浜工場では、東芝ライテックより譲り受けた30株を1年間で113株まで殖やすことに成功し、2016年6月には、本来の生息地である小網代の森へ82株のハマカンゾウを自然に返すことができており、野生の希少植物の回復にも貢献している。

図表4-9　DNPテクノパック横浜工場のハマカンゾウの保全活動

出典：DNP

　環境省の調査では、市谷の杜における緑地の整備と、横浜工場のハマカンゾウの生息域外保全の取組みに注目し、社会的インパクト評価を実施した。まず取組みの概要と波及する効果の全体像を明らかにするために、それぞれの活動を対象とするインパクトマップを作成した（図表4-10）。インパクトマップでは、環境保全活動の様々な事業を整理し、それらの事業ごとのアウトプットに基づいてアウトカムを抽出する。例えば、市谷の杜の緑地づくりでは、緑地整備に一定の人的、経済的な資源をインプットとして投入し、適正な施業を行うことで森林が維持され、アウトカムとして温室効果ガス（CO_2）の吸収が生まれるというプロセスを整理した。これらのインプットからアウトプットまでのプロセスについて、保全活動全体の事業から生まれるアウトカムごとに整理を行うことで、社会的インパクトを捉えることができる。さらに、これらの社会的インパクトをより分かりやすく理解するために、経済的価値に置き換える作業をおこなっている。経済的価値の評価は、アウトカムである生態系サービ

スの種類によって算定式の不足や、データの収集の困難さから評価が難しい場合もあるが、アウトプットの定量化の一つの表現方法として分かりやすいため評価の実施が求められることが多い。本調査においても、インパクトマップにおいて整理したアウトカムの項目ごとに指標となるデータや、算定手法の収集をおこなうことで、既存の算定式や原単位を用いて社会的インパクトの経済的評価を試みている。なお、本調査では、既存の算定式や原単位を用いた評価のみを行っており、この保全活動を対象としたCVMの実施といった個別の経済的な価値評価は行っていない。社会的インパクトの経済的評価の結果については、過大評価を避けるために、死荷重や置換効果などの問題の精査をおこない妥当性を確認している。そして、本調査の結果である社会的インパクトについては、図表 4 –11のとおりに整理することができた。なお、評価額については、ハマカンゾウ保全、市谷の杜に関する取組み内容が時期によって異なることから、ハマカンゾウ保全では2015年 4 月以降、また市谷の杜では2012年10月以降2017年 1 月までの活動の評価結果を整理している。また、ハマカンゾウ保全の経済価値評価においては、東芝ライテックと連携した取組みであることがわかるよう、両企業を併記しつつ整理している。

　本調査において社会的インパクトの評価を試行してみると、公共事業評価や先行事例で用いられる算定式や原単位を用いることで、一定の社会的インパクトの評価ができることが明らかになった。一方で、地域特異的な条件に依存する生物多様性の保全や地価の向上といったインパクトについては、既往の事例などの結果を援用することが難しく、これらの評価については独自の経済価値評価が必要であることが示唆された。

図表 4-10　ハマカンゾウの保全と市谷の杜の緑地づくりのインパクトマップ

事業	ステークホルダー	インプット	事業・枠組み	アウトプット	初期アウトカム	長期アウトカム	区分	評価指標	成果量	寄与率	インパクト（円）
ハマカンゾウの保全	国民	時間、予算、スタッフ、費用	増株したハマカンゾウを本来の生息地（小網代の森）に返還	本来の生息地（小網代の森）にてハマカンゾウが定着	本来の生息地にて準絶滅危惧種であるハマカンゾウの株数が増加	生物多様性の保全	土地利用	－	返還株数：82株		（貨幣価値換算せず）82株を返還
	従業員（ボランティア）	時間、予算、スタッフ、費用	工場敷地におけるハマカンゾウの栽培	ハマカンゾウの増株	準絶滅危惧種であるハマカンゾウの株数増加	従業員の満足度の向上	人の行動	造園工の労務単価（神奈川）：2,425円/時間/人	活動時間：36時間・人	100	87,300
	大日本印刷	時間、予算、スタッフ、費用	ハマカンゾウの返還に係る広報の実施	各種媒体を通したハマカンゾウ返還に関する情報の周知	ハマカンゾウ返還を通した取組みに係る認知度の向上	企業の環境への取組みイメージ向上	人の行動	広告料金単価	新聞掲載数：3回（うち算出可能2回）	50	493,804
								web広告費	web掲載回数：6回	50	900,000
								TVなど放送単価	TVなど放送回数	50	－
市谷の杜	国民	時間、予算、スタッフ、費用	敷地内緑地の整備、管理	都心部における緑地の確保	都心部における緑地の確保	生物多様性の保全	土地利用	－	生物種数	100	（貨幣価値換算せず）
	国民	時間、予算、スタッフ、費用	適正な施業	森林の維持	CO2の吸収	気候変動の緩和	土地利用	気候変動緩和便益原単位：コナラ：75,029円/ha/年	面積：7,300㎡（2015年10月造成）	100	63,900
	地域住民	時間、予算、スタッフ、費用	敷地内緑地の整備、管理	都心部における緑地の確保	都心部における緑地の確保	行政コストの低減	土地利用	新宿区緑地整備費用：29百万円/ha	面積：7,300㎡（2015年10月造成）	100	24,698,333
	地域住民	時間、予算、スタッフ、費用	敷地内緑地の整備、管理	ヒートアイランド緩和効果	周辺地域の冷房コスト低下	気候変動の緩和	土地利用	気候変動緩和便益原単位：867,170円/年（500世帯）	影響世帯数：不明	100	（非計上）
	地域住民	時間、費用	市民セミナー「市谷の森」を実施	セミナーへの市民の参加	参加市民による環境意識や市谷への理解の向上	市民全体の環境意識、市谷への理解の向上	人の行動	最低賃金（東京）：932円/時間/人 子どもの自然活動に係る子ども一人当たり費用：2,216円/人	累計参加者数：大人567人、子ども89人 開催時間：1.5時間、（自然観察会は4時間）	100	1,493,392
	大日本印刷	時間、予算、スタッフ、費用	敷地内緑地に関する広報の実施	各種媒体を通した敷地内緑地に関する情報の周知	敷地内緑地に関する認知度の向上	企業の環境への取組みイメージ向上	人の行動	広告料金単価	新聞掲載数：2回（うち算出可能1回）	100	423,474
								web広告費	web掲載回数：1件	100	300,000
								TVなど放送単価	TVなど放送回数	－	－
			敷地内緑地の整備、管理	敷地内緑地整備水準の維持	景観の向上	地域ブランド力の向上、地価の上昇	人の行動	周辺地価水準	影響範囲面積	推定困難	（非計上）

※評価期間：ハマカンゾウ保全：2015年4月～2017年1月、市谷の杜：2012年10月～2017年1月

出典：環境省（2017）34頁を基にして著者ら作成

図表 4 -11　ハマカンゾウの保全(上)と市谷の杜の緑地づくり(下)の社会的インパクト

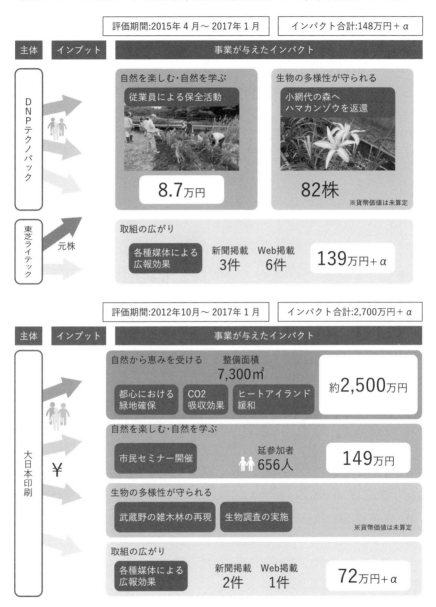

出典：環境省（2017）38頁

5　現在の自然環境分野の状況と今後の方向性

　環境分野における社会的インパクト評価については、「社会的インパクト」という位置づけで、民間企業や非営利団体の社会的インパクトを評価した事例は極めて少ないが、公共事業評価で用いられている算定手法などを援用することで一定の評価を実施することはできる。近年では、自然環境保全の活動に焦点を当てて、社会的インパクトの評価の実施手順を詳しく解説した資料も公開されており、自然環境保全に関する算定式や原単位も整理されつつある。例えば、2019年 3 月に公開された「企業の生物多様性保全活動に関わる生態系サービスの価値評価・算定のための作業説明書（試行版）」（環境省　2019）では、本稿で紹介した企業の生物多様性保全活動による社会的インパクトを評価するための算定式や原単位が数多く整理されている。このような、保全活動における取組量（面積や参加人数など）の情報だけで一定の評価ができるツールを活用することができれば、環境経済学などの専門的知識がなくとも社会的インパクト評価に取り組める。

　しかし、環境分野における民間企業や非営利団体の関係者と社会的インパクト評価の導入について議論すると、評価に対する需要はあるものの、実際に導入するためにはいくつかの課題が挙げられる。まず、社会的インパクトそのものに対する一般的な認知が十分に進んでおらず、基本的な評価手順についてもほとんど知られていない。このため、保全活動に関わる担当者に対して、社会的インパクトの評価を導入する目的や背景を紹介した上で、計算手法の選択や計算結果の活用方法などの評価の進め方を解説することが求められる。また、環境分野における社会的インパクト評価は、一部の取組みについては算定式や原単位が整理されている一方で、希少動植物の保全といった地域固有性が高い取組みに関しては参考となる情報が少ない。これらの社会的インパクトの評価手法の構築については、数多くの事例の蓄積が必要であり、多くの評価事例を基にした一般化が求められる。

　また、民間企業や保全活動主体のみでも実施ができる、予算的に安価で技術的にも容易な、環境分野の活動によってもたらされる社会的インパクト評価のツールキットの開発などが必要である。さらに、環境分野の活動にともなう社

会的インパクトの評価結果が公開された事例はまだまだ少なく、評価結果の比較や参照を行うことが難しいため、様々な主体で行われた社会的インパクト評価に関する評価手法、評価結果、その他評価に関する知見を共有する場が求められる。その際、環境分野の活動でも、希少種保全や温室効果ガスの削減といった環境保全のインパクトだけでなく、地域の雇用や経済活動など、社会経済面のインパクトも期待されている。加えて、近年の環境問題の拡大、複雑化などを背景に、これまで以上に環境以外の分野への影響やインパクトを捉えることが求められている。したがって、環境分野の取組みによる社会的インパクトの評価においても、他の様々な分野に係る関係者・専門家と連携を図り、共通認識を醸成するべく、分野横断的な議論や交流の機会が必要である。

参考文献

遠香尚史，西田貴明（2014）「自然資本による価値の経済的評価における動向と課題」（特集：自然資本管理への世界の潮流と日本の動き）『季刊政策・経営研究2014』3：51-63。

環境省（2007）「気候変動の経済学（The Economics of Climate Change）Executive Summary　日本語版」。(http://www.env.go.jp/press/press.php?serial=8046　2020年1月6日アクセス)

環境省（2012）「TEEB報告書普及啓発用パンフレット「価値ある自然」（https://www.biodic.go.jp/biodiversity/about/library/TEEB_pamphlet.html　2020年5月14日アクセス)

環境省（2017）「企業の生物多様性保全活動の評価・算定手法の検討」『平成28年度経済社会における生物多様性の主流化の促進に関する調査・検討委託業務報告書』。

環境省（2019）「企業の生物多様性 保全活動に関わる生態系サービスの価値 評価・算定のための作業説明書（試行版）」。(https://www.biodic.go.jp/biodiversity/activity/policy/valuation/download.html　2019年12月21日アクセス)

栗山浩一，柘植隆宏，庄子康（2013）『初心者のための環境評価入門』勁草書房。

国際開発機構（2015）「社会的インパクト評価促進に向けた現状調査と提言」。(https://www.fasid.or.jp/_files/evaluation_survey/FASID_2015_report_socialimpactassessment.pdf　2020年1月7日アクセス)

生態系と生物多様性の経済学（TEEB）仮訳（2010）The Economics of Ecosystems and Biodiversity: The Ecological and Economic Foundations, (https://archive.iges.or.jp/jp/archive/pmo/1103teeb.html　2019年12月21日アクセス)

公共経営・社会戦略研究所（2016）『SAVE　JAPANプロジェクト　2015　SROI評価レポート』。(https://www.sjnk.co.jp/~/media/SJNK/files/topics/2016/20160830_2.pdf　2019年12月21日アクセス)

柘植隆宏，栗山浩一，三谷羊平 編著（2011）『環境評価の最新テクニック：表明選好法・顕示選好法・実験経済学』勁草書房。

西田貴明（2014）「国土の自然資本の評価に基づく社会的な意思決定の推進に向けて」（特集：21世紀の国土・自然資源管理）『季刊政策・経営研究2014』1：28-63。
日本学術会議（2001）「地球環境・人間生活にかかわる農業及び森林の多面的な機能の評価について（答申）」。

Epstein, M.J.and Yuthias,K.（2014）*Measuring and Improving Social Impacts: A Guide for Nonprofits, Companies, and impact investors*. Shefiled: Greenleaf Publishing.（邦訳、マーク・J・エプスタイン／クスティ・ユーザス『社会的インパクトとは何か』英治出版、2015年。）

第5章

保健医療分野におけるインパクト評価の政策利用

西村　万里子

　近年、保健医療分野においてインパクト評価の政策利用が活発化している。医療分野のインパクト評価、特に経済評価は以前から実施されてきたが、最近の変化として、予防医療的な社会的プログラムにもインパクト評価の手法の導入が進められている。とりわけ注目されるのは、ソーシャル・インパクト・ボンド（social impact bond）（以下、SIB）という成果報酬払いの新たな官民連携プログラムにおけるインパクト評価の活用である。一方で注目されるのは、公的医療保障における医薬品・医療機器等の医療価格付けにおいて、費用対効果の経済評価に基づく価格調整の開始である。

　本章では、日本の保健医療において実践段階に入ったインパクト評価・経済評価の政策利用の二つの流れを取り上げ、その背景、各手法の概説、実施事例を整理し、保健医療分野におけるインパクト評価・経済評価の政策利用の意義と課題について考察する。海外事例では保健医療分野でのインパクト評価の政策利用が進む英国を取り上げる。

1　保健医療分野におけるインパクト評価・経済評価の導入

　2000年代に入り、ニュー・パブリック・マネジメント志向の行政改革等も契機となり、予防医療や福祉事業等のインパクト評価、薬品・医療機器等の費用対効果を把握する経済評価など、保健医療分野においてインパクト評価の政策利用が促進されてきた。

　近年注目が高まっている保健医療分野におけるインパクト評価あるいは経済評価の政策利用としては、保健医療、特に予防医療分野のソーシャル・インパクト・ボンド（social impact bond）（以下、SIB）や社会的プログラムのインパクト評価がある。様々な社会的プログラムが創出する社会価値を貨幣化する

SROI（social return on investment、社会的投資収益分析）も、この新しいインパクト評価の潮流に位置付けられる。日本では、2010年代以降、SROI等を用いたインパクト評価が、就労の分野を中心に始められ、その適用範囲は教育、環境、保健医療にまで拡大している[1]。また、特に予防医療分野では、日本国内でも、2017年以降、成果報酬型払いと民間から資金を調達する社会的投資の仕組みを融合させた新たな官民連携の仕組みであるSIBの取組みにおいて、インパクト評価が活用されつつある。

　一方で、より主流の医療政策分野において、既存の費用効果分析等のアプローチを中心とした医療経済評価の手法を活用して、それら経済評価の手法やデータの標準化をめざしつつ、公的医療サービスの効率性を向上させる取組みも推進されている。特に公的医療保障における医薬品・医療機器等の医療価格付けについての経済評価の利用である。超高齢社会の進展と厳しい財政状況の下で医療費の増大が課題となる中、公的医療保険の医薬品・医療機器等の医療価格付けについて、費用対効果の経済評価に基づく価格調整が2016年度から試行的に導入、2019年度から制度化され、本格的に導入された。

　本章では、これらの保健医療分野[2]のインパクト評価・経済評価における政策利用の二つの流れを取り上げる[3]。政策利用の背景と各手法の概説をするとともに、日本の実施事例および海外で政策利用が進む英国の実施事例を整理し、医療におけるインパクト評価・経済評価の政策利用の意義と課題について考察する。

1　環境分野におけるインパクト評価は第４章およびケーススタディ(1)(3)参照。

2　本章で扱う「保健医療」分野は狭義の保健医療（health）サービスだけではなく、精神的健康や生活の質の向上を含む、「ウェルビーイング」（Wellbeing）改善を目的とする非医療的活動分野も含んでいる。「ウェルビーイング」とは、個人の権利や自己実現が保障され、身体的、精神的、社会的に良好な状態にあることを意味する概念。

3　SROI等のインパクト評価と既存の費用便益分析・費用効果分析等のインパクト評価を同等に「２つの流れ」とみなすことには反論が予想される。しかし、公的部門と民間（NPO等の社会的セクター組織も含む）との連携プログラム（官民の協働事業やSIB）が進展するなか、様々な課題はありつつも、SROI等のインパクト評価の政策利用におけるニーズはますます高まっていくと思われる。

2　保健医療分野におけるSROI評価の利用

⑴　SROI評価の保健医療事業への展開

　SROIは社会的事業に関する評価指標の 1 つで、米国で1990年代末に経済的収益のみに着目した投資収益率（return on investment：ROI）の指標に、費用便益分析を応用して社会的成果の価値を定量化し貨幣換算することにより、組織が創出する社会的成果を計測する指標として開発された。その後英国で、社会的成果を貨幣換算する多くの金銭代理指標が創り出され、個々の社会的事業を対象としたインパクト評価の手法として注目され普及し始めた[4]。

　英国でSROIの政策利用が本格的に開始されたのは、保健医療分野である。2000年以降、NPMに基づく医療改革の中で、公的病院に替わって医療・健康支援を提供する民間非営利組織や社会的企業（social enterprises）が台頭したことがその背景にある。保健省（Department of Health）は、公共サービスの民間開放（HM Government 2011）の一環として、公的部門のサービス委託契約（public sector contracting）の受託を望む社会的企業が、社会的リターン（social return）を評価し可視化することを奨励し、SROI等を活用する能力を育成するよう支援した（Millar and Hall 2012; Department of Health 2010）。例えば、保健省は、2009年に、「社会価値アクションリサーチ・プロジェクト」（action research project on social value）という委託事業を 5 社の社会的企業を対象に実施し、SROIを使用して社会的価値を計測し、社会的投資収益率（SROI）を算出することで費用対効果を検証した（Department of Health 2010）。SROIの計測結果は、「2.52, 3.78, 4.28, 5.67」[5]といずれも「1.0」を超え、効率性の高さを実証するものであった。

　SROIの利用はその後、保健医療セクターの他、就労、教育、環境などの分野でも普及したが、なお、社会監査（social audit）などSROI以外の既存の評価ツールの利用も多い。むしろSROIの政策利用は限定されているという指摘

4　SROIの開発の経緯は本書第 3 章参照。
5　費用便益比（社会的投資収益率）を示す「2.52」は、費用 1 ポンドに対して2.52ポンドの社会的価値（便益）が創出されることを意味する。

もある[6]。

　日本では、成果志向の潮流に伴い、SROI評価の実践が2010年代から開始されている。就労、教育、環境の分野へ利用が進み、近年、医療分野の評価事例も試行されるようになっている[7]。

(2)　SROI評価手法の概要

　SROI値は社会的事業の成果を貨幣換算した価値額と事業費用を比較して、その比率として算出される。SROI評価の手順の６つのステップは本書第３章でも説明されているが、以下に、より詳細に記述した（SROI Network 2012：p.11-12）。

i ）評価対象事業の確定：評価対象事業の設定後、事業の成果を受ける受益者（ステークホルダー）を特定する。

ii ）アウトカム・マッピング（インパクトマップ作成）：特定されたステークホルダーごとに、どのような資源投入によって（インプット）、どのような事業が提供され（アウトプット）、ステークホルダーにどのような変化が生じ社会的成果が創出されたのか（アウトカム）、それらの関係性を可視化するロジックモデルの枠組みを用いて、成果指標、費用等を記述しSROI値を算出するためのフォーマット（インパクトマップ）を作成する。

iii ）アウトカム（成果）指標・金銭代理指標の設定とデータ収集：アウトカムを定量化するアウトカム指標と金銭代理指標を設定し、データを収集する。

iv ）インパクトの確定：成果の数量はアンケート調査や事業実績から把握し、金銭代理指標を用いて貨幣換算し社会的価値総額を推計する。その事業がなくても生じた成果・変化（反事実：counterfactual）、他の要因によって生

6　2008年12月から2009年３月にかけ、社会的企業に対して実施した評価ツール等に関する電話調査では、SROIを活用していると回答した社会的企業は、保健医療・福祉セクターの社会的企業（88社）の中でわずか１社（1.1%）、他のセクター（736社）でも、11社（1.5%）に過ぎないという結果だった（Bertotti, Leahy, Sheridan, Tobi and Renton 2011：p.154）。

7　国内でも最もSROI評価の実績があり、評価結果の多くを公表しているのが公共経営・社会戦略研究所（公社研）であるが、2011年以降、SROIの評価対象分野は、就労、教育、地域活性化、保健医療等、多岐に亘っている（公社研ウェブサイト参照：http://koshaken.pmssi.co.jp/base3.html　2019年12月１日アクセス）

じた成果・変化（その事業の寄与率：attribution）を総価値額から控除し、純粋に事業により創出された価値を確定する。

ⅴ）SROI値の推計：社会的価値総額／総費用の比率として、SROI値を推計する。さらに、推計の確実性を確保するため、変動可能性が予測される主要な項目について感度分析（sensitivity analysis）[8]を実施する。

ⅵ）SROI報告書の作成：SROI推計の報告書を作成し、推計により得られた事実発見をステークホルダー間で共有し、社会への説明および事業改善等に活用する。

　SROI評価手法の意義をまとめると[9]、(1)貨幣換算が難しい社会的事業の成果を費用便益分析の応用により貨幣換算指標を用いて貨幣化し、費用との比較を可能にしたこと、(2)反事実・寄与率算出の簡易化により推計作業が簡易化され、SROI評価利用の工夫がなされていること、(3)費用便益分析は一般に中長期的期間の成果価値を推計するが、SROIでは、最終的成果に加えて、短期で創出される中間的成果を設定することによって、短期間での推計評価が可能になったこと、(4)事業の成果を金銭換算することによって成果創出のプロセスが見える化されたこと、(5)評価専門家に加えて、ステークホルダーが参加することから、関係者間で事業内容の再認識・改善に有効であること、が挙げられる。

　しかしながら、SROIの限界として、(1)成果指標、金銭代理指標の選択に主観的な価値判断や恣意性が含まれること、(2)SROI値を比較に利用しにくいこと、(3)助成や投資先の選択に活用する場合、SROI評価結果とそれ以外の定性評価による総合的評価が必要となること、が指摘されている[10]。

(3)　保健医療事業におけるSROI評価事例

　SROI評価の利用が進む英国の事例では、評価開始期にSROIガイドブックに記載された精神疾患患者への病気回復・就労支援事業、近年の慢性疾患患者への社会的処方（social prescribing）による予防医療事業を取り上げる。日本

8　感度分析とは、変動が予測される項目に新仮定を設定し、便益の変動を確認すること。

9　SROIの特徴や意義について、西村（2016）で検討している。

10　SROIの限界については、本書第3章および、長峯（2015）、小関・馬場（2016）を参照。

でのSROI評価は2010年以降開始され、評価実践は開始段階にあり、試行的事例として、糖尿病治療研究・患者への支援事業の評価を取り上げる。

①英国における保健医療分野のSROI評価事例

ⅰ）精神疾患患者への病状回復・就労支援事業のSROI評価（英国、2008年）

　第一の評価事例は、英国・エセックスを拠点とする社会的企業MillRace ITによって、精神疾患患者を対象にPCリサイクル作業を通して就労達成と病状改善を目指した事業である。本事業では、SROIの開発に取り組んだNef（New Economics Foundation）がSROI評価を実施し、その結果はSROIガイド等に記載された（Nef 2008; MillRace IT 2016）。

　主要な事業成果として、PCリサイクル作業の参加者には技術研修等により就労達成・所得の増加、地方自治体にはPCリサイクルによるゴミ埋め立て費用の削減、中央政府には参加者就労達成による納税及び社会保険料拠出の増加、公的扶助費の削減、精神医療費の削減が成果量把握・貨幣換算を経て推計された。家族・医療組織等からの支援分が控除され、寄与率は75％に設定され、SROI値は7.40と推計された[11]。

　なお NefのSROI分析のフレームワークを基礎に、インパクトマップ、アウトカム指標、金銭代理指標、指標の情報源、反事実（死荷重）、寄与率等が明示され、感度分析も実施された。Nefが推奨した典型的なSROIアプローチである。

ⅱ）慢性疾患患者に非医療的な健康関連サービス・社会的処方提供による予防医療事業のSROI評価（英国、2016年）

　第二の評価事例は、社会的企業賞を獲得した社会的企業Wellbeing Enterprise CICが、約1,150人の慢性疾患患者を対象に生活自己管理の支援と活動プログラムの提供等、非医療的な健康関連サービスの社会的処方を提供し、健康増進と生活の質改善を支援する予防医療事業を評価した事例である[12]。

11　反事実は、精神疾患患者に評価対象事業と同様の質の高い研修と就労支援を行う事業は当該地域にないと考えられ、0％に設定された（Nef 2008：p.30）。

　SROI推計の結果、主要な事業成果として、慢性疾患をもつ参加者には、健康の向上、生活の質改善、社会的孤立の減少、個人向けに工夫された助言と支援の利用、活動参加継続、政府には公的支出の削減成果として、症状改善による精神疾患医療費の削減、外来受診・医薬品処方の削減、運動・活動による身体機能向上による医療費削減等が成果量把握・貨幣換算され推計された。SROI値は118.76と非常に高い比率が推計された。

　予防医療事業のSROI評価では、医療費削減の成果に加えて、健康の向上・生活の質改善も成果として設定されている。予防事業により医療費削減効果が生じるかについて論争があることから、健康・生活の質の向上等の短期的な中間的成果を設定する工夫がなされている。また、対象を慢性疾患患者等に絞った場合、SROI比率の高い大きな成果が推計される傾向がみられる。

　100.0を超えるSROI値に対しては、便益の過大推計や費用の過小推計、あるいは便益（アウトカム）の二重勘定などの疑念が提起される可能性もある。インパクトレポートを見る限り、貨幣化に使用されたであろう単位当たりコストの情報源は羅列されてはいるが、各アウトカムに紐づけられた金銭代理指標などは明示されていない。また反事実や寄与率の記載もない。エビデンスという点では限界のあるSROI評価である。

②日本における医療分野のSROI評価事例
ⅰ）１型糖尿病研究助成・患者支援事業のSROI評価（日本、2019年）

　日本でのSROI評価は2010年以降開始され、若者就労支援、障害者雇用、環境保全、生活保護自立支援、ソーシャルビジネス支援融資、医療研究助成、健康向上等で実践が進められている。医療健康事業のSROI評価事例として、日本IDDMネットワークが実施する１型糖尿病の根治に取組む研究への助成事業（2019）、三重県玉城町の自立可能な地域運営支援事業（2017）の評価実践が挙げられる[13]。

　１型糖尿病の根治治療の開発は、本研究助成事業が対象としたバイオ人工

12　Wellbeing Enterpriseによる社会的処方プログラムのSROI評価はFirst ark（2018）をもとに整理した。

膵島移植プロジェクトも含め、将来的な最終的成果と位置づけられることから、主要なアウトカム指標として、短期・中間的に生じる成果指標も設定され、研究事業の成果を短期的に評価する工夫がなされている。SROI評価では、患者には、短期・中間的成果として、1型糖尿病根治への期待感の向上、将来に対する希望の改善、家族との関係改善、職場・学校・友人との関係改善、学校生活の意欲向上、仕事の意欲向上、最終的成果として、1型糖尿病の根治による働き方の改善、就労所得増加、余暇時間増加、卒業・進学見通しの向上等が設定され、創出された社会的価値が総額約668億円（1年間）、患者1人当り約67万円と推計された（公共経営・社会戦略研究所　2019：70頁）。

　なお、本SROI評価における反事実は、アンケート（「患者本人（20歳以上）アンケート」「未成年患者（20歳未満）の保護者アンケート」）結果によって確認され、1型糖尿病患者本人（20歳以上）については「0.441」、未成年患者（20歳未満）の保護者については、「0.632」を設定した（公共経営・社会戦略研究所　2019：61-62頁）。

3　保健医療分野のSIBにおけるインパクト評価・経済評価の利用

(1)　SIBの導入と医療健康分野への展開

①SIB導入の背景

13　日本におけるSROI評価は、2011年に実施された日本マイクロソフト株式会社提供のITを活用した若者就労支援（2011）評価が最初の事例である。その後、就労支援分野では、K2インターナショナルのニート等若者自立支援事業（2014）、鎌倉投信・エフピコの障害者雇用事業（2015）、日本マイクロソフト社の東北震災就労支援事業（2011）、北海道釧路市の生活保護者自立支援事業（2014）等に対するSROI評価が行われた。環境分野でも開始され、損保ジャパンが実施する市民参加型環境保全事業（SAVE JAPAN）の評価（2014-2016）も継続的に行われた（本書ケーススタディ参照）。さらに、農林水産省が実施した海外での日本食・食文化の普及事業（2016）、日本政策金融公庫が実施したソーシャルビジネス支援融資事業（2016）等、日本でも多様な分野でSROI評価の実践が進んでいる（以上、公社研ウェブサイト参照：http://koshaken.pmssi.co.jp/base3.html　2019年12月1日アクセス）。SROI評価は評価機関による第三者評価として実施されるものが多く、日本におけるSROI評価実践の蓄積は株式会社公共経営・社会戦略研究所を中核の1つとして進められている。他団体もSROI評価を実施しているが、アウトカム指標、金銭代理指標、指標の情報源、評価手法等、詳細を公開した例は極めて少ない。

　近年、世界的にインパクト投資が拡大傾向にあるが、民間資本を活用した成果連動型の公共サービス改革の一環として注目されるのが、SIBという新しいインパクト投資の形態である。これは社会的事業を民間からの投資資金で実施し、事業が創出する成果・インパクトに基づき投資家にリターンを支払う仕組みで、成果に連動した成果報酬型払いと民間から資金を調達する社会的投資の仕組みを融合させた新たな官民連携の金融の仕組みである（図表 5 -1）。

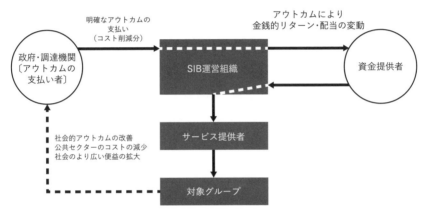

図表 5 - 1　SIBの仕組み

出典：Social Finance（2010）"Towards a New social Economy"　p.30の図

　2010年、英国で第 1 号となる再犯予防SIBが開始されると、世界各国で再犯防止、児童・家庭福祉、若者の就労支援・学習支援、ホームレス支援、医療健康等、多様な分野でSIBが普及し始めた。

　SIB導入の背景には、第一に、NPM型の行政改革やEBPM[14]の推進と相まって、公共サービス分野の成果志向が進み、成果に連動した報酬払い契約（PBR：payment by results）が注目されるようになったことが挙げられる。そして、第二に、政府の財源は事後対策の財源充当に留まり、長期的には財政節約効果が期待できる予防対策・早期介入に財源が振り向けられにくい限界が認識され、その打開策として、予防的事業に前払いの（up-front）資金の提供が可能な新

14　EBPM（Evidence Based Policy Making：エビデンスに基づく政策立案）については、第 9 章参照。

たな金融の仕組みが必要になったことが挙げられる[15]。

　SIB導入の初期は、再犯予防・児童施設入所予防等、予防事業の成果達成により関連対策費の削減が直接あるいは即時的に生じる事業が選定され、成果指標には最終的成果の指標一つが設定され、成果指標の達成により削減費用からリターンが支払われる形であった。例えば、第1号の再犯予防SIB（2010年）では、成果指標として再犯率の低下が設定され、成果達成により入所費用削減が発生するというロジックで、再犯率低下水準に基づくリターンの支払いモデルが設計された[16]。一方、将来非行リスクのある児童とその家族の支援による少年院・更生保護施設等入所予防SIB（2013年）では、施設入所日数の低下により入所費用削減が発生すると想定され、施設入所日数減による財政節約効果のメトリクスに基づきリターンが支払われた[17]。

②保健医療・ウェルビーイング分野へのSIBの展開

　その後SIBでは、プログラム終了後の就労実現や再犯率低下といった最終成果（最終アウトカム）だけではなく、プログラム期間中、あるいは短期・中期的に顕在化する中間成果（中間アウトカム）も重視されるようになり、そうした中間成果への支払いに加えて、アウトプットへの支払いもなされるようになった。SIBのストラクチャーやメトリクスの多様化と相まって、SIB導入は教育、就労、ホームレス、養子縁組等、多様な公共政策分野に拡大した。さらに、高齢社会における医療費増大の中で、予防医療・健康作り事業へのSIBの適用が検討されるようになり、2015年、英国で初の保健医療・ウェルビーイ

15　英国では、2007年社会的行動に関する首相諮問委員会において、予防的事業の財源を成果に基づく費用削減分から調達可能か検討され、予防早期介入事業の資金調達のために新たな金融の仕組みとしてSIBが開発された（Social Finance 2010：p.2）。

16　英国のSIB第一号はピーターバラ刑務所SIBであるが、2014年に刑務所を所管する法務省が刑務所出所者（短期刑受刑者）すべてに再犯防止支援サービスを提供するという政策変更を行ったため、介入を受けないグループ（control group）との比較が不可能となり、SIB事業は中断されることとなった（Nicholls and Tomkinson 2015; Harvie and Ogman 2019：p.5）。

17　エセックス県で実施された施設入所予防SIB。本SIBでは、少年院等施設入所等のリスクのある児童・家族に支援を提供し施設入所等の日数削減を目的として実施された。成果指標設定では、最終成果指標として施設入所の平均日数が設定されたことに加えて、中間的指標として非行行為減少、学業成績改善、学校出席率改善、健康状態・生活の質向上等が二次的指標も設定されたが、中間的指標は支払いには関連づけられなかった。本書ケーススタディ(2)参照。

ング分野SIBとなる慢性疾患患者に対する社会的処方を行う予防医療SIBが実施された。

　中間的成果の重視を背景に、保健医療・ウェルビーイングSIBでは、二次医療費[18]削減の最終的成果だけでなく、健康・生活の質・社会的孤立の向上等の中間的成果も注目されるようになり、予防医療事業への関心が急速に高まっている。

　日本でもSIBへの関心が高まり、「日本再興戦略改訂2015」において、国民の健康寿命の延伸を目的に、民間資金やサービス活用した効果的・効率的な健康予防事業として、ヘルスケア分野SIBの検討が始められた。2015年から複数のSIBパイロット事業が展開され、ヘルスケア分野では認知症重症化予防事業が試行実施された。2016年度には、予防医療分野でSIB本格導入に向けて具体的検討が行われ、翌2017年度に糖尿病性腎症重症化予防事業、大腸がん検診受診勧奨事業で、SIBの導入が開始された。

⑵　SIBの仕組み

　SIBは、社会的事業の運営費用を民間から前払いで提供される投資資金で賄い、事業が創出する成果に基づき、政府が投資家にリターンを支払う仕組みである（図表 5 - 1 ）。SIBの特徴を整理すると、以下の 3 点を挙げることができる。
ⅰ）成果に連動した報酬払いの契約であり、成果達成の有無が報酬支払いを通して重視されるようになる。その結果、これまで政府内部的に実施してきた事業の業績管理（performance management）を外部の民間組織を巻き込みながら強化できるようになり、各ステークホルダーの政府・民間投資家・サービス事業者にはより高い成果を達成しようとするインセンティブが働くようになる。
ⅱ）前払いの民間資金により事業を実施でき、政府が試行的に予防的事業等を

18　英国の公的保健医療サービスは、NHS（National Health Service：国民保健サービス）という国営医療制度を基盤に提供され、全住民を対象に原則無料で医療サービスが提供されている。NHSの保健医療サービスは、かかりつけ医としてのGP（一般家庭医）（住民はGPに登録）が担うプライマリーケア（一次医療）と、GP の紹介により専門医の属する病院で提供されるセカンダリーケア（二次医療）に区分される。

実施するリスクの軽減になる（リスクの投資家への移転）。また、民間資金投資へのリターンは事業成果により生じると想定される関連対策費の削減分から支払われると考えられている（図表 5 –2）。サービス実施団体にとっても既存の業務委託と違い、前払いで運営資金を調達できる利点がある。

図表 5 – 2　SIBによる行政コスト削減イメージ

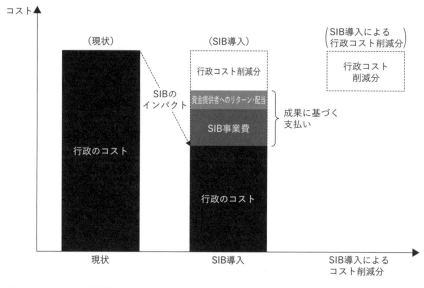

出典：Social Finance（2013）"A Technical Guide to Developing Social Impact Bonds"　P.18の図

ⅲ）成果指標の設定が成否の鍵になる。SIBでは費用便益分析やSROIのように総便益・純便益、費用便益比（B/C）（社会的投資収益率）の算出までは必要とされない。しかし、SIBの成果指標設定の考え方の基礎には、費用対効果を中心とした効率性評価の視点がある。SIB組成では、事業が成果を創出するプロセスをインプット・アウトプット・アウトカムの因果関係を表すロジックモデルに従って整理し、長期で生じる最終的成果指標、短期・中期で生じる中間的成果指標に分けて設定し、これらの成果指標の中から、重要かつ客観的に定量化が可能な項目を支払い基準のための成果指標として設定される[19]。

　最後の点に関していえば、SIBにおいて、最終的成果に加えて、中間的成果が重視される変化がみられ、その結果SIB実施分野が急速に拡大した。初期のSIBでは、最終成果としての一つ、あるいはごく少数のアウトカムが成果指標として設定され、短期間で最終成果（短期的に財政節約に直結するアウトカム）が生じる事業分野から開始された。その後、中間的成果指標も設定され、中間的成果指標の達成有無に連動させた成果報酬払いを活用することによって、最終的成果の達成に長期を要する教育、就労、ホームレス、保健医療・ウェルビーイング等の事業分野にもSIBの導入・拡大が可能になった。例えば、保健医療・ウェルビーイングSIBでは、最終成果としての医療費削減だけでなく、中間成果として、健康・生活の質の向上、社会的孤立の解消等の項目が設定されている。すなわち、初期のSIBでは、便益（アウトカム）はプログラムの最終成果に求め、なおかつ財政コスト削減に直結する少数のアウトカムに限定する傾向にあったが、近年のSIBは、より広範な社会的便益（社会的価値）を計測するSROIのアプローチに近づいてきたといえる。

(3)　保健医療・ウェルビーイング分野におけるSIB事例

　2010年に英国で世界初のSIBが実施されて以降、SIBは世界各国に普及し、事業分野も再犯防止から就労支援、児童・家庭支援、教育、ホームレス支援、医療健康支援等、多様な分野に拡大している。SIB組成数は英国では2019年末までに76件に達し、そのうち保健医療・ウェルビーイング分野のSIBは13件で、全体の約17%に過ぎない[20]。しかし、2017年以降に組成されたSIBだけでみると、24件中 7 件と、保健医療分野が約30%を占め、近年、英国でも保健医療分野のSIBが増加傾向にある。

19　SIBの特徴は植木（2017）、唐木（2016）、堀田（2018）、塚本・西村（2016）で論じている。

20　世界的にみても、保健医療分野のSIBは、組成件数全体の172件中27件（約16%）を占めるに過ぎない（GO Lab ウェブサイト：https://golab.bsg.ox.ac.uk/knowledge-bank/project-database/ 2019年12月 1 日アクセス）。172件の政策分野別内訳は、以下の通りで、就労支援や児童福祉分野が多い。

就労支援（Employment and training）（48）、児童・家族福祉（Child and family welfare）（32）、ホームレス支援（Homelessness）（28）、保健医療・健康（Health & Wellbeing）（27）、教育・早期教育（Education and early years）（19）、再犯防止（Criminal justice）（14）、農業・環境（Agriculture & environment）（2）、貧困削減（Poverty reduction）（2）.

　以下、英国の事例から、保健医療・ウェルビーイング分野で初のSIBとなる慢性疾患患者に社会的処方を行う事例、単身中高年者の孤立予防に取組み医療費削減等を目指す同時期の事例を取り上げる。二つのSIBは予防医療の事例であるが、最終成果に設定した２次医療費の削減を成果払いに活用するかの点が異なり、重要な論点を提起した事例である。

　日本では、2017年、保健医療分野で相次いで二つのSIBが導入された。糖尿病性腎症重症化事業、大腸がん検診受診事業のSIB事例を取り上げる。

①英国における保健医療分野のSIB事例
ⅰ）慢性疾患患者に対する社会的処方を行うSIB（英国、2015年）

　英国で保健医療・ウェルビーイング分野初のSIBであるWays to Wellness SIBは、2015年からイングランド北東部のニューカッスル州で開始された。このSIBは慢性疾患患者を対象に、リンクワーカーの相談・助言等による非医療的な健康関連サービスの社会的処方を提供し、生活の自己管理を支援することにより、慢性疾患患者の健康増進、生活の質向上、医療費の削減を目指す事業である[21]。近年、予防医療SIBが増加しており、その意思決定は地域社会での活動や社会的孤立の解消が健康増進の効果をもつという科学的エビデンスに基づき行われるようになっている。実施・支払者は公的医療保障制度NHS診療組織、サービス提供者は４団体、資金調達は民間投資家に加えて中央政府ファンドも活用され、投資額は170万ポンド（約２億550万円）である。

　成果報酬支払いについて、中間的成果指標として、Wellbeing Starという評価法を用いて、健康・生活の質・社会的孤立の改善・一次医療受診の減少等８分野の改善（支援の前後比較）が設定され、投資家への成果報酬は健康・生活の質向上の改善等の中間的成果に基づき国のファンド財源から支払う（中間的成果指標に成果報酬総額の30％）。最終的成果指標として、二次医療費削減（地域集団と比較）が設定され、削減達成に基づきNHS診療組織から支払う（最終的成果指標に成果報酬総額の70％）とされ、投資金額の最大1.38倍の支払いになる。

21　Ways to Wellness SIBについて、遠藤（2016）に詳しい。

　中間的成果の実績について、健康・生活の質改善は11%増加、最終的成果の2次医療費削減は患者1人当り86ポンドの削減、二次医療受診は18%の削減が達成されたことから、投資家への支払いが行われた。サービス事業者への支払いは成果でなく、リンクワーカーの患者紹介件数、参加者の成果計測達成のアウトプットに基づき事業運営費に追加して支払われた。

　財政費用削減の考え方について、最終成果指標とした将来の二次医療費の削減は、支援提供が即時的には連動しないことから、学術研究の知見に基づき中長期の関係性を想定し支払うと設計されている。こうした予防医療事業と医療費削減との関係性は根拠に乏しいと批判があるものの、SIBでは投資家へのリターンの支払を政府の公的財源から調達するため、成果による費用削減達成の想定が必要になると考えられている。

ⅱ）単身中高年者の孤立予防に取組み医療費削減等を目指すSIB（英国、2015年）

　保健医療・ウェルビーイングSIBの第2事例は、第1号とほぼ同時に2015年から英国西部のウスターシャー州で開始され、50歳以上の中高年単身者（3,000人）を対象に、社会的統合のための支援を行い、孤立予防を目指す事業である。サービス事業者Age UKが参加者のニーズを、UCLA孤立尺度を用いて測定し個別の活動計画を作成の上、ピアサポート、地域活動参加等の支援をボランティアにより提供し、最終目標として、参加者が支援側のボランティアとなり地域活動を継続することを目指す。実施・支払者はウスターシャー州、NHS診療組織、資金調達は民間投資家に加えて、中央政府ファンドも活用され、投資額は85万ポンド（約1億2,750万円）である。成果報酬支払いについて、中間的成果指標として孤立度の改善（6〜18ヶ月、前後比較）が設定された。投資家への配当金財源には将来の二次医療費削減額が想定されたが、二次医療費削減等の最終的成果に関連づけた支払いは設定されず、投資家へのリターンは中間成果である孤立度改善の達成により孤立改善の社会的価値の推計値（1人当たり10年間、1,700ポンド（約25万円）を基準に算出された。

　本SIBは財政費用削減の考え方について、他のSIBと同様に、成果報酬支払いの財源を孤立予防に生じると想定された将来の医療費用削減分から調達する考え方をとっているが、最終的成果とした将来の医療費用削減に関連づけた成

果報酬払いが必要か、重要な論点を提起している[22]。

　英国の保健医療分野SIBの事例について、前述の 2 事例を含み一覧にまとめる（図表 5 - 3 ）。

図表 5 - 3　保健医療健康分野SIBの事例一覧（英国）

SIB概要	実施地域	期間	事業内容	投資額	対象	成果指標	成果報酬支払い
慢性疾患患者に対する社会的処方提供SIB	ニューカッスル（英国）	2015-2022	・慢性疾患患者に生活・健康・地域活動等の自己管理支援の非医療的な健康関連サービス（社会的処方、Social Prescribing）を提供する	170万ポンド	ニューカッスルの慢性疾患患者11,000人	・中間的成果指標に、Well-being Starの評価法を用いて、健康・生活・医療等の 8 分野の改善を測定 ・最終的成果指標に、2－3年後の 2 次医療費削減を地域集団と比較し測定	・サービス事業者への支払いは、患者数、リンクワーカーの患者紹介件数に基づき、政府ファンド（National Lottery Fund、内閣府）により支払う ・支払先NHSが、2－3年後からWell-being Star（30%）と医療費削減（70%）の成果に基づき支払う
高齢者の孤立予防SIB	ウスターシャー州（英国）	2015-2019	・中高年単身者に孤立予防・社会的統合の支援を提供する ・UCLA孤立尺度を用いて孤立度を測定・活動計画を策定の上、ピアサポート・地域活動・精神的支援をボランティアにより提供し、参加者がシニアのボランティアとして地域活動を継続することを目指す	85万ポンド	50歳以上の中高年単身者3,000人	・中間的成果指標に、UCLA孤立尺度を用い、孤立度の改善を 6－18ヶ月（前後比較）で測定 ・最終的成果指標に、2 次医療費削減を理論的に想定するが、測定はせず支払いに関連づけしない	・地区NHS診療組織が、孤立度改善の中間的成果だけに基づき支払い、2 次医療費の削減に基づく支払いは行わない Cabinet Office Fund あり ・配当上限を12%に設定、上限を超えた場合、サービス事業者に配分する
精神疾患患者の健康と就労の支援SIB	ハーリンゲイ区、スタッフォード州、タワーハムレッツ区（英国）	2016-2019	・精神疾患患者に個別就労支援アプローチにより健康と就労支援を提供し、健康改善、一般就労の達成・継続を目指す ・参加者の就労達成により、行政コストの削減も目指す	40万ポンド	精神疾患患者2,500人	・中間的成果に、利用者の参加、就労達成を設定、就労は一般就労で継続すること	・行政と地区NHSが健康と就労の改善に基づき支払う、Cabinet Office Fund あり ・精神疾患患者への就労支援として、個別就労アプローチの全国展開を目指す
施設での終末期支援SIB	ハーリンゲイ区（英国）	2017-2019	・高齢者施設の入所者と家族に、希望、会話、希望の実現、無駄な終末期入院の回避等の、終末期支援を提供する	7万ポンド	高齢者施設で終末期の入所者200人	・高齢者施設から病院への入院率の低下（提供前と比較）を測定	・Care and Wellbeing Fundが資金提供し、ハーリンゲイNHS診療組織が成果達成に基づき、支援提供費、プログラム運営費を支払う
学習障害・自閉症の児童の行動改善SIB	ブラッドフォード（英国）	2017-2023	・学習障害・自閉症の児童に積極的行動支援を提供し、施設入所を予防する	65万ポンド	8－14歳の学習障害・自閉症児童で、施設入所リスク者14人	・児童の行動改善、施設入所率の減少を測定	・行政、Big Lottery fundが成果に基づき支払う、支払い基準は非公表
エイズ患者支援SIB	ロンドン（英国）	2017-2023	・HIVハイリスク群・HIV患者に治療開始・再開の支援を提供し、HIV感染率の低下を目指す	100万ポンド	ロンドン南西部でHIVハイリスク集団およびHIV患者1,250人	・成果指標は 2 つで、HIVの新規診断数、HIV治療中断者の治療再開数を測定	・個人投資家・エルトンジョンエイズ基金等が投資し、Big Lottery Fund, 地方自治体が 2 つの成果指標に基づき支払う
糖尿病予防SIB	デボン（英国）	2018-2024	・II型糖尿病ハイリスク予備群に、食事・運動・精神等の支援を 2 年間提供し、参加者の体重改善を目指す ・2 年の長期間の継続支援を提供する英国初のSIBプログラムである	105万ポンド	生活困窮世帯の 2 型糖尿病予備群（血糖値、肥満指数で選定）3,450人	・開始から 6 ヶ月、12ヶ月、24ヶ月における体重減少、血糖値・腹囲の低下を測定	・行政、Better Outcome Fundが成果達成に基づき支払う ・II型糖尿病が生活改善により予防可能というエビデンスに基づく
在宅での終末期医療・緩和ケアSIB	ロンドン・ヒリンドン（英国）	2018-2021	・終末期にある患者に、在宅医療支援を提供し、入院回避を目指す	187万ポンド	18歳以上の終末期のヒリンドンGP登録患者1,000人	・成果指標に、在宅死亡率の増加、入院回避を測定	・Care and Wellbeing Fundが資金提供し、ヒリンドンNHSが成果達成に基づき支払う
在宅での終末期ケアSIB	ロンドン・ウォルサムフォレスト区（英国）	2019-2024	・終末期にある患者に、在宅で終末期ケアを提供し、在宅で終末期支援を提供し、救急外来・入院の減少を目指す	60万ポンド	ウォルサムフォレストの終末期患者1,700人	・成果指標に、救急外来、救急入院の減少を測定	・Care and Wellbeing Fundが資金提供し、ウォルサムフォレストNHSが成果達成に基づき支払う ・National Lottery Fund, Better Outcomes Fund あり

出典：Social FinanceおよびGovernment Outcomes Lab（オックスフォード大学）が収集・整理した資料をもとに筆者作成

②日本における保健医療分野のSIB事例

英国の保健医療分野SIBの介入内容は多岐に渡るが、日本の予防医療分野の
SIBと大きく異なるのは、①終末期にある患者、麻薬・アルコール等の依存症
のある患者、精神疾患を抱え就労困難な患者、疾病リスクを抱える貧困地域の
住民など、より困難な人々を対象にしている点、②既存の医療サービスでは提
供が難しいが、疾病予防に効果のある非医療的サービスを含む、より革新的な
サービスを提供する点、③社会的セクター組織（NPOや社会的企業）がサー
ビス実施を担っている点や、社会的セクターが保健医療機関と連携する点、な
どである。対照的に、日本では、以下のⅰ、ⅱの事例の通り、検診受診率向上
など、既存の予防医療制度や手法を改革すれば可能であるような事例が多く、
受益者（対象者）も疾病リスクが高いとはいえ、必ずしも社会的経済的困難を
抱えている人々ではない。また、サービス実施者の多くが営利企業である。

ⅰ）糖尿病性腎症等重症化予防SIB（神戸市、2017–2019年度）

2017年、日本において保健医療分野での本格的なSIBが経済産業省の健康寿
命延伸産業創出推進事業として相次いで導入され、その１つが神戸市で開始
された糖尿病性腎症等の重症化予防SIBである。日本の透析患者数はこの20年
間で約２倍に増加、糖尿病性腎症による透析患者数は約3.5倍に増加し、神戸
市国保でも糖尿病性腎症が透析患者における第１位の主要原疾患である。

糖尿病等の重症化予防SIBは、神戸市国保加入者のうち、糖尿病性腎症等の
罹患者で人工透析に至るリスクが高い未受診あるいは治療中断中の約109人[23]
を対象に、糖尿病性腎症の重症化予防を目的として、保健指導を実施し、対象
者の医療機関への受診および生活習慣の改善を通して、生活の質改善、治療に
係る医療費の適正化、死亡・通院・入院による逸失所得（利益）の削減を目指
す事業である。保健指導プログラムは面談（2回）と電話（10回）による６カ
月にわたる指導で、主な指導内容は医療機関への受診、食事改善、適度な運動、
自己管理実施の四つである。

22　ウスターシャー州孤立予防SIBはCommissioning Better Outcome（2015）を参照。
23　評価対象となったのは105人。

　実施は神戸市・中間支援組織・サービス事業者・第三者評価者、資金調達は民間銀行と個人投資家で、投資額（資金調達額）は3,114万円、総事業費は3,406万円である。成果報酬支払いについて、中間的成果指標として、アウトプット指標の保健指導プログラム終了率、保健指導４分野の生活習慣改善（前後比較）を総合評価した生活習慣改善率が設定された。最終的成果指標として、成果確認が可能な腎機能低下抑制率が設定された。生活の質向上、医療費適正化、遺失所得削減は将来便益と想定されたが、成果報酬支払いに関連づけられなかった。

　2018年に中間評価が行われ、プログラム修了率および生活習慣改善率が目標値を達成した結果、神戸市から資金提供者に配当と償還、サービス提供事業者に成果連動型支払いが行われた[24]。

　財政費用削減について、民間事業者データを分析し、腎症ステージ別医療費（第５期、１人当り年間約500万円）が算出され、この金額が支払い基準とされ成果に応じた支払い額が算出された。資金調達について、サービス事業者が神戸市から支払う業務委託料を信託設定し、事業者が信託受益権を資金提供者に売却する信託方式で行われた[25]。

ⅱ）大腸がん検診受診勧奨事業SIB：八王子市（2017−2019年度）

　もう１つの保健医療分野SIBが八王子市で開始された大腸がん検診の受診率向上を目的とした受診勧奨事業で、初のがん検診SIBとして注目される事例である[26]。

24　神戸市SIBは未来工学研究所（2018）の報告書、経済産業省ウェブサイト（https://www.meti.go.jp/press/2018/01/20190122001/20190122001.html　2019年12月１日アクセス）、明治大学非営利・公共経営研究所主催（文部科学省私立大学戦略的研究基盤形成支援事業）SIBセミナー（2018年11月22日、於・明治大学）における神戸市企画調整局政策企画部産学連携課長　藤岡健氏発表（配布）資料「神戸市におけるSIBを活用した糖尿病性腎症等重症化予防事業」参照。
25　信託報酬として約324万円が支払われたが、事業規模にしては資金調達コストがやや高いともいえる。
26　八王子市のSIB事例は、八王子市ウェブサイト（https://www.city.hachioji.tokyo.jp/kurashi/hoken/kennsinn/p023983.html　2019年12月１日アクセス）、経済産業省ウェブサイト（https://www.meti.go.jp/press/2018/01/20190122001/20190122001.html　2019年12月１日アクセス）、日経BPウェブサイト（https://project.nikkeibp.co.jp/atclppp/PPP/news/102800929/　2019年12月１日アクセス）参照。

　このSIBでは、大腸がん検診受診率が特に低い層を対象に、具体的には、大腸がん検診で八王子市国保対象者のうち前年度大腸がん検診未受診者12,162人、精密検査で八王子市国保対象者で要精密検査となったすべてを対象に、大腸がん検診と精密検査の受診勧奨を行い、対象者の特定健診、がん検診およびレセプト等医療関連情報をAIを記載した活用したオーダーメイドの受診勧奨はがきを作成・送付し、大腸がん検診の受診率向上を目指した。八王子市が民間事業者（株式会社）との間で成果連動型契約を締結し、資金調達は民間財団、民間企業等からなされた。総事業費（最大支払額）は976万円、第三者評価機関は設置されなかった。

　成果報酬支払いについて、中間的成果指標として、大腸がん検診受診率、大腸がん検診精密検査受診率、早期がん発見者数の増加が設定され、成果に応じて八王子市が支払う。神戸SIBと同様に、死亡率減少、5年生存率向上、医療費適正化、生活の質向上は将来便益として想定されたが、成果報酬支払いに関連づけられなかった。

　2018年度の評価により、中間的成果指標の大腸がん検診受診率が目標を達成した結果、八王子市からサービス事業者を介して資金提供者に初回の成果連動型の配当支払いが実行された。

　財政コスト削減は市のレセプトデータを分析し、早期がん発見者1人当りの医療費削減効果を約187万3,000円と算出され、この金額を支払い基準として成果水準に応じた支払い額が決定された[27]。

　日本の保健医療分野SIBの事例について、前述の2事例を含み一覧にまとめる（図表5-4）。

27　早期がん発見者1人当りの医療費削減効果は、大腸がん検診受診後、早期がんと早期以外のがんの医療費の差額から算出された。

図表 5 - 4　保健医療分野SIBの事例一覧（日本）

SIB概要	実施地域	期間	事業内容	投資額	対象	成果指標	成果報酬支払い
大腸がん検診受診率向上SIB	八王子市（日本）	2017-2019	・大腸がん検診未受診者と要精密検査者に、大腸がん検診と精密検査の受診勧奨を個別オーダーメイドの受診勧奨はがきを作成し送付する	976万円	八王子市国保対象者の大腸がん検診未受診者1,200人および要精密検査者全員	・中間的成果指標に、大腸がんの検診受診率・精密検査受診率、早期がん発見者数の増加を測定	・社会的投資推進財団等が投資し、八王子市が3つの成果に基づき支払う・成果支払い基準は早期がん発見による1人当り医療費削減効果の推計値・約187万円を使用した・将来便益として死亡率減少、5年生存率向上、医療費削減、生活の質向上を想定したが、成果報酬支払いには関連づけなかった
糖尿病性腎症重症化予防SIB	神戸市（日本）	2017-2020	・糖尿病性腎症等の罹患者で人口透析高リスクの未受診者・治療中断者に、面談と電話による6ヶ月間の保健指導（医療機関受診、食事改善、運動、自己管理実施）を実施し、生活習慣改善支援を行い、生活改善、医療費削減、死亡・入院院による逸失所得削減を目指す	2,620万円	糖尿病性腎症等の罹患者で人口透析高リスクの未受診者・治療中断者100人	・アウトプット指標に、保健指導プログラム終了率、中間的成果指標に、指導4分野の生活習慣の総合的改善（前後比較）を測定・最終的成果に、腎機能低下抑制率を測定・最終成果指標に、2-3年後の2次医療費削減を地域集団と比較し測定	・社会的投資推進財団、三井住友銀行等が投資し、神戸市が成果指標、中間的成果指標、最終的成果指標に基づき支払う・将来便益として生活の質向上、医療費削減、遺失所得削減を想定したが、成果報酬支払いには関連づけなかった
健康ポイント活用の健康づくりSIB	岡山市（日本）	2019-2022	・市民・市内在勤者が、約20社が提供するサービス（フィットネス会社等の運動、スーパー等で健康的な食事、カルチャースクール・イベント等への社会参加）を料金を支払い利用、利用ごとにポイント付与、ポイントに応じて商品券等と交換する仕組みにより、サービスの継続利用、市民の健康的生活習慣の達成を目指す	8,000-9,000万円	35歳以上の市民・市内在勤者15,000人募集	・アウトプット指標に、プログラムへの参加者数15,000人・中間的成果指標に、生活習慣改善者の増加（2020年度）参加者9,000人が週2回以上サービス利用（2021年度）、肥満度体格指数の改善、身体活動量の増加（2022年度）を測定	・クラウドファンディングで、企業（1口50万円以上）、市民（1口2万円以上）の出資を募る。・各年度ごとの成果目標の達成により、岡山市から中間支援組織に業務委託料が支払われ、最終年度に出資者に成果報酬に応じた償還金を支払う。
大腸がん検診受診率向上SIB	広島県および6市（日本）	2018-2020	・大腸がん検診未受診者等の国保加入者に、個別に受診再勧奨を行い、大腸がん検診の増加により、早期がん発見、がん死亡者数減少と生活の質向上を目指す。・複数県・成果連動型支払いによる本格的な広域連携による日本初のSIB	2,200万円	AI（人工知能）で選定された、40-69歳の国保加入者等13,540人	・成果指標に、がん検診受診者数の増加（最大3,375名）、精密検査受診率の改善（最大19%）を測定	・社会的投資推進財団、広島銀行、みずほ銀行、クラウドファンディングや個人投資家（1口約3,500円以上）が出資し、広島県6市が成果指標に基づき支払う（最大9%）

4　公的医療制度における経済評価の利用

(1)　公的医療保険の医療価格付けにおける費用対効果評価の利用

　社会的プログラムのSROI評価やSIBにおけるインパクト評価利用は、まだ実験的なステージに位置付けられる。一方で、保健医療におけるインパクト評価・経済評価のもう一つの流れが、公的医療制度における医薬品・医療機器等の医療価格付けについての経済評価の利用である。これはより制度化された医療政策領域における変化といえる。

　超高齢社会の進展と厳しい財政状況の下、医療費増大が課題となる中、近年、

超高額な薬剤・医療技術の登場を契機に、医療保険財源の効率的な使い方の必要性が一挙に具体的な政策課題に挙がってきた。こうした医療財政をめぐる変化を背景に、諸外国では、1990年代から医薬品等の費用対効果の評価が開始され、その結果を公的医療制度での使用に係る給付の可否や給付価格の設定・調整へと利用する政策が進んでいる。効率性評価の政策利用を先進的に進める英国では、1999年に国立医療技術評価機構（NICE：National Institute for Health and Clinical Excellence）が設立され、医薬品等の費用対効果の経済評価が開始された。費用対効果評価の結果は公的医療制度での医薬品使用に係る推奨の可否に活用されている。費用対効果に優れず公的医療制度での使用を推奨しない医薬品等は実質的に公的医療制度で使用されにくくなることから、抗がん剤で使用推奨されない評価結果に対して国民の反対運動や訴訟も起こっている。政府はそうした医品等の使用について、使用を可能とする別途対応を実施せざるを得なくなっている[28]。

　日本では、1985年頃から医療技術導入に費用対効果の考え方が必要と指摘されるようになり、1992年、新薬の申請資料として費用対効果を分析した経済的評価の添付が認められることになったが、具体的に医療価格の決定に活用されなかったことから、経済的評価資料の添付は進まなかった。2000年になると、公的医療保険の医療・医薬品等の価格を決定する中央社会保険医療協議会（中医協）で経済的評価の専門家が参加するようになったが、日本での公的医療保険における経済評価の本格的な議論開始は2012年以降であった。

　2012年、中医協の下に費用対効果評価専門部会が新たに設置されると、医薬品等の医療経済評価の方法・活用について具体的な検討が開始されるようになった。この議論を踏まえて、2015年には「経済財政運営と改革の基本方針2015」において、医薬品や医療機器等の保険適用に際して費用対効果を考慮することについて、2016年度から試行的導入のうえ、本格的導入を目指す方針が閣議決定された[29]。これを受けて、2016年度から医薬品・医療機器の医療価格付けにおいて、費用対効果評価による医療経済評価の試行的導入が開始さ

28　英国NICEについては、葛西（2011）に詳しい。
29　日本での費用対効果評価の導入について、福田（2018）および鎌江（2019）に詳しい。

れ、2019年度から制度化され、本格的に政策利用されることになった。

(2)　費用対効果評価の考え方と手法

①医薬品・医療機器の費用対効果評価の考え方と効果指標

効果評価には主に費用便益分析と費用効果分析の二つの方法がある。費用便益分析は効果を全て金銭に換算するもので、健康の成果（死亡率の減少、生存年数の延長等）を金銭換算する難しさがあり、医療分野ではあまり利用されていない。一般に医療分野では、効果を金銭換算しないで、生存年数の延長等の指標を用いる費用効果分析が利用される。

費用効果分析では、新規の医薬品・医療機器に追加的にかかる費用が追加的に得られる効果に見合ったものかで評価することから、追加的な費用を追加的に得られる効果で除して算出する増分費用効果比（incremental cost effectiveness ratio：ICER）という指標が用いられる。ICERは値が小さいほど、1単位多く効果を得るための費用が少なく、費用対効果に優れることを表す。

医療の効果指標として一般に生存年数が利用されてきたが、近年、生活の質（QOL）も重視されるようになり、生存年数に加えて患者の生活の質もあわせて評価する質調整生存年（quality-adjusted life year：QALY）の使用に決定された。QALYは生存年数に健康状態の値（QOL）を掛合わせた指標で、完全な健康状態を1、死亡をゼロとして、特定の健康状態を0から1の値として表す[30]。

単一のQALY指標を用いることによって、あらゆる医薬品・医療機器の効果について比較が可能となり、完全な健康状態で生存を1年延ばす1QALYの効果に、どの位の追加費用がかかるのかを表すICER値を算出することによって、医薬品等の費用対効果の比較検討が可能となる[31]。さらに、ICERの値がどの程度以下であれば費用対効果がよいと判断するか、閾値を設定することで効率性の判断が可能となる。

---

[30]　QALYの価値が年齢や健康状態を問わず一定か否かも議論がある。QALY指標では、高齢者、障害者、終末期の患者への延命効果を増加させる医療の効果は低くなり、ICERが大きく費用対効果が悪化すると算出される可能性が高くなることから、終末期の延命効果は他の場合よりも高く評価されるべきという考え方もある。井伊（2019）を参照のこと。

②日本における医薬品・医療機器の費用対効果評価の活用方法とプロセス

　日本では、費用対効果評価の結果は、保険償還の可否の判断に用いるのではなく、保険収載した上で価格の調整に用いるとされた（厚生労働省保険局医療課　2019）。経済評価結果を価格の調整に用いる国として、日本の他にフランス、ドイツがあり、他方、英国等の活用方法は公的医療制度での使用の可否、すなわち保険償還の可否の判断に用いている。なお、日本の活用方法は今後の実施状況を踏まえ検討を継続していくことが明記されている。

　費用対効果評価のプロセスは下記のようにまとめられる（図表 5 −5）。

図表 5 −5　費用対効果評価の分析・評価の流れ

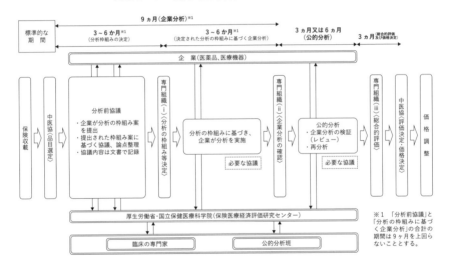

出典：厚生労働省保険局医療課（2019）『費用対効果評価について　骨子（案）概要』P.11

ⅰ）対象品目の設定：革新性が高く、財政影響が大きい医薬品・医療機器が対象とされ、現行の薬価・材料価格制度で有用性系加算が算定された費目で、50億円・100億円・1000億円の市場規模を目安に選定される。試行的導入

31　ICERの算出について、例えば、既存薬Aは1,000万円の費用で 5 QALYの効果が得られ、新薬Bは3,000万円の費用で10QALYの効果が得られる場合、ICERは（3,000万円−1,000万円）／（10QALY−5 QALY）＝400万円/QALYと算出される。新薬Bは既存薬Aに比べ完全健康 1 年生存するのに追加で400万円のコストがかかることを表す。

の対象は既収載品のみであったが、本格実施では新規収載品も追加された。

ⅱ）企業による分析・結果報告・公的分析の実施：評価対象費目の製造販売企
業は比較対象となる品目・技術に対する費用と効果の増加を分析し、増分費
用効果比ICERを算出する。分析方法は中医協が策定した『費用対効果評価
の分析ガイドライン』に従い、分析前協議を経て専門組織で決定した分析枠
組みに基づき、企業が分析し分析結果を報告する。次に、国立保健医療科学
院（保健医療経済評価研究センター）が主導し公的分析を行う。分析に係る
標準的期間は企業分析 9 カ月、公的分析に 3 カ月または 9 カ月、総合的評
価・価格調整 3 カ月に設定された。

ⅲ）総合的評価・価格調整：企業分析・公的分析の結果を踏まえ、専門組織で
総合的評価を行う。評価結果はICER値で表され、医薬品・医療機器の有用
性系加算の価格調整として適用される。ICERと価格調整の関係について
500万円/QALY、750万円/QALY、1,000万円/QALYの 3 段階で価格を調整
する段階方式とされた[32]。ICERが500万円/QALY未満であれば費用対効果が
良いとして価格は維持される、ICERが500万円/QALY以上であれば費用対
効果が悪いとして、ICERの値に応じて 3 段階の価格調整率で価格を引下げ
る（図表 5 - 6 ）。価格の引上げについて、施行的導入で明示された効果が
同等以上で費用が削減される品目に加えて、本格実施では、ICERが200万
円/QALY未満の品目も追加され、価格の引上げも明示された。また、ICER
値に複数データがある場合、算出された各ICERごとに価格調整率を算定し、
その重み付平均を用いて価格調整する。

32　ICER値と価格調整の関係は試行的導入ではスロープ方式であったが、本格実施では 3 段階方式
に変更となり、こうした変更は科学的根拠に基づく運用のための判断といえる。

図表 5 - 6　ICERに応じた価格調整方法

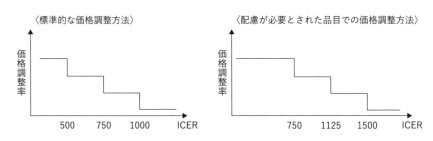

出典：厚生労働省保険局医療課（2019）『費用対効果評価について　骨子（案）概要』P.21

ⅳ）総合的評価における配慮：総合的評価では、ICER値の評価について稀少疾病・がん等、品目の特性に応じた配慮が行なわれる。配慮が必要とされた品目に対して、ICERの基準を1.5倍とし基準が緩和され、750万円/QALY、1,125万円/QALY、1,500万円/QALYの 3 段階で価格が調整される[33]。

(3)　費用対効果評価の実施状況

2016年度から13品目（医薬品 7 品目、医療機器 6 品目）を対象に費用対効果評価の試行的導入が開始された。その後、新規収載品 4 品目も対象に追加され、それらの評価結果を踏まえて、2018年度に価格調整（医薬品 2 品目の引き下げ、医療機器 1 品目を引き上げ）が行われた。この試行的導入の検討結果等を踏まえ、費用対効果評価の具体的運用に関する骨子がとりまとめられ、2019年度から費用対効果評価の本格実施が開始された。費用対効果評価の分析ガイドラインも第 2 版として改訂された。

本格実施後、試行導入対象の 7 品目に関して企業分析と公的分析班の分析結果が異なったことから、再検証が行われた。その結果、オプジーボ（肺がん等治療薬）について試行時より価格を引下げる費用対効果評価結果が算出されたことから、改めて価格引下げが行われた[34]。また、キムリア（白血病等治

33　総合評価における配慮について、試行的導入では、英国NICEの総合評価（アプレイザル）を参考にして、倫理・社会的配慮に該当すればICERを 5 ％割り引くとし、費用対効果以外の倫理的・社会的要素について、感染症対策等の公衆衛生的観点での有用性、介護費用・生産性損失など公的医療に含まれない追加的費用等が考慮されるとされていた。本格実施では、希少疾病・がんなど、品目の特性に応じて配慮し、ICERによる価格調整の基準が緩和される方式に変更になり、配慮の対象と配慮方法が変更された。

療薬）について、薬価が約3,350万円と過去最高で保険収載が承認されたが、市場規模予測は72億円と大きくないものの著しく医薬品価格が高いことから、費用対効果評価の対象とされることになった。

5　保健医療におけるインパクト評価・経済評価の政策利用：意義と課題

(1)　保健医療におけるインパクト評価・経済評価の政策利用の持つ意義

　行政改革で成果志向が掲げられ、政策や事業の立案・実施において、エビデンスに基づく政策立案（Evidence Based Policy Making）および政策・事業の評価が重視されている。日本においても、2001年に政策評価法（行政機関が行う政策の評価に関する法律）が制定され、客観的な根拠の政策評価への活用が始められた。

　保健医療分野では、これまで質的な評価に留まっていたが、本章で検討したように、近年、客観的な経済評価結果を政策や事業の評価や意思決定に利用する実践段階に入り、インパクト評価・経済評価の実践的な活用には二つの流れがあることが把握された。第一は、保健医療事業のSROIを用いたインパクト評価、そしてインパクト評価を投資リターンと関連づける成果報酬型のソーシャル・インパクト・ボンドの導入、第二は、公的医療保障における医薬品・医療機器等の医療価格付けについての費用対効果評価の活用開始、である。

　これらの政策利用の開始は、保健医療分野においても、政策・事業の意思決定に関する考え方の転換が生じていることを示している。目的とする成果が得られたかを重視し客観的なデータ・根拠に基づき効果を持つ事業・政策なのかを判断すること、費用対効果のよい政策・事業に財源を投入すること、への転換である。インパクト評価・経済評価による客観的な評価結果が医療分野の政策・事業の意思決定や評価で実践的に利用される段階に進んだ点で大きな意義をもつと位置づけられる。

34　他6品目について、3品目はICERが500万円未満となり価格調整しないこと、2品目は対象品目の類似品目で比較対象薬の価格調整に順じ価格調整しないこと、1品目は効果が同等で費用削減によりICERが算出できないことから、新たな価格調整は行わないこととされた。

⑵　保健医療におけるインパクト評価・経済評価の政策利用の課題

　以上の検討の結果、インパクト評価・経済評価の実践的な政策利用に必要な点として、第一に、インパクト評価枠組みの体系化・共通化、第二に、客観的な評価の仕組みと利用の意思決定を統合する総合的評価の仕組みの構築、が挙げられる。

　SROIの活用では、評価事例の蓄積によって、成果指標設定の枠組みに共通性がみられてきたものの、成果指標や金銭換算指標の選定・設定等に恣意性・操作性が入り込む余地があることが指摘されている[35]。

　実際、SROIによる評価結果は、組織による説明資料等の活用に留まっていた。今後、自治体事業等で成果報酬型契約が拡大すると、SROI評価の政策利用が必要となることから、評価法のもつ恣意性・操作性に対応する工夫が求められる。医療制度の費用対効果評価の政策利用を参考に、SROIの評価枠組み、指標等の標準化、ガイドラインの作成、分野別の評価指標モデル体系の作成、貨幣換算データ等の整備が必要になる。

　また、評価指標モデル体系の検討に関して、事業の成果として個人に着目した評価に加えて、組織間の連携向上などの組織のガバナンスの価値も重要な成果であるとの指摘がなされ[36]、組織ガバナンスに着目した評価視点の検討も必要になると考えられる。

　SIBでは、英国のSIB事例でみたように、長期的に想定される最終的成果指標の医療費削減効果を成果払いの指標に関連づけるかの議論がある。近年、最終的成果とされる医療費削減を成果報酬支払いに関連づけないSIB事例が増加している。医療健康事業では、医療費削減効果がなくても、直接的な健康改善効果、生活改善効果があり、費用については費用対効果に優れるかどうかで判断することが事業実態の評価として適切であると考えられる。しかしながら、アウトカムを身体的健康状態の改善のみならず、精神的な健康状態や生活の質の改善にまで拡大していくと、介入とその効果との因果関係のエビデンスの証明はますます難しくなる。特に医療分野は歴史的にEBM（Evidence Based

---

35　長峯（2015）は、SROI、SIBの課題を指摘している。
36　Osborne et al（2015）はNPMに替わる新しい概念New Public Governance（NPG）の視点から公共サービスのあり方を検討している。

Medicine）（エビデンスに基づく医療）（Sackett, Straus, Richardson, Rosenberg and Haynes 2000）と言われるように、エビデンスに基づく実践や研究が求められてきた分野でもある。成果が投資リターンに結び付けられることで、エビデンスの質の保証の担保となるようなガイダンスやガイドライン等標準的な枠組みが必要となるが、英国においても、日本においても、データの収集・分析手法や指標設定方法も含め、標準化は進んでいないように思われる。

　公的医療保障における医薬品・医療機器等の医療価格付けについての費用対効果評価の政策利用では、恣意性、操作性を生じさせないように、指標設定、ガイドライン作成、第三者による公的分析の確保、評価結果の意思決定を行う総合的評価の枠組み構築等、政策利用のための制度的工夫が行われていた。医薬品・医療機器については、これまでの健康改善の有効性の効果評価に加えて、財政状況等を考慮して、効果に対してどの程度の費用なのか、費用対効果評価が導入されたことは大きな考え方の変化である。

　このように費用対効果評価の政策利用には、体系化、客観性、透明性を担保する評価の枠組み、そして、最終的に評価を判断するために費用対効果評価結果とそれ以外の要素を含めて判断する総合的評価のプロセスという、運用の二つの仕組みの構築が必要であることが示された。これはSROI、SIBの政策利用においても同様であり、インパクト評価・経済評価の政策利用では、客観的評価結果とそれ以外の評価結果を統合して判断する総合的評価における透明性・公正性の確保が鍵となると考えられる。

参考文献

井伊雅子・五十嵐中・中村良太（2019）『新医療経済学』日本評論社。

植木貴之（2017）「ソーシャル・インパクト・ボンド（SIB）の動向と今後への期待－民間活力を活かした成果志向型ヘルスケアの普及に向けて」『未病と抗老化』26：21-25。

遠藤知子（2016）「医療・健康分野におけるSIB－Ways to Wellnessの事例から」塚本一郎・金子郁容編著『ソーシャルインパクト・ボンドとは何か』ミネルヴァ書房。

葛西美恵（2011）「英国における医療経済評価の政策利用と日本への示唆」『日本医療・病院管理学会誌』211：25-33。

鎌江伊三夫（2019）「厚生労働省新HTA制度　第8回費用対効果評価・本格導入の概要と論点」『医薬品医療機器レギュラトリーサイエンス』50(7)：390-397。

唐木宏一（2016）「ソーシャル・インパクト・ボンドの「論点」」『事業創造大学院大学紀要』7 (1)：97-111。

公共経営・社会戦略研究所（2019）『認定特定非営利法人日本IDDMネットワーク「バイオ人工膵島移植プロジェクト」インパクト評価報告書』。(http://koshaken.pmssi.co.jp/upfile/iddmrevsionreport.pdf　2019年11月 1 日アクセス)

公共経営・社会戦略研究所（2017）『デロイトトーマツコンサルティング「三重県玉城町　自立可能な地域運営組織の設立支援業務－地域運営組織によるサービス提供に期待されるインパクトのSROI評価（事前評価）』（非公開)。

厚生労働省保険局医療課（2019）『費用対効果評価について　骨子』。(https://www.mhlw.go.jp/content/12404000/000480976.pdf#search=　2019年12月 1 日アクセス)

小関隆志・馬場英明（2016）「インパクト評価の概念的整理とSROIの意義」『The Nonprofit Review』Vol.16、No.1：5 -14。

斉藤信也（2018）「費用対効果以外の要素をいかに扱うべきか？－アプレイザル（総合的評価）に関する諸問題」『薬剤疫学』23(1)：29-39。

塚本一郎・西村万里子（2016）「2 章　ソーシャルインパクト・ボンドとは何か」塚本一郎・金子郁容編著『ソーシャルインパクト・ボンドとは何か』ミネルヴァ書房。

長峯純一（2015）「ソーシャル・インパクトの評価可能性とガバナンス－SIBへの期待と懸念も含めて」『公共政策研究』15：51-63。

西村万里子（2012）「社会的プロジェクトの社会的価値評価手法のあり方－社会的投資収益（SROI）分析の可能性」『社会貢献によるビジネスイノベーション』丸善。

西村万里子（2016）「社会的インパクト評価の役割と課題」『明治学院大学　法学研究』101号,明治学院大学法学会。

久繁哲徳（2018）「医薬品等の費用対効果評価に関する制度化の動向（上下）」『医療経済研究』30(1)：20-31,30(2)：52-67。

福田敬（2016）「費用効果分析：診療へのインパクト」『日本内科学会雑誌』105 (12)：2330-2335。

福田敬（2018）「診療報酬制度の新たな潮流を読み解く－費用対効果評価の試行的導入」『腎臓内科・泌尿器科』8 (6)：582-586。

堀田真理（2018）「医療領域におけるSIB活用と進展の可能性」『東洋大学経営論集』92：97-111。

未来工学研究所（2018）『神戸市平成29年度「未受診もしくは治療中断中の糖尿病等罹患者に対する糖尿病性腎症等重症化予防のための受診勧奨・保健指導事業委託業務」中間成果評価報告書』。

Bertotti,M., Leahy,G., Sheridan,K., Tobi,P. and Renton. A. (2011) 'Measuring the Impact of Social Enterprises', *British Journal of Healthcare Management,* 17(4)：p.152-156. (https://www.researchgate.net/publication/237064316_Measuring_the_impact_of_social_enterprises　2019年11月 1 日アクセス)

Care, R. and Rerraro,G. (2019) 'Funding Innovative Healthcare Programs through Social Impact Bonds：Issues and Challenges', *China-USA Business Review,*18 (1)：p.1-15

Commissioning Better Outcome (2015)　*Reconnections Social Impact Bond : Loneliness in Worcestershire.* (https://www.tnlcommunityfund.org.uk/media/research-documents/social-investment/Reconnections-SIB-In-Depth-Review-Report_190320_122442.pdf?mtime=20190320122442&focal=none

2019年12月 1 日アクセス）

Department of Health（2010）*Measuring Social Value: How five social enterprises did it.*（http://www. socialvalueuk.org/app/uploads/2016/07/Department-of-Health-Measuring-Social-Value.pdf　2019年12 月 1 日アクセス）

First ark（2018）*'Ways to Wellbeing' Social Prescribing Programme : Social Impact Report 2016-2017,* Runcorn: Wellbeing enterprises CIC.（https://www.grovehouse.co.uk/wp-content/uploads/pdfs/ wellbeing/wellbeing-social-impact-report.pdf　2019年11月 1 日アクセス）

Harvie, D. and Ogman,R.（2019）'The broken promises of the social investment market', *Economy and Space,* 0(0): 1 -25. doi: 10.1177/0308518X19827298.

HM Government（2011）*Open Public Services: White Paper.*（https://assets.publishing.service.gov.uk/ government/uploads/system/uploads/attachment_data/file/255288/OpenPublicServices-WhitePaper. pdf　2019年11月 1 日アクセス）

Millar,R. and Hall,K.（2012）'Social Return on Investment（SROI）and Performance Measurement', *Public Management Review,* 15(6) :923-941. doi: 10.1080/14719037.2012.698857

MillRace IT（2016）*MillRace IT: A Social Return on Investment Analysis 2005-2006.*（http://www. socialvalueuk.org/app/uploads/2016/03/MillRace%20IT%20SROI%20case%20study%202005.pdf　2019年 11月 1 日アクセス）

Nef（New Economics Foundation）（2008）*Measuring Value : a guide to Social Return on Investment*（*SROI*）. 2nd ed.（http://www.i-r-e.org/bdf/docs/a008_social-return-on-investment-_sroi_.pdf 2019年 11月 1 日アクセス）

Nicholls,A.and Tomkinson,E.（2015）'The Peterborough Pilot Social Impact Bond', in A. Nicholls, R. Paton, and J. Emerson（eds）, *Social Finance*: Oxford: Oxford University Press.

Osborne,S., Radnor,Z., Kinder, T. and Vidal,I.（2015）'The SERVICE framework : A Public-service-dominant Approach to Sustainable Public Services', British Journal of Management, Vol.00, : p.1-15.

Policy Innovation Research Unit（PIRU）（2018）*An evaluation of Social Impact Bonds in Health and Social Care.* London: PIRU Publication.

Sackett,D.L., Straus, S.E., Richardson, W.S., Rosenberg, W. and Haynes, R.B.（2000）*Evidence-Based Medicine: How to Practice and Teach EBM.* 2nd ed. Birmingham: Harcourt Publishers Limited.

Social Finance（2010）*Towards a new social economy: Blended value creation through Social Impact Bonds.*（https://www.socialfinance.org.uk/sites/default/files/publications/towards-a-new-social-economy-web.pdf　2019年11月 1 日アクセス）

The SROI Network（2012）*A guide to Social Return on Investment.* Liverpool: The SROI network.

Wooldridge,R., Stanworth,N. and Ronicle,J.（2019）*A study into the challenges and benefits of commissioning Social Impact Bonds in the UK and the potential for replication and scaling : Final report,* Birmingham:Ecorys.（https://assets.publishing.service.gov.uk/government/uploads/system/ uploads/attachment_data/file/844190/A_study_into_the_challenges_and_benefits_of_the_SIB_ commissioning_process._Final_Report.pdf　2019年12月 1 日アクセス）

第 6 章

社会インパクト評価の産業振興施策の成果測定への応用

片桐　豪志・木村　悦久

　産業振興に関する施策の評価方法についてもさまざまな方法がある。多くはビジネスマッチングイベントの開催回数や企業からの相談件数といったアウトプット型のKPIで評価されており、アウトカム型のKPIで評価されることは少なく、本当に成果があがっているのかを知る方法としては限界があった。特に、地域の個別の中小企業等に対するハンズオン支援というソフト面への介入を通じた産業振興施策では、支援者のアクティビティにより創出されるアウトカムとしての経済的価値はあまり評価されていない現状がある。

　こうした状況において本章では、産業振興施策に対して社会インパクト評価を活用することで、既存の評価方法のどのような限界を克服でき、どのような領域で活用できる可能性があるのか検討を実施した。また、アウトカムとしての経済的価値をKPIとした場合、例えば売上や利益の額といった機微情報の取り扱いや、機微情報であるために生じるアンケートの回収率の低下対策など、評価の実施に付随して生じるさまざまな検討事項にも対処する必要があるため、この点についても整理した。

　その結果、経済的価値の測定や、機微情報の取り扱いといった検討事項の克服方法や、そのために重要なポイントなどについて有用な示唆が得られた。この整理により、社会インパクト評価の産業振興施策への応用という、事業評価手法としての広がりを確認することができた。

1 はじめに

(1)　社会インパクト評価が産業振興分野において抱える課題

　「地方創生」をテーマとした各種施策のうち、地域の企業とりわけ中小企業の経営状況の改善を目的とした産業振興施策においては、地域の企業が売上を計上し、雇用を創出することが重要である。地域に人が根付くためには魅力的な仕事があり、そうした仕事があることにより人が居住し、地域内で需要があることで財・サービスが供給され、地域内経済が活性化するためである。

　そうした産業振興施策の効果を最大化するためには、まず個別の支援施策を企画立案・計画し、次に計画した支援施策を実施して成果（地域企業の売上や雇用創出など）をあげ、その効果を適切な指標や手法で評価し、評価結果を次年度の産業振興施策に反映し、また施策を改善して実施するという全体のPDCAサイクルを一つの地域で回すことが重要である。そうして有効性を立証した産業振興施策について、その実施エリアを拡大したり、他産業や他地域に横展開したりすることで、地域産業振興エコシステムが形成されて地域経済の活性化が徐々に実現して、「地方創生」が達成されていくのではないかと考えている。

　しかし、個別の支援施策でどんなに成果をあげても、使用する評価方法がそぐわない場合、適切でないKPIに振り回され、地域産業振興のエコシステムは機能しなくなってしまうことが懸念される。

　一方、事業の社会的な成果を説明するためのツールとして、社会インパクト評価の実施が徐々に普及しているが、その多くはNPOによる事業や企業のCSR等社会性の強い事業活動を評価するものである[1]。植林活動や清掃活動といった環境関連事業や、子どもの教育や若者の就労支援、高齢者の健康教室といった社会福祉関連事業など、その成果を売上のような直接的な指標で図るこ

---

[1]　社会インパクト評価あるいは社会的インパクト評価には様々な定義づけが行われているが、本章ではその議論には深入りしない。しかし、近年の社会インパクト評価をめぐる国内の議論では、評価対象となる「社会価値」が社会的あるいは環境的インパクトに限定され、経済的インパクトが軽視される傾向がある。

とが難しい事業の評価には有効である。

　例えば社会福祉分野の事業において、高齢者の健康教室の事業を対象としてその効果を評価する場合、高齢者の健康状態が改善し、病院に行く回数が減ったと「想定」し、これに伴い行政の社会福祉関連事業の予算が削減されたと「仮定」し、その「仮定」の削減分を成果として示して、「成果があがった」という表現を行う。

　上記のような「想定」や「仮定」を根拠とした評価方法の難点は、その成果は「本当に」経済市場からみてあがっているのか、という問いにそもそも答えることができないことにある。あくまで事業評価の手法としては問題はないものの、評価手法の前提として市場に最も近しい金銭代理指標を用いており、また、すべての成果を金銭的に計ることは難しく、そもそも金銭的に評価することがそぐわない事業も多数あるのが実態である。むしろ事業成果を評価することで、社会インパクト評価という一定のロジックに基づいて、関係者が気づいていなかった成果に気づくこと、どうすればよりよい成果をあげて事業を改善していくことができるのかを考え始めるきっかけとして、社会インパクト評価を実施するという「プロセス」自体に価値があるものと考えることができる。

　市場を通じて経済的価値を創出することが難しい分野においては、成果がどの程度「本当に」あがったのかという実感を得ることは難しいのが正直なところであろう。

　この課題意識に端を発して、産業振興施策などその成果が売上といった分かりやすい指標で計ることができる事業に社会インパクト評価を活用することで、経済市場からみてその成果が「本当に」あがっていることを相当程度の客観性を有した形で評価できるかもしれないと考えた。その方法として、社会的あるいは非金銭的な価値を仮定のロジックモデルに基づき代理指標を設定して貨幣化するアプローチと、売上増等、事業の直接的結果として市場で顕在化した金銭的価値をインパクト（総便益）に計上するアプローチを併用することとした。

　上述の背景から本章では、産業振興施策における社会インパクト評価の活用状況とケースをもとに、その応用可能性について検討を実施した。

　なお、本稿における意見にわたる部分は、いずれも筆者らの個人的見解であ

ることにご留意いただきたい。

2　産業振興分野における社会インパクト評価の応用

(1)　産業振興施策の評価の現状

　公共事業の評価については、予算の概算要求や執行の効率化等に反映させる目的で行政評価レビューが実施されている。また、実施した事業が地域経済に与える影響については、経済波及効果を算出することも可能である。さらに、道路事業などに対し社会・経済的な側面から事業の妥当性を評価する目的で、国土交通省が費用便益分析マニュアルを公示するなど、様々な手法が存在し、その目的に応じて機能している。

　しかし、行政評価レビューにおける評価項目は「有効性」「効率性」「妥当性」という統一の切り口により、支援回数などアウトプット中心の数値で評価結果が表されているものもある一方で、経済的な評価指標設定に対する標準ルールはなく、事業の善し悪しについては主観的な評価がなされているという、現行制度上の限界がある。また、経済波及効果はその資金的裏付けが乏しく、さらに費用便益分析は公共事業のうちハード（いわば狭義の社会資本）が評価の中心となっており、専門家派遣事業や地域の中小企業に対するハンズオン支援というソフト面への介入を通じた地方創生にはなじまないという限界を有する（内閣府　2018）。

　それでは公共事業のうち、国、県、市区町村といった主体によって行われる様々な産業振興施策（中小企業への各種セミナー、IT導入等の補助金、商談会への出展補助、海外進出等に係る専門家の相談や派遣事業、ビジネスマッチングイベントなど）の評価は、どのように評価されているのだろうか。

　産業振興施策の評価は、国、県、市区町村が抱えている産業振興支援機関において、例えばイベントの開催回数や、参加した中小・ベンチャー企業からの相談件数といった、事業のアウトプットに分類できる指標はよく測定されており、事業実施主体がそうした指標の一定値以上を達成目標に置いていることが多い。その達成目標をクリアすることに事業実施主体もコミットすることが通

常である。

　しかし、そうした事業を実施した結果として、参加した企業の成長につながったのかどうかを測定することは容易ではない。なぜなら、例えばビジネスマッチングイベントに企業が出展した場合、そこで名刺交換が行われ、イベント後に企業紹介資料を送付し、製品サンプル等を送付し、送り先企業ではその製品が自社で使用可能かどうかの検証が行われ、うまくいけば秘密保持契約が結ばれ、共同開発がスタートし…と、出展した企業に売上が上がるのはビジネスマッチングイベントが行われてから数か月〜1年以上もかかってしまうことが多くあるためである。その間に通常は単年度事業である官公庁事業は終了し、当該イベントの受託事業者と官公庁との契約は終了してしまう。そうするとビジネスマッチングイベントの結果として出展企業に売上が上がったのかどうなのかはフォローすることが難しい。

　これはビジネスマッチングイベントでなくとも、例えば相談事業などでも同様である。官公庁が経営戦略や知財戦略、プロモーション戦略等の専門家を調達する事業者を募集し、事務局を設置して相談事業自体のプロモーションが開始される。そのプロモーションを見た企業が事務局にコンタクトして専門的な相談が行われる運びになるが、基本的には専門家は企業から相談された情報にのみ基づいてアドバイスを行い、相談が終了して企業が帰れば、そのあとをフォローすること自体は事業内容に入っていないことが多い。相談内容は経営、知財、財務、会計、IT、人事、労務、組織、販路開拓、ブランディング、プロモーションなど様々であるが、そうした相談によってその企業の売上向上（もしくはコスト削減）につながったのか、フォローをそもそもしていなければ、その産業振興事業は「本当に」産業振興につながったのかを知ることはできないし、フォローしていてもやはり年度単位の事業が基本であるため、時間が経ってしまえばわからなくなってしまう。

　このように、現状の産業振興施策の評価はアウトプット型であるという点や、貨幣的裏付けまで測定していないことが多いという点、さらに「本当に」産業振興につながったかという社会価値が可視化・定量化されていないという点に限界があると考えられる。それがゆえに、評価結果が予算編成に結び付きづらいという問題点がある。この限界を補う評価手法の一つの方向性として検討す

るため、特許庁より有限責任監査法人トーマツが受託した「地方創成のための事業プロデューサー派遣事業」において、SROI評価による社会インパクト評価を実施することとした。

⑵　産業振興施策における社会インパクト評価の活用状況

　これまで社会インパクト評価は、健康推進や就労支援、医療、学習支援などの社会的な事業の分野に適用されることが多く、売上や融資のような経済的かつ直接的なアウトカムの測定が求められる産業振興の分野に使用された例があまりなかった（図表 6 - 1）。これは、社会インパクト評価はもともとNPO法人等が実施を担当する社会的事業の社会価値を可視化・定量化することに重きが置かれていたために、そうした事例が積みあがっているものと想定される。

図表 6 - 1　社会インパクト評価の事例と分野

報告年	評価対象事業名	評価機関	分野
2019	株式会社リクルート・北九州市「女性の就業及び子育てとの両立支援に関する連携協定」に基づく実施事業：Iction！プロジェクト」	株式会社公共経営・社会戦略研究所	就労支援
2019	特許庁「地方創生のための事業プロデューサー派遣事業」（再委託）	株式会社公共経営・社会戦略研究所	産業振興
2019	1 型糖尿病根治に取り組む認定NPO法人日本IDDMネットワーク「バイオ人工膵島移植プロジェクト」	株式会社公共経営・社会戦略研究所	医療
2019	株式会社リクルート「WORKFIT/ホンキの就職」	株式会社公共経営・社会戦略研究所	就労支援
2019	2017年度横浜市社会的インパクト評価モデル事業「困難を抱える子供たちの学習・生活・居場所支援）	株式会社公共経営・社会戦略研究所	学習支援
2018	損保ジャパン日本興亜とセーブ・ザ・チルドレンの連携による「インドネシア・西ジャワ州バンドンにおける子どもたちと青少年のための交通安全事業」	株式会社公共経営・社会戦略研究所	交通安全

2018	株式会社リクルート・北九州市「女性の就業及び子育てとの両立支援に関する連携協定」に基づく実施事業：Iction！プロジェクト」	株式会社公共経営・社会戦略研究所	就労支援
2016	農林水産省「平成27年度日本食魅力発信輸出促進緊急対策事業のうち日本食材海外需要拡大対策調査事業」（再委託）	株式会社公共経営・社会戦略研究所	（非公開）日本食文化振興
2016	日本政策金融公庫「ソーシャルビジネス支援融資」	株式会社公共経営・社会戦略研究所	（非公開）経済活性化
2016	ゴールドマン・サックス「中小企業経営革新プログラム」	公益財団法人パブリックリソース財団	教育
2015	Panasonic NPOサポートファンド	公益財団法人パブリックリソース財団	組織基盤強化
2015	鎌倉投信「エフピコ：クックチャム：北海道芽室町 九神ファームめむろ協働による障碍者雇用創出事業」	株式会社公共経営・社会戦略研究所	就労支援
2015	認定NPO法人 さいたまNPOセンター「さいたま市市民活動サポートセンター」指定管理者事業	株式会社公共経営・社会戦略研究所	市民活動
2015	特定非営利活動法人Switch就労移行支援事業	株式会社公共経営・社会戦略研究所	就労支援
2015	サイトウ・キネン・フェスティバル松本	不明	音楽
2014	マイクロソフトコミュニティITスキルプログラム「若者UPプロジェクト」（第4年次：2013年度）（ITを活用した若者支援プロジェクト）	株式会社公共経営・社会戦略研究所	就労支援
2014	株式会社 K2インターナショナルジャパン「合宿型プログラム」	株式会社公共経営・社会戦略研究所	就労支援
2014	厚生労働省職業能力開発「地域若者サポートステーション事業の費用対効果調査研究事業」	株式会社公共経営・社会戦略研究所	就労支援
2014	特定非営利活動法人 日本NPOセンター以下約100団体「SAVE JAPAN プロジェクト」	株式会社ソーシャルインパクト・リサーチ	環境

2014	特定非営利活動法人アスイク「低所得世帯の子どものための学習サポート」事業	株式会社公共経営・社会戦略研究所	学習支援
2014	株式会社 K2インターナショナルジャパン「中間的就労プログラム」	株式会社公共経営・社会戦略研究所	就労支援
2013	「トイレシェアリング・プロジェクト」	株式会社公共経営・社会戦略研究所	経済活性化
2013	特定非営利活動法人育て上げネット以下全 8 団体「東北UPプロジェクト」	ビズデザイン株式会社	就労支援
2013	特定非営利活動法人育て上げネット以下全24団体『マイクロソフトコミュニティ IT スキルプログラム「若者 UP プロジェクト」（2011 年度）』	株式会社公共経営・社会戦略研究所	就労支援
2012	社会福祉法人東京都社会福祉協議会　東京ボランティア・市民活動センター「マイクロソフトコミュニティ IT スキルプログラム「自立 UP プロジェクト」	株式会社公共経営・社会戦略研究所	就労支援
2012	東日本大震災被災地支援活動にかかる民間寄付の成果測定	公益財団法人パブリックリソース財団	復興支援
2012	特定非営利活動法人グラウンドワーク三島「地域社会雇用創造事業」（再委託）	株式会社公共経営・社会戦略研究所	起業支援
2011	特定非営利活動法人育て上げネット以下全 4 団体「マイクロソフトコミュニティ ITスキルプログラム「ITを活用した若者就労支援プロジェクト」	株式会社公共経営・社会戦略研究所	就労支援
2010	文化・芸術による地域交流プログラム	一般財団法人地域創造	文化芸術

出典：社会的インパクト・マネジメント・イニシアチブ　ウェブサイト[2]、株式会社公共経営・社会戦略研究所（ウェブサイト）[3]を参考に、筆者ら作成

　海外においては産業振興施策について社会インパクト評価を活用する事例も見受けられる一方、日本においては、そもそも産業振興施策はアウトプット型

2　社会的インパクト・マネジメント・イニシアチブ（SIMI）「事例集」（SIMIウェブサイト）（http://www.impactmeasurement.jp/case/　2019年12月 1 日アクセス）
3　株式会社 公共経営社会戦略研究所、「SROI等社会的インパクト評価実績」（ウェブサイト）（http://koshaken.pmssi.co.jp/base3.html　2019年12月 1 日アクセス）

のKPIで評価されており、成果の評価を検討することは難しいとされていたのではないだろうか。これは企業単体の活動成果であれば、売上や利益といった財務数値を測定すれば十分事足りるであろうが、全国で行われている官公庁による産業振興施策による中小企業やベンチャー企業への成長を測定する視点も重要であることが、検討はされながらも、実際の測定の難しさからなかなか実施できていなかったのではないかと考えられる。

(3)　応用する上での検討事項

　産業振興施策に対して社会インパクト評価を応用して実施するまで、実際に評価設計をする過程においていくつか検討を必要とする以下のような事項が生じた。

①事業期間と成果創出時点および評価期間の設計

　支援の実施から実際に売上が計上され、着金するまでには時点の差がある（時間を要する）ことが通常である。また、産業振興機関において新たな支援施策を実施すると、その業務設計や各支援機関との調整に時間を要し支援期間を十分に確保できないことがあるため、まず単年度事業についてその成果を認識することが困難である。また、単年度の事業と複数年度にまたがる事業の成果の大きさは、複数年に亘って事業のやり方を改善できることや、企業への支援ステージが例えば商品開発から販売へ移る等の理由で異なるため、複数年度の事業においては、単年度で創出された成果のみを評価するのでなく、複数年度で評価を設計する必要がある。

②インプット情報の取得の困難性

　取り扱う情報の内容としても難しいのは、産業振興施策のアウトカムである「売上」や「利益」、「融資額」といった経営上重要なインプット情報の把握である。これらは当然、機微な情報であるため、受益者である企業が売上という機微情報を事業実施主体である官公庁やその受託者など事業の実施側に教えてくれるかという問題がある。実施側も「そこは企業秘密であるため開示できない」と言われてしまえば強く要請することはできないため、最も知りたい事業成果を把握するためのインプット情報を得ること自体が難しいというジレンマが存在する。

③事業の貢献度・寄与率の測定の困難性

　さらに難しいのは、受益者である企業は、複数の産業振興施策を並行して利用していることが通常である。実施者である官公庁は、専門家相談、ビジネスマッチングイベント、研修の提供など様々な事業を同時並行で実施していることが多く、どの事業が最も成果（売上）に結びつきやすいのか、区別して測定することが困難である。

　こうした困難（事業実施と売上という成果創出までの時間差による時間切れ、機微情報の入手可否、他に受けている支援事業と実施した事業の効果の区別）を克服すべく取り組んだ事業をケースとして取り上げ、産業振興施策に対する社会インパクト評価の適用可能性を検証する。

3　事例の紹介

(1)　「地方創生のための事業プロデューサー派遣事業」の概要

　特許庁では2016年度〜2018年度の 3 年間に亘って実施した「地方創生のための事業プロデューサー派遣事業」（以下、事業プロデューサー派遣事業）において、社会インパクト評価を実施した（委託先は有限責任監査法人トーマツ）。図表 6 - 2 に事業プロデューサー派遣事業の実施イメージを示したが、官公庁が実施する専門家派遣事業としては、同じ事業者に複数年で事業実施を委託し、地域に専門家が常駐するという、かなり本腰を入れた事業であった。

　事業プロデューサー派遣事業は、新規事業の創出や販路開拓など中小企業の経営課題をサポートするベテランのビジネスマンである「事業プロデューサー」を地域の産業振興機関に派遣し、地域の中小・ベンチャー企業の知的財産を活用して企業の成長をサポートすることを通じて、地域で企業支援の成功事例を多数創り出し、地域経済活性化の一助となることが主目的である。

　もう一つの特徴としては、事業プロデューサー 1 人では地域の中での活動には限界があるため、派遣先地域の産業振興機関や地元の金融機関、大学、メディア等とも連携し、地域の産業振興関係者を盛り立てることでその中から第二、第三の事業プロデューサー的人物を育成することも視野に入っていたこと

である。官公庁事業の弱点である、予算終了に伴う支援効果の終了を懸念し、その地域での自律的な動きにつなげることも重要と考えていたためである。

図表 6-2　特許庁「地方創生のための事業プロデューサー派遣事業」実施イメージ

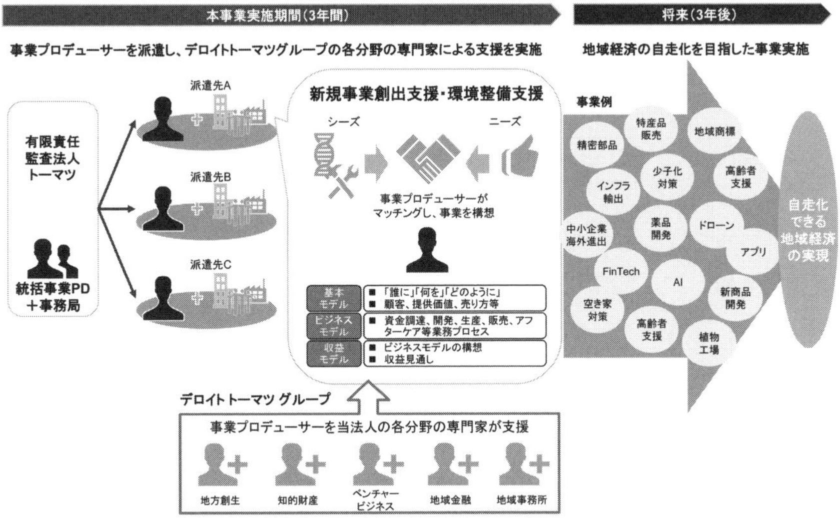

出典：有限責任監査法人トーマツ ウェブサイト[4]

　本事業の実施地域として三つの地域の産業振興機関が公募により選定されることとなっており、有識者委員会での検討を経て、埼玉（一般社団法人さいしんコラボ産学官[5]）、静岡（公益財団法人静岡県産業振興財団[6]）、北九州（公益財団法人北九州産業学術推進機構[7]）が派遣先として決定した[8]。この 3 地域に

4　有限責任監査法人トーマツ（ウェブサイト）、「地方創生のための事業プロデューサー派遣事業を特許庁から受託」(https://www2.deloitte.com/jp/ja/pages/about-deloitte/articles/news-releases/nr20160617-2.html　2019年11月10日アクセス)

5　一般社団法人さいしんコラボ産学官　ウェブサイト（http://www.collabosgk-saitama.com/　2019年11月10日アクセス)

6　公益財団法人静岡県産業振興財団　ウェブサイト（http://www.ric-shizuoka.or.jp/　2019年11月10日アクセス)

7　公益財団法人北九州産業学術推進機構　ウェブサイト（https://www.ksrp.or.jp/fais/　2019年11月10日アクセス)

8　有限責任監査法人トーマツ　ウェブサイト「地方創生のための事業プロデューサー派遣事業　事業プロデューサー派遣先機関の 3 機関が決定」(https://www2.deloitte.com/jp/ja/pages/public-sector/solutions/lg/business-producer.html　2019年11月10日アクセス)

派遣される事業プロデューサーも公募で選定され、事務局での書類選考・面接を通過した候補者について、同様に有識者委員会での検討を経て、3 名が最終決定した[9]。本事業は2016年 6 月から事務局業務が開始され、派遣先地域と事業プロデューサーの公募・選定手続き、派遣先機関との派遣協定締結や現地でのキックオフミーティングを経て、同年10月以降順次事業プロデューサーが各地へ派遣された。事業プロデューサーによっては引っ越しが必要なケースもあったため、派遣時期は一様ではないが、2016年の12月には 3 人目の派遣が完了した。

そこから派遣終了の2019年 3 月末まで、実質的な活動期間のおよそ 2 年半程度に亘って派遣先地域において中小・ベンチャー企業等の知財を活用した事業化を支援し、3 地域とも多数の成功事例を挙げることができた。成果の詳細はトーマツのウェブサイトに随時掲載してきたが[10]、その一覧を図表 6 - 3 に示す。2 年半程度で30件のインパクトのある成功事例を挙げることができた。

図表 6 - 3　特許庁「地方創生のための事業プロデューサー派遣事業」成果イメージ

年度	活動方針等	No.	事例名	知財
2016年度	■ 1 年目 ■活動期間半年未満 ■地域の信頼関係構築	1	フラッシュサイクル	実
		2	ボトリングティー	商、秘
2017年度	■ 2 年目 ■活動期間 1 年 ■成果の追及	3	英会話ロボット	特
		4	スポーツSNSアプリ	特
		5	フルーツソース	商
		6	ライフプランソフト	商
		7	瞬間ウェットタオル	実、商

9　同上「地方創生のための事業プロデューサー派遣事業　事業プロデューサーの発表」（https://www2.deloitte.com/jp/ja/pages/public-sector/solutions/lg/business-producer.html　2019年11月10日アクセス）

10　同上「地方創生のための事業プロデューサー派遣事業事例」（https://www2.deloitte.com/jp/ja/pages/public-sector/articles/lg/business-producer.html　2019年11月10日アクセス）

		8	旅酒＃38「伊豆」	商、秘
		9	ドクターメロン®	商、秘
		10	ネジチョコ	特、意、商
		11	センシングデバイス	特
		12	光触媒壁紙	特
		13	KANZASHI	意
		14	小倉織ブックマーク	商、意
2018年度	■3年目 ■活動期間1年 ■仕上げの年	15	スリーペンズ	商
		16	デザインサプリ	特、商
		17	遠州スプリング	特、商
		18	たにの	商
		19	BOND	特、商
		20	香る単語帳	特、商
		21	ウェブエキスポ	商
		22	自動クレープ焼機	特
		23	スマート酒造	特
		24	安否コール	特、商
		25	ワインディスペンサー	特
		26	アニメケーキ	特、商
		27	スマート酒造	特、商
		28	ロジコモン	特、秘
		29	Hare hare	商、秘
		30	日本バイタル	特、意、商

出典：有限責任監査法人トーマツ ウェブサイトを基に加工[11]

※表中の「知財」は、特：特許、実：実用新案、意：意匠、商：商標、秘：営業秘密を示す。

11　同上「地方創生のための事業プロデューサー派遣事業　社会インパクトの測定」（https://www2.deloitte.com/jp/ja/pages/public-sector/articles/lg/business-producer-review3.html　2019年11月10日アクセス）

(2)　社会インパクト評価の方法

①概要

　本事業の社会インパクト評価は、有限責任監査法人トーマツが株式会社公共経営・社会戦略研究所（以下、公社研）に評価業務を委託して実施された[12]。理由は、特許庁からの一次的な事業受託者である有限責任監査法人トーマツが評価を実施しては自己評価になってしまい、評価結果の客観性が薄れるためである。そのため、第三者性による客観性の確保と、評価ロジックの学術的バックグラウンドの確保を期待して、明治大学発ベンチャーである公社研への再委託が行われた。

　社会インパクト評価の手法としては費用便益分析の一種であるSROIを用いた。活動の分析・評価を定量化し、さらに貨幣価値に換算することが、価値の総量をより比較可能なかたちで可視化して費用対効果をも算出することで、「結果」が求められるビジネスの現場における産業振興施策の社会インパクト評価に適していると考えられたためである。

　本評価では、事業プロデューサー派遣による地域の中小・ベンチャー企業の成長や、地域の産業振興機関等の関係者への効果を、アンケートを通じて情報収集して分析を実施した。本評価のための基本情報は下表のとおりである。

図表6-4　評価のための基本情報

事業実施年度	2016年度		2017年度		2018年度	
派遣期間	10月～3月		4月～3月		4月～3月	
事業プロデューサー派遣数	3人					
派遣先機関	埼玉：一般社団法人さいしんコラボ産学官 静岡：公益財団法人静岡県産業振興財団 北九州：公益財団法人北九州産業学術推進機構					
支援先企業数	埼玉	7	埼玉	27	埼玉	21
	静岡	26	静岡	30	静岡	21
	北九州	10	北九州	7	北九州	10

12　本節の記述は、主として特許庁（2019）52-58頁に基づく。

費用（委託金額）	94百万円		119百万円		124百万円	
アンケート回収数	企業	9	企業	16	企業	24
	支援機関	7	支援機関	8	支援機関	11
アンケート 実施期間	2017年10月 〜2018年1月		2018年9月〜 2018年10月		2019年1月〜 2019年2月	

出典：筆者資料より作成

②実施の段取り

　アンケートの実施手順は図表6-5にまとめたとおり、3回に分けて3年分実施した。支援結果としての売上の一巡や、送金着金といった実務上のタイムラグを考慮し、支援の効果が落ち着いたと思われる半年後まで待って、前年の支援効果についてのアンケートを実施した。

　事業開始年度の2016年度は派遣開始が10月頃であり、12月頃までは現地でのキックオフミーティングや事業説明行脚といった信頼関係構築のための活動が続き、実質的な活動ができた期間が短かった。1年度目の活動を測定することに意味があるのか難しいところではあったが、のちの2年度目、3年度目のフェーズとの比較データという意味でも測定しておく必要があった。2年度目は1年間をフルに企業の支援に使うことができ、アンケート実施も事業期間内に行うことができたため、成果測定には適したタイミングであった。3年度目は事業が終了してしまうため、その半年後のアンケート送付ができないことの回避策として、企業には半年後の状況を想定してもらいながらというかたちで、3年度目の最後の2、3カ月でアンケートに回答してもらった。

図表 6－5　アンケートの実施段取り

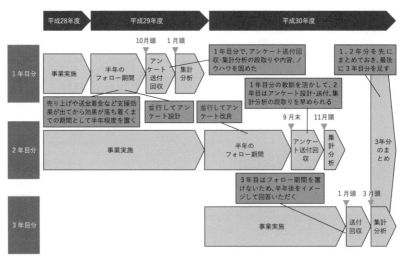

出典：特許庁（2019）53頁

　アンケートの配布先は、派遣開始の2016年10月から2019年３月までに接触した企業・支援機関（地域に所在する国・県・市町の産業振興機関、地銀や信金などの地域金融機関、周辺の大学、地元の商工業団体など）とした。アンケートは帳票の内容が数ページにわたり複雑で、売上の規模や推移、得られたまたは貸し出した融資の金額など、その組織にとっての機微情報を尋ねる質問も多く含まれていたため、単に送付しただけでは、組織内の代表窓口に届き、適切な担当者に行き着かずに回答率が下がることが懸念された。そこで、回答いただきたい方との信頼関係がすでに構築できている事業プロデューサーと、事業プロデューサーに同行して事業プロデューサーをサポートして活動している事業プロデューサー補佐が、アンケートの配布を直接手渡しで行った。アンケートの回収は事業プロデューサー派遣事業の事務局(有限責任監査法人トーマツ)に郵送で返送していただき、集計と分析作業は公社研が行った。

　回答項目にある売上金額や新規に受けた融資額、新規に実施した融資額といった直接的な数字については、上述したとおり企業・組織の経営に関する重要かつ機微な情報であるため、そもそも回答してもらえるかが大きな懸念であった。当然、分析の際にはそうした数字と回答者名・企業名・組織名が紐づ

かないように、個別数値は合計して資料化することを、アンケートを直接手渡しする際に丁寧に説明したが、やはり実際はその懸念が大きかった。そもそもかなりの信頼関係を構築できており、「機微情報含めて回答への協力が期待できる」企業にしかアンケートへの協力を依頼できなかった。実際に支援した企業数よりも少ない企業にしかアンケートを配布できていないため、それでもその少ない企業に可能な限り懇切丁寧に説明をし、複数回にわたってリマインドを行って回答率の向上に努めた。結果としてはあくまでも「親切にも回答してくれた」分の数しか集まらなかったため、実際に支援した企業数よりはかなり少ない回答数しか集まっていないことを前提として、分析と評価を実施していくこととなった。

　しかし可能な限りで集まった数字であるため、それだけでも価値はあると考えている。

　アンケート帳票の主な内容は図表 6 – 6 のとおりである。アンケート帳票は大きく 2 種類用意し、支援対象企業と派遣先等の産業振興機関用に分けて作成した。産業振興機関はさらに、地域に所在する国・県・市町の産業振興機関、地銀や信金などの地域金融機関、周辺の大学、地元の商工業団体などに分けて作成した。

図表 6 – 6　アンケートの主な内容

アンケート種別	配布先	想定回答者	主な質問内容
企業用	対象期間内に支援した企業	社長等、支援効果について経営目線で回答できる方	■売上と事業プロデューサーの貢献分 ■企業経営への好影響
支援機関用	派遣先、自治体、地域金融機関、その他産業振興機関等	支援効果について地域全体目線で回答できる方	■新規融資額 ■当該支援機関への好影響 ■地域全体への好影響

出典：特許庁（2019）54頁

③ロジックモデル

　社会インパクト評価の分析手法としてはSROIを採用し、本事業のために構築されたロジックモデルを図表 6 – 7 に示す。

図表 6 - 7　　SROIロジックモデル

アクティビティ	事業プロデューサー派遣による①支援先企業への事業化支援、②地域における新規事業創出環境整備
アウトプット	①支援先企業における事業化支援、②地域における新規事業創出環境整備が実施された

アウトカム	①支援先企業における事業化支援		②地域における新規事業創出環境整備
中間アウトカム（短中期）	■事業化意欲の高い人材の増加 ■新規商品を開発したい人材の増加 ■知財活用の重要性を認識する人材の増加 ■プロジェクトマネジメント力を高めたい人材の増加 ■事業化に向け知識やスキルを習得した人材の増加 ■企業間コミュニケーションの増加 ■事業構想策定件数の増加 ■組織の学習能力の向上	間接的に波及	■事業化推進に理解・知識のある人材の増加 ■事業化推進に関する知識・情報獲得機会の向上 ■個別企業の枠を超えた研修機会の増加 ■事業化推進の検討機会の向上
最終アウトカム（長期）	■上市件数の増加 ■取引先の増加 ■新商品の用途の拡大 ■金融機関からの融資の拡大 ■海外市場での取引の増加 ■売上高の増加 ■コスト削減の達成 ■生産効率の向上 ■共同開発の推進 ■プロジェクトチーム立ち上げの増加 ■知財の出願・登録の増加 ■企業イメージ・ブランドの向上	間接的に波及	■派遣先企業との連携の継続 ■事業連携の拡がりの推進 ■海外市場進出に積極的な企業の増加 ■地域ブランドの向上 ■事業化推進に熱心な金融機関の増加 ■新商品共同開発機会の増加 ■新規人材への投資の増加

効果計測	＋ アウトカム指標に基づき各アウトカムの成果量を計測し、金銭代理指標で成果量を貨幣換算
	－ 本事業以外の要因（反事実）の影響等を価値額より控除、事業PDの寄与率から価値を割り引き
インパクト	社会インパクト（本事業により生じた純粋なアウトカム）と、社会的投資収益率（SROI）の算出

出典：有限責任監査法人トーマツ ウェブサイト[13]

　このSROIロジックモデルでは、直接的な受益者を、事業プロデューサーが実際に事業化支援を実施した支援先企業と、事業プロデューサーの派遣先機関やその連携先（地域産業支援機関）とした。

　アクティビティは事業プロデューサーによる直接的な活動である①支援先企業への事業化支援と、地域への波及効果である②地域における新規事業創出環境整備の二つである。アウトプットはその活動結果となる。

　アウトカムは中間アウトカムと最終アウトカムの二つに分け、短期・中期的に結果の出るアウトカムを中間アウトカム、長期的に捉えるべきアウトカムを最終アウトカムとして分類した。さらにこの二つを、支援先企業で直接的に効

13　同上「地方創生のための事業プロデューサー派遣事業　社会インパクトの測定」（https://www2.deloitte.com/jp/ja/pages/public-sector/articles/lg/business-producer-review3.html　2019年11月10日アクセス）

果が出るアウトカムと、地域に波及して間接的に効果を生むアウトカムに分類した。個別のアウトカム指標としては例えば、支援先企業・支援機関の社員・職員の意識・行動変容といった個人レベルのアウトカムや、売上高の増加、上市件数の増加、新規融資の獲得といった、実際にキャッシュが動くような事業化関連のアウトカム指標も設定している。

　売上高のように直接的に測定可能なアウトカムについてはアンケートによる回答で情報収集したが、新聞やインターネットニュース、テレビ、ラジオ、経済誌等のメディアに活動が取り上げられることによる宣伝効果も重要なアウトカムである。企業にとっては広告費を出さずにプル型マーケティングが実行でき、本事業にとっても事業の社会的認知度と信用が一段と高まるという重要な効果をもたらすためである。とはいえその情報に接触した視聴者の人数を割り出すことはできないため、そのメディアに出るための広告費に換算して、貨幣化・定量化を行った。これはSROI評価ではパブリシティ効果を測定するための一般的な手法であり、今回もそれに倣うことにした。例えば、新聞記事への掲載については「新聞掲載面積×新聞広告料金単価」によって貨幣化し、テレビ放映については「テレビ放映回数×放映単価」によって貨幣化してパブリシティ効果のアウトカムを算出した。

④集計上の留意点

【反事実】

　これまでは考えられる限りのアウトカムを細分化して考えて、一つ一つを貨幣化・定量化してプラスのアウトカムを積み上げた方法を説明してきたが、アウトカムをマイナスしなければ適正な測定ができない状況もあるはずであり、以下に今回の集計上の留意点として記載した。その主たるものが反事実（counterfactual）である。反事実とは、この事業があった場合に生じた地域への経済効果と、なかった場合の自然体の経済効果の比較において、事業がなかった場合に受益者に変化が生じる可能性の度合いを示すものである。

　しかし、すでに事業を実際に実施しているわけであるから、「事業がなかった場合」を想定して、同じような属性を有する地域・企業等で、同種の介入が実施されていない比較対照群（control group）を追加的に設定し比較評価を実施することは、莫大な評価コストが係ることとなり現実的ではない。そこで

本事業によるSROI評価では、反事実的な状況についてアンケートで確認する方法をとった。具体的には、支援先企業に対して、事業プロデューサー派遣事業に類似する支援を受けたことがあるという質問を実施し、少しでも受けていたと回答した企業の割合を反事実のデータとみなした。類似する支援というのは産業振興政策分野では実際に行われており、今回の事業プロデューサーほど多数の専門領域をカバーするものでなくとも、プロモーションやブランディング、マーケティングなど販路拡大に関する専門家派遣、知的財産や海外進出、技術開発についての窓口相談などがこれに当たると想定される。こうした類似支援を複数受けているという状況を反事実的な状況として、肯定的回答件数を回答総数で除すという通常の算術的方法をとった。回答数が少ないという難点はあるものの、こうした外部環境の影響を全く考慮しない評価に比べれば、より適切な方法といえると考えられる。

【寄与率】

　反事実を除いただけでは、事業プロデューサーの派遣効果のみを取り出せているとは言えない。なぜなら本事業のサービスの提供対象は中小・ベンチャー企業の経営者や部長クラスがほとんどであり、実際に彼らが事業プロデューサーの効用（事業プロデューサーの「おかげで」経営改善がなされたと「感じているかどうか」）をどの程度評価しているかはわからないためである。そのため、アンケートに事業プロデューサーの効用を主観的に聞く設問を設け、５段階で評価することで、この事業の成果に関する効用（寄与率）を算出した。反事実を除いたあとの数字に寄与率をさらに掛けることで、本事業の効用（いわば本事業の「顧客満足度」）を、より保守的に算出することになった。

【定性的なアウトカムの貨幣価値への換算】

　前述のとおり、売上高のように直接的に測定可能なアウトカムについてはそのまま定量的に扱うことが可能であるが、メディア掲載といった定性的なアウトカムは一つ一つロジックを構築して貨幣化・定量化を行った。メディア掲載の他には、企業内での人材育成や新規事業開発組織の設置といった、さらに定量化しにくいものがあるが、大学・研究機関で通常行われている貨幣価値換算方法に倣って算出した。

(3)　測定結果

【支援先企業のアウトカム】

　支援先企業の各アウトカムを3年分合計し、下記のように一覧して整理した。①〜④、⑪〜⑯が定性的なアウトカムを貨幣価値に換算したものであるが、⑤〜⑩までは売上金額や融資金額、コスト削減金額など実際の数字を回答いただいたものを集計したものである。特に「⑤市場に出回る製品が増加した」、「⑥取引先が増加した」、「⑦製商品の用途が拡大した」結果の金額が合計して8億円を超えており、これだけで本事業に3年間で投入された3.5億円の事業費を社会的に回収できていることが伺える（「⑨売上金額が増加した」については、前述三つの数字と二重計上になってしまうことを避けるために計上していない）。

　さらに「⑧金融機関からの融資が増加した」も着目すべきである。通常、単年度事業での産業振興施策においては、金融機関からの融資までつながることは稀であろう。なぜなら、新製品開発、テスト販売、本格生産、さらなる量産まで辿り着いたあたりで設備投資や新工場建設が検討されて融資が必要となってくるが、単年度事業ではそこまで辿り着く前に事業が終了してしまうためである。

　また、売上でも融資でも、どちらも相当に機微な情報であろうが、多数の企業がそれだけの情報を回答してくれたことも大きな収穫であった。その部分のみ秘匿して回答しなかった企業もあり、そもそもアンケート自体に回答できない企業も相当数あり、さらに反事実と寄与率と掛けて数字としては相当に保守的に算出されているが、それでも事業費を大きく上回る成果が出たことは画期的であった。

図表6−8　社会インパクト評価結果（支援先企業のアウトカム）

支援先企業のアウトカム	インパクト（円）
①事業化を担う人材が増えた	6,924,341
②事業開発に向けた企業間コミュニケーションが増加した	44,559,796
③事業構想策定件数が増加した	20,535,325
④組織の学習能力（組織学習）の向上	8,310,397

⑤市場に出回る商品が増加した	386,714,901
⑥取引先が増加した	332,262,720
⑦製商品の用途が拡大した	93,465,013
⑧金融機関からの融資が増加した	504,304,185
⑨売上金額が増加した	−
⑩コスト削減が達成できた	62,042,874
⑪生産効率が向上した	−
⑫共同開発の推進	−
⑬プロジェクトチームの立ち上げ増加	110,045,311
⑭知財の出願・登録の増加	20,258,782
⑮事業PD派遣事業の成果を活かして、派遣事業終了後も事業改善・事業拡大を推進できるという見通しができた	114,624,300
⑯企業イメージ・ブランドが向上した（長期アウトカム）	18,517,780
合計	1,722,565,725

出典：特許庁（2019）57頁

※「⑨売上金額が増加した」は、「⑤市場に出回る商品が増加した」、「⑥取引先が増加した」、「⑦製商品の用途が拡大した」をすでに売上金額の増加分として集計しているため、二重勘定の可能性があるために計上していない

※「⑪生産効率が向上した」「⑫共同開発の推進」はアンケートとしては設問をセットしたが、直接の付加価値を生み出すアウトカムではないため、貨幣化していない

【産業振興機関のアウトカム】

　支援先企業の集計と同様に、産業振興機関の各アウトカムも3年分合計し、図表6-9のように一覧して整理した。⑰～⑲が地方公共団体・政府機関地方部局（経済産業局など）、⑳～㉒が産業振興公社・財団等（地方公共団体や国の外郭団体など）、㉓～㉕が信金等（地銀含む）のアウトカムである。

　この中で定量的なアウトカムで特に大きなものは「㉔〈信金等〉取引先への売上・融資等が増加した」の約3.5億円である。支援先企業のアウトカムにあった「⑧金融機関からの融資が増加した」とは回答者が違い、数字も整合しているわけではないため、同列に扱うことはできないが、地域金融機関目線でも本事業の効果として億円単位で融資が成立していることは、大きな意味を持つものと思われる。

図表 6 - 9　社会インパクト評価結果（産業振興機関のアウトカム）

産業支援機関のアウトカム	インパクト（円）
⑰〈地方公共団体・政府機関地方部局〉事業化推進について検討機会が増えた	914,127
⑱〈地方公共団体・政府機関地方部局〉事業化への意欲の高い人材が増えた	4,236,375
⑲〈地方公共団体・政府機関地方部局〉事業化推進のための予算が増額された	7,065,000
⑳〈産業振興公社・財団等〉事業プロデューサーとの連携・コミュニケーションが向上した	6,829,698
㉑〈産業振興公社・財団等〉事業化への意欲の高い人材が増えた	7,005,765
㉒〈産業振興公社・財団等〉事業化推進のための予算が増額された	99,280,000
㉓〈信金等〉事業プロデューサーとの連携・コミュニケーションが向上した	7,589,514
㉔〈信金等〉取引先への売上・融資等が増加した	350,700,000
㉕〈信金等〉事業化への意欲の高い人材が増えた	14,304,420
㉖事業PD派遣事業の成果を活かして、派遣事業終了後も事業改善・事業拡大を推進できるという見通しができた	－
合計	497,924,899

出典：特許庁（2019）57頁

※「㉖ 事業プロデューサー派遣事業の成果を活かして、派遣事業終了後も事業改善・事業拡大を推進できるという見通しができた」はアンケートとしては設問をセットしたが、直接の付加価値を生み出すアウトカムではないため、貨幣化していない

　上記二つ、支援先企業と産業振興機関のアウトカムを合計し、わかりやすく整理したものを図表 6 –10に示した。 3 年間（事業プロデューサーの実質的な活動期間は、派遣先の選定、事業プロデューサーの選定、派遣の準備などを差し引くと2.5年ほど）の事業を通じて創出された価値は、総合計で約22億円（22億2,049万624円）の総便益（総価値額）が生み出されたことがわかった。事業費で総便益を割ったSROIも6.56と高い数値となった。言い換えると、 3 年間の事業実施期間を通じて、トータルで約 6 倍以上の費用対効果があったということができる。

図表 6-10　社会インパクト評価結果（全体像）

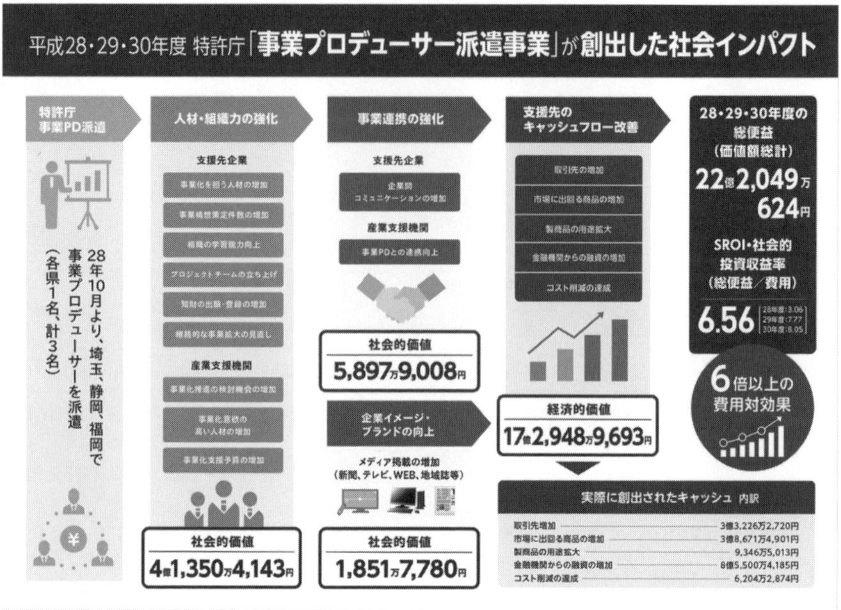

出典：特許庁（2019）58頁

　さらに、そもそも本事業に社会インパクト評価を適用したのは、これまで社会インパクト評価の中で売上や融資のような直接的な指標の測定に使用された例があまりなかったため、産業振興の分野において社会インパクト評価を行うことで、事業評価手法としての広がりを検証する面があった。

　本事業ではそのために有効なアウトカムを、社会価値とは別に経済的価値「実際に創出されたキャッシュ」として集計している。具体的にはアウトカムのうち「取引先増加」、「市場に出回る商品の増加」「製品用途の拡大」、「金融機関からの融資の増加」「コスト削減の達成」というキャッシュフロー型の便益を抽出して合計したのが経済的価値「実際に創出されたキャッシュ」である。全体の便益約22億円強からすると、17億円強が経済的価値として今回関わった支援先企業のキャッシュフローの改善に効いており、総便益に占める経済的価値の割合は77.89％と、大きな割合を占めていた。

4 　成果測定結果からの考察

⑴　考察

　冒頭のとおり、社会インパクト評価はこれまで環境関連事業や社会福祉関連事業など直接的な経済効果の出にくい事業の定性的な成果を、金銭代理指標を用いることでその経済的価値を説明してきた。今回は売上や融資のような直接的な経済効果を指標として測定することを試みたが、測定が可能であった。

　というのも、個々の支援先企業や産業振興機関としての地域金融機関等から、ダイレクトに売上や融資といったセンシティブな情報を聞き出せるのかという懸念が当初はあった。そうしたすべての機微情報を得ることはできないであろうし、仮に情報を得ることができてもその情報の裏付けがあるわけではなく、結果として分析の根拠となるデータが整うかどうかが不明であった。

　結果としては回答数こそ少ないものの、その少ない回答者からは具体的な数字の情報を回答してもらうことができた。回答者アンケートの配布は事業プロデューサーやその補佐が行ったが、良好な信頼関係を構築できているところは前向きに回答してもらうことができたようであり、一定程度信頼のおけるデータが取れたと判断している。さらに言えば結局はそのデータを信じるしかないのが現状である。これまでこうしたデータを取ったことがそもそもあまりなかったため、少なくとも情報を得ることができたということは一歩前進と考えてよい。

　逆に言えば信頼関係が構築できている団体・企業からしか機微な情報は得られないため、結果がどうしても上振れしている可能性は否定できない。したがって、反事実や寄与率により成果を割り引いて考えることは、産業振興分野では特に重要であると考えた。このように、この情報をもとに、産業振興分野においても社会インパクト評価によって、定性・定量的な評価を実施することができた。

　その他、事業期間と成果創出時点および評価期間の設計についての困難性は、本稿のケースである特許庁「地方創生のための事業プロデューサー派遣事業」の事業実施期間が約 3 年間であったため、複数年に亘り評価を実施できたと

いう点でクリアできたと考えられる。

⑵　今後の産業振興施策に関する社会インパクト評価の方向性

　これまで産業振興分野において、社会インパクト評価を活用する事例は見受けられなかった。しかし、今後は産業振興分野における事業において活用し、事業成果のブラックボックス化をなくすことや、説明責任を果たすこと、次年度実施する際にPDCAサイクルに評価結果を反映し、予算編成への反映・事業改善をしていくことに有効であると考えられるため、積極的に活用されていくべきである。また、活用実績数が少ないため、類似事業の比較は可能ではないが、今後活用が進んでいき、事例を積み重ねることで産業振興分野における評価指標の標準化が行われ、さらに精度の高い評価手法として改善されていくことが必要となるだろう。

参考文献

特許庁（2019）『地方創生のための事業プロデューサー派遣事業（平成28〜30年度）事業実施報告書』。（https://www.jpo.go.jp/support/general/gyousei_service/document/katsuyo-shien/zigyou_pd_report_190524.pdf#search=　2019年11月10日アクセス）

内閣府政策統括官（2018）「日本の社会資本2017〜Measuring Infrastructure in Japan2017〜」。（https://www5.cao.go.jp/keizai2/ioj/docs/pdf/ioj2017.pdf#search　2019年11月10日アクセス）

第 3 部

インパクト評価と
社会イノベーション

応用編

インパクト評価とSDGs・ESG投資

関　正雄

　インパクト評価は、SDGs（持続可能な開発目標）達成へのさまざまな主体による取組みにおいて、必要性・重要性が強調されるようになってきた。また、SDGsとも関連付けられ、昨今国内で急拡大しているESG投資においても、投融資の観点からのインパクト評価への関心が高まっている。これらの傾向は、SDGsの理念や本質とも深く関係している。第7章では、その現状および今後に向けての課題について考察していく。

　具体的な動きとして、WBCSD、世銀、国連開発計画（UNDP）などの国際機関が進めるインパクト評価の実践や基準づくり、企業自身が取り組み始めた経営にインパクト評価を組み込む動き、投資家、銀行、NGOといったステークホルダーによるインパクトを考慮したエンゲージメントの新たな流れ、という3つの切り口でグローバルな最新状況を紹介する。

　いずれにおいても、まだ今後の普及、進化や成熟が求められる段階ではあるが、SDGsが必要としている社会・経済のトランスフォーメーション（大変革）をもたらすためには、イノベーションを加速する一手段としてのインパクト評価が不可欠であることは間違いない。その観点に立って、SDGsとの関係においてインパクト評価がメインストリーム化され、企業行動や投資判断に効果的に組み込まれるための、今後の課題を述べる。

1　背景と問題の所在

⑴　SDGsとトランスフォーメーション

　2015年にSDGsが世界の共通目標として国連で採択されて以来、世界中で、

政府はもちろんのこと、自治体、企業、研究機関、大学、NPO/NGO、ユース世代など、様々な主体が積極的に取り組むようになった。SDGsの前身であるMDGs（ミレニアム開発目標）と比較した場合、より幅広い層への高い浸透度はSDGsの大きな特徴である。例えば、国内での一般市民のSDGs認知度に関してはさまざまな調査結果が発表されており、大体20％程度という結果が出ている。確かにまだ少数ではあるものの、MDGsの時代には考えられなかったレベルの認知度である。

　様々なセクターのなかでも、企業や投資家の間での関心の高まりは、国内外を問わずSDGsの際立った特徴である。毎年7月にニューヨークの国連本部でSDGsの進捗を議論する会議として開催されるハイレベル政治フォーラムにおいて、サイドイベントのひとつとして開催されるSDGビジネスフォーラムは、会場の収容能力をはるかに上回る参加希望者が毎年殺到している。国内でも国連グローバルコンパクト・ネットワーク・ジャパンによる会員アンケート調査結果にあらわれているように、SDGsは企業経営者の間での認知度が急速に高まっている。

図表7-1　企業における認知度

Q. 貴社・団体内でのSDGsの認知度について、あてはまる状況を下記より選択してください。
（複数回答）

	2015年	2016年	2017年	2018年
主にCSR担当に定着している	61%	84%	86%	84%
経営陣に定着している	20%	28%	36%	59%
中間管理職に定着している	4 %	5 %	9 %	18%
従業員にも定着している	―	―	8 %	17%
関連会社などステークホルダーにも定着している	―	3 %	2 %	4 %
わからない	15%	12%	7 %	3 %

（グローバルコンパクト・ネットワーク・ジャパン調べ）

出典：「SDGs調査レポートVol.3」IGES, 2019年

　背景の一つには、国連からの企業や投資家への期待の大きさがあり、その期

待の大きさはまたSDGsの本質に由来する。SDGsは、採択文書が強く訴えているように、現在の経済・社会を持続可能で包摂的なものへとトランスフォーム（大変革）することが必要だとしている[1]。このトランスフォームという言葉には、SDGsの達成が現行システムの微調整ではすまず、社会や経済を動かす仕組みや基本的なルールから個々人の価値観・行動に至るまで、社会全体のシステマティックな大変容を必要とすることを強調する意図が込められている。

そしてSDGsの達成には、トランスフォーメーションの推進力として特に経済の力が不可欠とされている。国連の試算ではSDGsの達成には少なくとも年間5兆ドルから7兆ドルの資金投入が必要とされており、この額は公的資金だけではとても賄えない。民間の企業や投資家の力が必要とされているのである。なお、この資金投入は別枠の新たな資金の投入である必要はなく、既存投資の5％程度をSDGs達成に向けることで達成できるレベルともされている。

この大変革、トランスフォーメーションの時代は、別の角度から見れば企業にとって大きなビジネスチャンス到来の時代である。SDGsに積極的に取り組む企業グループによって2017年のダボス会議に向けて発表されたレポート（BSDC 2017）によれば、2030年までにエネルギー、都市、食料、農業の4分野だけでも、少なくとも世界の想定GDPの10％にあたる年12兆ドルのビジネス機会をもたらし、3.8億人の雇用を生むと試算されている。

トランスフォーメーションに関する認識は、日本政府も同様である。2019年12月20日に公表された日本政府のSDGs実施指針改定版（SDGs推進本部幹事会決定）の中でも、「2015年のSDGs採択から4年，実施指針決定から3年が経過し，SDGsをめぐる状況が大きく変化し，国際社会が新たな課題や一段と深刻化した課題に直面する中，気候変動や格差の拡大による社会の分断・不安定化など地球規模課題に対して，システムレベルのアプローチやインパクトの大きい取り組みを通じて，経済社会の変革（トランスフォーメーション）を加速し，解決に向けて成果を出していくことがより一層必要となっている。」（SDGs推進本部 2019：1頁）と、述べている（下線は筆者）。

1　SDGs採択文書の正式名称は、「私たちの世界を大変革する：持続可能な発展のための2030アジェンダ（Transforming our world: the 2030 agenda for Sustainable Development）」である。

(2)　誰が解決の担い手か

　SDGsでは、17の目標の下位レベルに具体的アクションとして定められた169のターゲットに示されるように、貧困、食料、健康、福祉、雇用、産業化、イノベーションから気候変動、生態系にいたるまで極めて多岐にわたる分野の数々の行動目標が掲げられている。SDGsの策定過程には多様なステークホルダーが参加し幅広い意見が吸い上げられていることもあって、SDGsがカバーする課題領域は幅広い。つまり間口がとても広いので、これら目標やターゲットの一つひとつを取り上げてみれば、誰しもがそのいずれかの達成に何らかの形で貢献するのは、さほど難しいことではない。この、世界中で誰もがSDGsを身近に感じて行動できることは、SDGsの最も優れた性質のひとつであると言える。

　しかし、達成すべき目標のレベルは貧困の根絶や気候変動との闘いをはじめとして極めて高く、したがって難易度も高い。現代社会は、気候変動にせよ貧困・格差にせよ課題の深刻さは増す一方であって、そもそも持続不可能な社会である、という危機感を出発点としなければならないし、その解決は、マイナーな改善レベルの取組みでは不可能である。例えば気候変動問題を考えてみれば、人類社会への危機的影響回避のために産業革命以降の世界の平均気温上昇を1.5℃以内に抑えなければならず、そのためには2030年までに2010年比で45％の温室効果ガス削減を成し遂げなくてはならない。小手先の現在の取組みの延長線上（business as usual）の対策では足りず、脱炭素社会の実現という到達点のイメージを明確に持ちそこから逆算して、つまりバックキャスティング・アプローチをとって、政策を総動員し企業・投資家・市民・消費者などあらゆるステークホルダーが同じベクトルで連動して目標達成にまい進する、というシステムレベルの変革をめざした共同行動をとらなければならない。

　そしてこの、トランスフォーメーションにおいて、ステークホルダーのなかでもとりわけ企業の役割が最も重要であり、従ってその動きを加速する投資家の役割も重要であることの認識が高まりつつある。

図表 7 - 2　SDGsに影響力のあるセクター

Q. SDGs推進に一番影響力のあるセクターはどこだと考えますか？

	2015年	2016年	2017年	2018年
企業	10%	12%	13%	19%
株主・投資家	0 %	7 %	12%	12%
顧客・消費者	4 %	16%	17%	16%
政府・政府系団体（JICA等含む） ※2016年までは自治体含む	58%	41%	35%	24%
（国内）地方自治体	–	–	1 %	1 %
NGO/NPO	5 %	3 %	1 %	1 %
アカデミア	1 %	0 %	0 %	1 %
国連・国際機関	–	–	–	3 %
全セクターが等しく影響力を持っている	16%	15%	15%	21%
その他（具体的に）	0 %	1 %	1 %	2 %
わからない	5 %	5 %	4 %	1 %

（グローバルコンパクト・ネットワーク・ジャパン調べ）

出典：「SDGs調査レポートVol.3」IGES, 2019年

　　そのことを物語る、国連グローバルコンパクト・ネットワーク・ジャパンによる会員アンケート調査結果は興味深い。2015年時点では、「SDGs推進に一番影響力のあるセクターはどこだと考えますか？」との問いに対して、政府・政府系団体との回答が圧倒的で58％を占めていた。しかし2018年にはその割合は24％にまで低下し、反対に、企業という回答は2015年の10％から19％へ、株主・投資家という回答は 0 ％から12％へと大きく増加した。このふたつのセクターを合計すれば31％と、直近の2018年では政府を上回る結果となっており、SDGsに影響力を最も発揮するセクターは企業自身および投資家である、との認識が急速に一般化していることを示している。アンケート結果を見る限り、主役の座は政府から企業および投資家へと移りつつあるといえる。

　　こうした変化の背景の一つには、経団連が2017年に企業行動憲章を改定して、「企業は持続可能な社会の実現を牽引する役割を担う」とうたい[2]、SDGsの達成に産業界としてリーダーシップを発揮しつつ積極的に取り組むことを表

明したことがある。経団連は、日本政府の成長戦略であり、最先端のデジタル技術も活用して人間中心の超スマート社会をめざすSociety 5.0の実現を通じた、経済界としてのSDGsへの貢献を「Society 5.0 for SDGs」と名付けて国内外に発信している。そして、企業の先進的な取組みを集めた事例集を発表したり、日本でのG20サミットに先立つ産業界のイベントであるB20において、政策提言を「Society 5.0 for SDGs」のタイトルの下に取りまとめるなど、具体的な活動を積み重ねている。

　また、この動きを加速するために機関投資家との連携にも積極的に取り組み、2020年3月には経団連、東京大学、GPIF（年金積立金管理運用独立行政法人）の3者による共同研究プロジェクトの報告書を発表した。産業界と投資業界に大きな影響力をもつ両機関が、研究機関とともに、SDGsの実現に寄与するESG投資の流れを加速するための方策について提言をまとめたものである。経団連とGPIFが共通の問題意識を持ってSDGsに取り組む強い意思を表明したことは、企業と投資家自身の役割認識が高まっていることを示す象徴的な出来事といえるであろう。

2　SDGsの達成に不可欠なインパクト評価

(1)　SDG CompassとWBCSDが主導するインパクト評価の普及

　SDGs達成に中核的な役割を担う企業の取組み方はどうあるべきかを指南する文書として、SDGs採択と同時に2015年9月に発表されたガイダンス、SDG Compass[3]がある。これは、企業の社会的責任の実践をリードする世界的な組織であるWBCSD（持続可能な発展のための世界経済人会議）、GRI（グローバル・レポーティング・イニシアチブ）、国連グローバル・コンパクトの3者が共同で開発したもので、企業向けのSDGsへの取組みのガイダンスとしては最

2　企業行動憲章（2017年11月8日　第5回改訂版）本文のリード文（経団連　2017）。

3　原書タイトルは、SDG Compass: The guide for business action on the SDGs, 国連グローバルコンパクト・ネットワーク・ジャパンおよびIGESによる和訳あり（「SDG Compass：SDGsの企業行動指針 −SDGsを企業はどう活用するか−」）（GRI, UN Global Compact and WBCSD 2015）。

も定評のあるガイダンス文書である。

　SDG Compassでは、企業の取組み指針を、ステップ 1「SDGsを理解する」、ステップ 2「優先課題を決定する」、ステップ 3「目標を設定する」、ステップ 4「経営へ統合する」、ステップ 5「報告とコミュニケーションを行う」という、五つのステップに分けて解説している。その中で、ステップ 2 の優先課題の決定において、本稿と関連する二つの重要な考慮点を挙げている。

　一つめは、バリューチェーン全体を俯瞰してインパクトエリアをマッピングすることである。例えば製造業であれば、原材料の調達から消費者による製品の使用・廃棄までの一連の流れの中で、どこでどのようなインパクトをもたらしているかを検討する。そしてその中で自社にとって最も重要で関連性の強いインパクトエリアを選び、優先取組み課題を決定する。この検討プロセスにおいては、例えばライフサイクル・アセスメント（LCA）などの既存ツールが活用可能である。

　もう一つの重要な考慮点は、正のインパクトだけでなく、負のインパクトにも着目すべきとしている点であり、ここには特に留意が必要である。企業は、SDGsをビジネス機会として捉え、社会にポジティブ・インパクトを創出することによって自身の企業価値をも向上させる、いわゆるCSV（Creating Shared Value）（共通価値の創造）の考え方をとることが多い。これはSDGs達成のために必要なアプローチでもある。しかし、同時に企業は、ビジネスプロセスにおいて例えば環境汚染や人権侵害など、社会へのネガティブ・インパクトをもたらす可能性があり、それを未然に防ぐあるいは最小化することも求められていることを忘れてはならない。

　そもそも、このポジティブ・インパクトとネガティブ・インパクトの両方に取り組むべきであるという点は、企業の社会的責任の定義において明確に言及されている。まず、世界初の体系的な社会的責任の国際標準として2010年に発行されたISO26000による社会的責任の定義は、「組織の決定及び活動が社会及び環境に及ぼすインパクト（impacts）に対して、透明かつ倫理的な行動を通じて組織が担う責任」[4] である。これは、図表 7 − 3 に示すように、翌2011年の欧州委員会によるCSRの定義（European Commission 2011：p.6）にも採用され、そこでは企業はポジティブ・インパクト最大化とネガティブ・

インパクト予防・緩和の両方に取り組むべきであることが必要とされている。SDG Compassも、これらの定義に沿って企業のとるべきアクションへのガイドを示しているのである。

図表 7 - 3　ＣＳＲ（企業の社会的責任）の定義

Corporate Social Responsibility
「社会に与えるインパクトに対する企業の責任」

1 ．法令順守や、関係者間の合意尊重は、その前提
2 ．社会的、環境的、倫理的な、また人権や消費者の関心事項を、自らの業務運営や中核的戦略の中に統合する
3 ．ステークホルダー※と密に協力する
　　①株主その他ステークホルダー・社会全体との、共通価値の創造を最大化する
　　②企業がもたらす可能性のあるマイナス影響を明らかにし、予防し、緩和する

　　※ステークホルダー：企業の活動により影響を受けたり、企業の活動に対して影響を及ぼしたりする利害関係者

出典：欧州委員会のCSRコミュニケーション（2011年）における定義から筆者作成

　SDG Compassでは、さらに設定した目標への取組み進捗度を測るための指標の選択に関して、input － process － output － outcome － impactというロジックモデルをベースとし、インパクトを意識した指標の設定を推奨している。事例として、浄水錠剤の開発・販売が、水系感染症発生率の低下にどうつながったか、というケースを用いて、収集すべきデータを検討することを勧めている。

　SDG Compass策定に中心的な役割を果たしたWBCSDは、1995年設立以来、環境マネジメントの国際規格ISO14001の策定を提言するなど、サステナビリティ分野での企業活動に関する世界の標準ルールを提言し続けてきた。企業活動による社会経済的インパクトを評価する枠組みの開発にも2008年から取り組み、例えばそのためのツールとして「社会的経済的影響の測定企業向けガイ

4　ISO26000：2010の箇条番号2.18における「Social Responsibility」の定義（ISO 2010）。なお邦訳書では、「impacts」が「影響」と訳されているが（ISO/SR国内委員会監修・日本規格協会　2011：40頁）、ここでは「インパクト」と訳した。

ド」を2013年に発表している（WBCSD 2013）。

　この一連の取組みは、現在も進行中のWBCSDの「Redefining Value（価値の再定義）」プロジェクトへと発展している。企業が社会との関係で生み出す真の価値を再定義し可視化することで、持続可能な社会への貢献を促進しようという野心的なプロジェクトだ。この考えに立脚して、WBCSDは自然資本プロトコル（Natural Capital Coalition 2017）および社会資本プロトコル（Social & Human Capital Coalition 2019）の開発も主導した[5]。企業は自然資本や社会資本に依存し、またそれぞれにインパクトを与えている。その関係を「見える化」するためのプロトコル（通信規約）の普及によって、自然資本や社会資本に与えるインパクトを意識した企業経営を促進し、企業が開示した情報を投資家はじめステークホルダーが意思決定に活用することで、自然資本と社会資本のよりよいマネジメントにつなげることを目指している。

⑵　世銀グループの開発インパクト評価

　ワシントンに本拠を置く世界銀行（World Bank）は、「貧困の撲滅」と「繁栄の共有の促進」をミッションに掲げている。従って「誰ひとり置き去りにしない」をモットーとするSDGsの達成は世銀のミッションそのものであり、強い使命感を持ってSDGsに取り組んでいる[6]。

　世銀で2030アジェンダ・国連関係・パートナーシップを担当するモヒルディン上級副総裁（当時）は、経団連の機関誌である『月刊経団連』（2019.11）の寄稿記事において、「世界銀行グループでは、公共投資の効果を評価するために、厳格なインパクト評価を実施している。インフラが脆弱な途上国では信頼できるデータの取得は容易ではないが、イノベーションや実験を通じて、開発上の課題への対処に必要なデータを生み出している」（モヒルディン

5　Natural Capital Protocolに関しては、日本語訳がなされている（「自然資本プロトコル」2017年）。なお、自然資本プロトコルは、WBCSDおよび世界最大の自然保護NGOであるIUCNとが全体を統括して策定された。The Natural Capital Coalition 及びThe Social & Human Capital Coalitionの詳細は以下のウェブサイトを参照。https://naturalcapitalcoalition.org/ ；https://social-human-capital.org/
6　その表れとして、世銀オリジナルの円形SDGsバッジを作成しているが、デザインはモヒルディン上級副総裁の発案によるもので、中央に"END POVERTY"という文字が入っている。

2019：31頁）として、貧困撲滅を掲げる国際機関として、ミッション実現のために投資効果の測定に力を入れていること、しかし途上国では信頼性の高い基礎データを入手することが難しく苦労していることを述べている。

筆者は経団連SDGsミッションの一環として、2019年7月11日に、ワシントンの世界銀行本部でインパクト評価の担当部門からのヒアリングを行った。DIME（Development Impact Evaluation）と名付けられたこの担当部門は、投資対効果を最大化するためのインパクト評価に関する手法を開発している。

DIMEが実践している評価手法は、基本的にオーソドックスな対照実験であり、また、プロジェクトの効果をインパクトベースで評価しようというものである。例えば、アフリカでの植林プロジェクトに関しては、地域住民に参加を呼び掛ける場合に、インセンティブとして参加手当を支払うことがある。その場合、支払う金額と参加率の間には正の相関関係があり、金額が大きくなるほど参加率はあがるが、一定金額に達すると参加率の伸びは目立って鈍化する。そこで、いくら支払うのが最も投資効率が高いと考えられるかを探る試みを、スマートプライシングと称して実践している。

また、プロジェクトの開発効果を定量評価する。一般的に、途上国での道路整備は経済発展に寄与する。ルワンダでは、幹線道路に接続していない村の住民は、接続されている村の住民よりも23.1％所得が低い。しかし接続道路（feeder road）の整備によって、その格差を解消することができる。実際に道路整備の前後で測定・比較したところ、23.4％の所得向上が計測できたという。こうしたエビデンスに基づいた最適な開発投資を実践している。

モヒルディン上級副総裁が言及したデータ入手の困難性についても実例の紹介があった。SDGsの目標3「健康と福祉」の下にターゲット3.6「2020年までに世界の道路交通事故による死傷者を半減させる」がある。例えばケニアは人口10万人あたりの交通事故死亡者が最も多い。そこで、さまざまな対策を打つために現状を把握したいのだが、2013年にWHOの推定では約13,000件の死亡事故が起きていると考えられるのにもかかわらず、報告されているのは3,191件と少なく、約75％は統計から脱落している。この、信頼性の高い基礎データ不備の現状をふまえ、ビッグデータ、リモートセンシング、クラウドソーシングなどの最新ICT技術の活用で何とか補正しつつ、交通事故防止の最適の

政策をとり検証のためにインパクトを測定することが、大きな課題となっている。

(3)　UNDPのSDGインパクト構想

　国連が進めるSDGsにおけるインパクト評価の具体的推進策として、UNDP（国連開発計画）による「SDGインパクト」と呼ばれる枠組み構築の試みがある。

　筆者は2019年7月15日にニューヨークで開催されたUNDPと経団連のジョイントフォーラムで、SDGインパクトの開発担当、Ms. Elizabeth Boggs Davidsen からヒアリングした。同氏は、SDGインパクト開発のビジョンとミッションは、下記の通りであるとして、「開発というのは単に経済が変わるのではなく実際に人々の生活が改善されることが必要である。」という、ジョセフ・スティグリッツ教授の言葉を引用しつつ、インパクト評価の重要性を述べた。

―ビジョン：すべての資本が、グローバルゴールの推進に向かって流れること
―ミッション：投資家と企業に対して、SDGs達成への貢献を支援しお墨付きを与えるために必要な明瞭性、知見、具体的なツールを提供すること

　また同氏は、SDGs達成のためには年間5兆ドルから7兆ドルの資金が必要だと言われるが、投資のSDGsへのインパクトが明らかになることが重要で、それができれば、より強くSDGs達成への目的意識を持って投資が行われると、SDGインパクト開発の狙いを述べた。そして、透明性と一貫性を確保しつつ、SDGインパクトを測定、管理、報告、開示する方法論に関する情報を求める声が世界的に高まっている中、推進策として、インパクト管理と測定に関するオンライントレーニング・コースも開発する、とのことであった。

　SDGインパクトのコンサルテーション・ドラフトは、2019年9月に公開され、同年12月までコメントを募集していた。このドラフトは、プライベート・エクイティ投資家用のドラフトであり、追って債券投資家用、企業用の基準も策定する予定である。UNDPとしては、世界の投資家がSDGsに資する投資を効果的に拡大できるよう、まずは投資家向けの基準を優先させて開発したのであろう。SDGsへの投資規模を拡大し、同時に投資のインパクトを拡大すること

を優先的に考えているUNDPの戦略を示している。

　公表されたSDGインパクト（ドラフト）の内容としては、図表 7 – 4 にかかげるとおり三つの分野、13テーマの18項目にわたるチェック項目があり、全項目80％以上（外部保証は必須なので、この項目のみ100％）の達成度と認められれば、SDGインパクトのシール（認証）が与えられる。このチェック項目を公開することで、より多くの投資家はじめ関係者がインパクトマネジメントを投資プロジェクトのスタート段階からビルトインすることをねらったものであろう。

図表 7 – 4　投資家向けSDGインパクト実践基準

> 戦略とゴール設定
> ・ファンドの意図、SDGインパクトの狙いと目標
> ・ガバナンスと文化
>
> インパクト測定と管理
> ・ステークホルダーの見解の取り込み
> ・データ収集と管理
> ・インパクトの評価手法とSDGsとの整合性
> ・品質管理の手法
> ・継続的学習と改善
> ・事前インパクト測定と意思決定
> ・投資への組み込み
> ・事後のインパクト測定、管理、評価
>
> 透明性と説明責任
> ・インパクトに関する情報公開
> ・外部への報告
> ・外部保証

出典："The SDG Impact Practice Standards　Private Equity Funds - CONSULTATION DRAFT: SEPTEMBER 2019" Impact Management Project Structured Network　（和訳は筆者）

　SDGインパクトの特徴であり重要なポイントとして、実質的効果がないのにインパクトを生んでいると主張する、いわゆるインパクトウォッシュを防ぐために、UNDPが定める認証機関による認証を与える（インパクトシールの付

与）制度にするという点がある。確かに、ブームに乗ってSDGsへのインパクトを標榜するだけの、うわべのイメージづくりに用語としてインパクトが濫用されることは排除されるべきである。そのために基準を設けて認証を与えるのも一法である。しかし、認証制度には功罪がある。このSDGインパクトの認証も含め、認証はパフォーマンスではなくプロセスに対して与えられることが通例である。すると、認証取得のためだけにプロセスを整える形式主義がはびこる傾向があり、結果的にはコンサルティング会社や認証機関だけが経済的利益を得て、皮肉なことに実質的なインパクト（効果）を生まない結果になってしまうことも懸念される。

　実際に役立つ仕組みの一例として、UNDPには、MDGsの時代から実施されてきた、BCTAという制度がある[7]。企業からの申請を受けて、真に課題解決になるか、他の企業の参考となるものであるか、などのUNDPによる審査を経て、登録された優良事例をウェブサイトで公表するものである。日本企業も含め世界の企業の独自性の高い多様な先進事例が紹介されており、事例からインスピレーションを受けることも多かった。

　また、SDGインパクトは、レポーティングやベンチマーキングに関わる有力な世界の機関・組織[8]を巻き込んで、SDGs投資のインパクト測定・評価に関するグローバル基準を策定しようという、野心的なプログラムである。ドラフト版の発行主体はUNDPであるが、UNDPは2,000以上の組織が参加する、この分野で世界最大のイニシアチブ、IMP（Impact Management Project）の中核をなすネットワーク組織の一員であるとの注釈がついており、連携重視の姿勢を強調している。いずれにせよ、国連最大規模の組織であり、SDGs達成が元々のミッションとピタリ重なり合うUNDPが主導するものであり、認証というハードルを持ちながらどれほど広く浸透するかを含め、今後の展開が注目される。

7　"Business Call to Action"の略で、参加企業の取組みはUNDPのウェブサイト（https://www.undp.org/content/undp/en/home/partners/private_sector/BCTA.html　2020年1月7日アクセス）に掲載されている。

8　例えば、OECD, IFC, SASB, GRI, Global Compact, PRI, World Benchmarking Alliance, UNEP FINANCE INITIATIVEなどを含んでいる。

国連機関はSDGsに関して企業の持つイノベーション力に大きな期待を寄せている。UNDPのBCTAが企業の取組みのベンチマーク設定の試みとしては第一段階であったし、それをさらに発展させたSDGインパクトも、このイノベーションへの期待の文脈で捉えられる。シュタイナー総裁は、SDGインパクトのねらいについて次のように語っている[9]。

「SDGインパクトはSDGsに関する投資やインパクト測定・活用を促進し、全ての資本の流れがSDGs達成につながる環境をつくるためのものである。従来UNDPは課題解決を公的セクター中心に考えていたが、新しい経済、新たなビジネスモデルを構築し、SDGs達成に資する投資に対する障壁を取り除き、経済全体をトランスフォームすることで世界の課題解決につなげたい。」

UNDPは、Society5.0 for SDGsのコンセプトのもとSDGsに積極的に取り組む経団連との間で、2018年11月にMOU（相互協力に関する覚え書き）を交わした。2019年には、アクセラレータ・ラボを60ヵ国・地域で立ち上げ、イノベーションや起業家精神を高揚し、全く新しいスキル・イノベーションを生むための情報共有のネットワークづくりをめざして始動した。国連最大の規模を誇り多大な影響力を持つ機関として、シュタイナー総裁は、イノベーションを重視して大きな方向転換のかじ取りをしている。SDGインパクトはその意味で重要なステップなのである。

⑷　企業によるインパクト評価の試み

国連や国際機関などの側だけではなく、企業自身の側でもSDGsに取り組むうえで、自らのインパクト評価の枠組みを構築しようとの動きが出てきている。先進的に取り組む企業の事例として、ユニリーバと武田薬品工業のケースを紹介したい。

SDGsに企業が取り組む意義や、企業経営の立場からインパクト評価の重要性を示唆してくれるのは、ユニリーバの戦略であろう。自社が社会に存在する目的・意義（パーパス）の実現を一貫して追求し続け、確固たるパーパス・ド

9　2019年7月15日にニューヨークで開催された、UNDPと経団連との共催シンポジウムでのシュタイナー総裁のスピーチより、本稿に関連する部分を関がまとめたもの。

リブンの経営哲学を実践している企業の代表格である。同社は2010年から Unilever Sustainable Living Planを戦略にかかげている。SDGsを先取りしたその目標に掲げられているのは、10億人の人々の生活を向上させる、環境負荷を半減する、数百万人の（サプライチェーンにおける）人々の暮らし向きを改善する、という社会的インパクトそのものである。

　前CEOのポール・ポールマン氏はこの戦略をとる理由について、「受託者責任は株主第一を意味するのではない。世界の市民の生活を向上させ、持続可能なソリューションを提供し続けることで、消費者や社会のニーズとシンクロさせれば、それが最終的に株主へのリターンにつながると考えている。」と述べている[10]。実際に、経営としてなすべき判断を誤らせるからという理由で、就任直後に4半期決算の発表を廃止したポールマン氏の決断は、結果的に中長期的な企業価値向上という実績を残したことで正しかったことが証明された。ポールマン氏を引き継いだアラン・ジョープ氏もこの考えを引き継ぎ、パーパス・ドリブンの経営は収益を犠牲にするのではなく収益を拡大させるものであり、CEOとしてユニリーバの1世紀にわたる責任あるビジネスをさらに推し進める、としている。

　経営のパフォーマンスを示す媒体はこれまでは財務報告書であったが、「非」財務情報開示ツールとして発行が一般化したサステナビリティ・レポートに加えて、最近発行企業数が増えてきているのが財務・非財務を統合した統合報告書である。統合報告はまだ発展途上であるが、今後ユニリーバのようなサステナビリティを経営戦略の中核に置き、パーパス・ドリブン経営を進める企業や、投資家などステークホルダーにとってますます重要な報告スタイルとなるであろう。そして、パーパス・ドリブン経営の成果を示すものとして今後注目度がアップするのが、インジケータとしてのインパクト指標であると考えられる。

　なお、インパクトの測定・評価方法は、業界によって前提条件の違いがあり一律とはいかないであろう。一番の理由は、業種によってマテリアルな（事業との関連が強い重要な）インパクトエリアが異なるからである。例えば、薬品

10　2019年11月22日の、ユニリーバのロッテルダム本社訪問時の同社幹部へのヒアリングから。

会社にとっては世界中の患者が医薬品にアクセスできることは、マテリアルな取組みテーマである。世界の大手製薬会社のこの分野での取組みを評価し順位づけをするAccess to Medicine Indexという評価制度があり、2年ごとに評価結果が発表されている。直近2018年の評価において最も順位が上昇した企業である武田薬品工業株式会社は、この分野でのインパクト評価方法確立にも積極的に取り組んでいる。同社のサステナビリティ報告書"2019 SUSTAINABLE VALUE REPORT"（Takeda Pharmaceutical Company Limited 2019）等で紹介されている、同社のインパクト測定フレームワーク（Impact Measurement Framework）構築の取組みは、注目すべき先進事例である。

　武田薬品は、このフレームワークを米国のDuke大学と共同で開発している。ヘルスケア業界での標準ツールとして広く通用するものを策定する予定で進めており、既に同業者、ヘルスケア関連団体、政府、NGOからのインプットも得て開発を完了し、テストしたうえで2年以内に公開する予定である、としている。こうしたオープンなプロセスで外部機関と共同開発を行うことは、一貫性、高い透明性、独立性のあるものとして、その評価結果の信頼性を高めることに寄与する。この点は、手段と目的を取り違え単にブームに乗っただけの企業による「インパクトウォッシュ」の懸念が表明される昨今の状況下では、特に重要なポイントといえる。また、同社はこの評価体系の確立の真のねらいを、広くヘルスケア業界で共通のインパクト測定手法を確立することで、患者の生活向上に資すること、としており、共有されるべき企業主導の動きであると評価できる。さらに注目すべきは、ビジョン、バリューを重視してパーパス・ドリブン経営を進める企業である同社が、上記報告書の9頁において示すように、経営として究極の目的である自社のESGトータルでの創出価値を、数値化して見える化する試みにも挑戦している点である。

　誰かがルールやフレームワークを作ってくれるのを待つのではなく、武田薬品のように企業が自らインパクト評価を試みること、そしてさらには業界でのグローバルな開示基準を樹立しようとリーダーシップを発揮することも、SDGsに取り組むこれからの企業に求められている点であることを強調しておきたい。

3　ESG投資家が求めるインパクト評価と情報開示

⑴　日本国内でのサステナブル・ファイナンスの歴史

　日本におけるSRI（社会的責任投資）の元年は1999年といわれ、「エコファンド」と呼ばれるSRI投資信託の商品が初めて開発され、国内で販売された。エコファンドは、環境にやさしい経営を行う企業を組み込んだ投資信託商品であり、一定の個人投資家層に共感をもって受け入れられて現在に至っている。また、2008年に大和証券から発売されたワクチン債など、2010年以降は社会貢献債券と呼ばれる環境や社会に配慮した債券型の投資が人気を集め、一時は株式投資型を上回るほどのウェイトを占めるようになった。

　しかし、いずれにせよSRI商品の購買層は個人投資家が中心で、投資残高全体に占めるSRIのウェイトはきわめて小さく、ニッチな投資戦略の域を脱することはできなかった。この状況に大きな変化が現れ、サステナブル・ファイナンスのメインストリーム化が進むきっかけを作ったのは、2006年の責任投資原則で提唱されたESG投資の動きである。

　ESGとは、2006年にUNEP FI（国連環境計画金融イニシアチブ）が立ち上げた責任投資原則（PRI）のなかで提言された考え方である。環境（E）、社会（S）、ガバナンス（G）の3要素が、運用ポートフォリオのパフォーマンスに影響を及ぼすことが可能であり、また同時にこの原則適用によって投資家が広範な社会の目的を達成することが可能である、としたうえで、受託者責任に反しない範囲で六つの原則にコミットすることを宣言するものである。

図表 7 － 5　　責任投資原則

私たち機関投資家には、受益者のために長期的視点に立ち最大限の利益を最大限追求する義務がある。この受託者としての役割を果たす上で、（ある程度の会社間、業種間、地域間、資産クラス間、そして時代毎の違いはあるものの）環境上の問題、社会の問題および企業統治の問題（ESG）が運用ポートフォリオのパフォーマンスに影響を及ぼすことが可能であることと考える。 さらに、これらの原則を適用することにより、投資家たちが、より広範な社会の目的を達成できるであろうことも認識している。 したがって、受託者責任に反しない範囲で、私たちは以下の事項へのコミットメントを宣言する。

1 ．私たちは投資分析とその意思決定のプロセスにESGの課題を組み込みます。

2 ．私たちは、活動的な（株式）所有者になり、（株式の）所有方針と（株式の）所有慣習にESG問題を組み込みます。

3 ．私たちは、投資対象の主体に対してESGの課題について適切な開示を求めます。

4 ．私たちは、資産運用業界において本原則が受け入れられ、実行に移されるように働きかけを行います。

5 ．私たちは本原則を実行する際の効果を高めるために、協働します。

6 ．私たちは、本原則の実行に関する活動状況や進捗状況に関して報告します。

出典：責任投資原則（日本語版）　UNEP FI, 2006年

　2006年 4 月に公表されたこの原則には、 2 カ月後の2006年 6 月末時点で世界79の機関が署名し、日本からは、住友信託銀行、損保ジャパン、大和投資信託委託、三菱UFJ信託の四つの運用機関に加えて、資産所有者としてキッコーマン年金基金が署名した（河口　2006： 2 頁）。

　その後、署名機関数は飛躍的に拡大し、PRIのホームページによれば2019年12月現在、世界で2,515、日本で77機関が署名している。この署名機関数の飛躍的増大に連れて、投資の世界での影響力も大きく増大している。とりわけ、国内外で注目を集め大きな影響をもたらしたのは、世界最大の政府年金基金である日本のGPIF（年金積立金管理運用独立行政法人）が2015年にPRIに署名

したことであろう。世界の主な政府年金基金が早くからPRIに署名するなかで出遅れていたGPIFが署名したことは、ESG投資がもはやニッチな投資戦略とは呼べなくなったことを象徴的に示すものであった。そして、PRIの原則の4に「私たちは、資産運用業界において本原則が受け入れられ、実行に移されるように働きかけを行います。」とあるとおり、GPIFは実際にESGインデックスを採用するなどして積極的に影響力を行使するとともに、ESG投資を通じてSDGs達成に貢献することを表明している。

国内では、GPIFのPRIへの署名と前後して、アベノミクスの経済政策の一環として、中長期的な日本企業の企業価値向上をねらった2014年の機関投資家向けスチュワードシップ・コード、2015年の上場企業向けコーポレート・ガバナンス・コードの策定も、政策的誘導として効果的であった。結果として中長期的企業価値向上をめぐる機関投資家と企業との対話が促され、その中でESG項目も対話の対象とされたこともあって、国内でのESG投資残高は急拡大している。

(2)　受託者責任論の変遷

SRIからESGへと、責任投資拡大の大きな背景となったのが、受託者責任論の転換である。伝統的な受託者責任論では、運用成果すなわち経済的リターンを最大化することが運用受託者の委託者に対する義務であり、運用の意思決定において環境や社会に対する配慮などを組み込むのはその義務に反するとされ、長い間、機関投資家がサステナブル・ファイナンスに取り組まない理由であり続けた。しかし、PRIへの伏線として2005年にUNEP FI金融イニシアチブに提出された意見書[11]によって、受託者責任論の転換が主張された。すなわち、ESGは中長期的な経済的リターンに影響を与えるものであって、投資分析においてESGを考慮することは「あきらかに許容されるべきことであり、議論の余地はあるもののむしろ要請されるべきである」とした。そこで、2006年のPRIにおいては、署名機関は「受託者責任に反しない範囲内で」投資家として本原

11　出典は、ロンドンに本拠を置き、世界で最もサステナブルな法律事務所を目指しているフレッシュフィールズ・ブルックハウス・デリンガー法律事務所が提出した意見書「機関投資家における環境・社会・ガバナンス課題の統合のための法的フレームワーク」2005年10月

則を採用し実行する、と宣言している。その後、2015年に発表された報告書「21世紀の受託者責任」（UNEP金融イニシアチブ、PRI、国連グローバル・コンパクトおよびUNEPインクワイアリー）では、ESG投資の拡大[12]を背景としこの考え方を進めて、「投資実務において、環境上の問題、社会の問題および企業統治の問題など長期的に企業価値向上を牽引する要素を考慮しないことは、受託者責任に反する」とした。受託者責任論の解釈は、正反対の方向へと転換を遂げてきたことになる。

　しかし、この変化は実際に起きているESG投資主流化への動きを背景としていることは間違いないとはいえ、当然ながら現実の投資家の哲学や戦略は決して一様ではない。「21世紀の受託者責任」報告書でも、まだこの分野では課題が多いとし、以下の諸点を指摘している。受託者責任論の転換のジャーニーは決して終わってはいない。

・特に米国に多い「時代遅れの」従来からの受託者責任論の信奉者が存在する
・ESGインテグレーションの定義が明確さを欠く
・ESGと投資パフォーマンスとの関連性の程度など知見が十分でない
・責任投資を行う投資家が、説明責任を十分果たしていない
・企業側の報告に一貫性がなく、財務上の重要性についての分析が不十分
・責任投資に関する法令や業界の行動規範の実行・監督などが不十分

　受託者責任論転換の背景の一つとなっているのが、気候変動をめぐる状況である。すでに気候非常事態という宣言を世界の1,400以上の自治体等が発しており、国内でも2019年12月6日に長野県が都道府県レベルで初めて宣言を発表した。脱炭素社会を実現することは全ての組織共通の緊急課題となっており、企業にとっても気候変動に取り組むことは、自らのリスクと機会に関わる問題となった。TCFD（気候関連情報開示に関するタスクフォース）[13]が明言しているように、企業が開示する気候関連情報はもはや「非財務情報」ではなく投

12　地域的に最もサステナブル・ファイナンスが進んでいるEUでは、全運用資産のうち50％以上をサステナブル・ファイナンスが占めるまでになっている。ちなみに、日本でも急拡大を遂げつつあるが、未だにその割合は18％ほどに過ぎない（GSIA 2019）。

資家としての意思決定に欠かせない「財務情報」そのものであり、企業のリスクとオポチュニティに深く関わる。この認識は世界で共通のものとなった。

(3) ポジティブ・インパクト金融原則と責任銀行原則

SDGs の達成に向けた金融のあり方を示すものとして、2017年1月にUNEP FIで「ポジティブ・インパクト金融原則」が策定された。これは、企業が行うSDGs達成に向けた取組みを金融面で支援するための枠組みであり、企業がビジネス機会を引き出し、SDGs達成に向けての資金調達のギャップを埋めることをねらったものである。

定義、枠組み、透明性、評価の4原則からなるこのポジティブ・インパクト金融原則では、持続可能な発展の3側面である経済・環境・社会を視野に入れるとともに、それらに対するプラスの貢献とマイナスの影響の緩和の両側面に言及していることに留意が必要である。原則1（定義）において表題はポジティブ・インパクトとしているが、資金調達のサービスを提供する対象プロジェクトのインパクトについて、プラス・マイナスの総合的な分析・判断をすることを求めている。

また、原則2（枠組み）および原則3（透明性）では、ポジティブ・インパクト金融によって生まれるインパクトを特定しモニターするための枠組み（プロセス・基準・方法）づくりを金融機関に求めている。なおその際に、分析枠組みとその結論についての透明性と開示（定期的報告など）を要請しているが、インパクト評価に用いる手法やツールに関しては指定をしていない。

そして原則4（評価）において、ポジティブ・インパクト金融について、多様なポジティブ・インパクトがもたらされるかどうか、十分大きなインパク

13　2015年のG20財務大臣・中央銀行総裁会合での要請を受け、イングランド銀行総裁のマーク・カーニー氏が議長を務める金融理事会（FSB）がタスクフォースを設置して検討した、気候に関する財務情報開示の動き。元ニューヨーク市長のマイケル・ブルームバーグ氏がこのタスクフォース（TCFD：Taskforce on Climate-related Financial Disclosure気候関連財務情報開示に関するタスクフォース）の議長となり、企業、金融機関、保険会社などの民間委員が参加してまとめあげた。報告書では、気候変動の移行リスクと物理リスクおよび機会について、財務報告にて開示するよう求めている。そして、ガバナンス、戦略、リスク管理、指標及び目標、という4つの中核的要素項目について、推奨される情報開示のあり方を示している。

トが生まれているか、などの評価の必要性を述べている。その際に、ポジティブ・インパクトの特定・評価・管理の一連のプロセスに関しては、内部評価だけではなく第三者評価も有効であると付け加えている。

　ポジティブ・インパクト金融原則に続き、インパクトを重要なキーワードとしたUNEP FIの責任銀行原則が、2019年9月に発表された。UNEP FIとして、2006年の投資家向けの責任投資原則（PRI）、2012年の保険会社向けの持続可能な保険原則（PSI）に続く、銀行の行動原則を定めたものであり、26の銀行が起草に携わった。本稿との関係では、6つの原則からなるその原則の第2に、「インパクト評価を行う」とある。

　筆者は2019年 11月 19日にストックホルムにて、この原則の起草に加わっていた北欧をベースとするNorges Bankを訪問し、ヒアリングを行った。Norges Bank では、原則2のインパクト評価については、2023年までにはその結果を公表する予定、とする。自らの投融資によってポジティブ・インパクト、ネガティブ・インパクトがどこに生じるかをみる。中心テーマは気候変動であり、例えば投融資先企業が再エネにどれだけ投資して、そのインパクトがどれくらいになるかを評価して投資判断に用いる、といったことが考えられる、とのことであった。今後3年をかけて取り組む計画であり、詳細はこれから、とりあえずテーマは気候変動に限定、というのが実際のところであった。

　いずれにせよ、SDGs採択を契機として、以上のように世界の金融機関が自らの投融資がもたらすインパクトについて評価し公表することにコミットする流れが明確になってきている。

⑷　新たな動きとしてのWBA（World Benchmarking Alliance）

　WBA（World Benchmarking Alliance）は、国連財団、オランダ政府、英国政府、デンマーク政府の資金拠出を得て、SDGsの達成に資する大きなインパクトを生んでいる企業を選定してベンチマークにしようと動いている。2018年に立ち上げられ、2023年までにさまざまな業種の、強い影響力をもつ企業2,000社について評価を行って、ベンチマークとすべき企業を選定して発表する。現在、まず農林水産業についての作業を進めている。

　この動きの中心人物で、オランダ政府で持続可能な貿易を担当していたこと

もあるWBA Executive DirectorのMr. Gerbrand Haverkamp によれば、ヨセミテ公園にたった一匹の狼が戻ったことにより、当地の生態系が大きく変わり復元された。それと同様に、（業種ごとに）先進的な一社の存在が大きく企業の取り組み全体に影響を及ぼすことを願っているという[14]。

　注目すべきは、この取組みに、実に数多くの賛同主体が集っていることである。しかも資金拠出している欧州 3 カ国に加えて、WBCSDやICCなどの企業団体から、AVIVAなど個々の金融機関、WWFなどのNGO、UNICEFやIFCなどの国連機関、CDPやEIRISなど投資情報機関、GIINなどインパクト評価関連機関に至るまで、実に幅広い主体が趣旨に賛同して加わっている。SDGsに取り組む、あるいはこれから取り組もうとする企業が増え投資家側でもSDGsを意思決定に組み込む動きが出るなかで、インパクトに着目して企業の取り組みを測る新しいものさしを作り出そうとする動きとして、WBAは存在感を示している。

　WBAが問題意識を持っているのは、現在のESG投資においては、投資家も企業もいずれも企業価値の向上のみに関心が集中している点である。換言すればESG情報は企業価値に関係する限りにおいて参照されているに過ぎない。メインストリーム投資家の多くは企業価値が上がれば、つまり投資リターンが上がればそれでよく、極論すれば社会的インパクトを生むかどうかにはあまり関心がない。従ってESG情報に関しても、企業価値を毀損しかねないリスク要因としてのガバナンスと、事業戦略に組み込まれたオポチュニティ要素としての気候変動情報にもっぱら目が行き、それ以外の開示情報はあまり見ていないという傾向がある。企業の側も、そうした投資家に高く評価されたいためにESG情報の開示手法に腐心するだけで、肝心の意思決定や行動を変えようとはしない。こうした現在のESG情報開示と企業や投資家の意思決定のあり方に一石を投じようというのが、WBAの考え方だと解釈できる。

　WBAの野心的な試みが、今後企業側のESG情報開示や投資家の意思決定にどのような影響を及ぼすのかは、現段階では明らかでない。WBAの評価が説得力をもち、関係者に共感をもって受け入れられるものになるかどうかがカギ

14　2019年11月21日、アムステルダムでのWBAとの意見交換ミーティングにて。

となろう。メインストリーミングの過程とは、そういう地道な努力と承認の積み重ねである。いずれにせよ、今後の展開が各方面から注目されているイニシアチブだ。

4　今後に向けての課題と展望

　すでにSDGs採択から4年が経過したが、2019年9月に開催された国連SDGsサミットに合わせて発表されたレポート（United Nations 2019）で、国連はこれまでの進捗状況に関して、取組みは進展したが達成状況に偏りや遅れがあり、目標別にみると、極度の貧困、子どもの死亡率、電気・水へのアクセス等で進展が見られる一方、飢餓、ジェンダー、格差、生物多様性、環境破壊、海洋プラスチックごみ、気候変動、災害リスクへの対応に遅れが見られる、としている。そして総括として、あるべき姿からは程遠く今取組を拡大・加速しなければならないとし、2030年までをSDGs達成に向けた「行動の10年」にしようと呼びかけている。そのために、同レポートではこれまでに有効性を学んだこととして、今後のSDGsの達成に向けて重要な以下のキーワードを挙げている。

・ファイナンス
・リジリエンス
・持続可能で包摂的な経済
・より効果の大きいソリューション
・地域での行動
・データの活用
・科学技術とイノベーション、とりわけデジタルトランスフォーメーションの加速

　これを見ても、企業が生み出すイノベーションとそれを支える投資の拡大への期待の大きさが理解できる。そこで、そのためにインパクト評価を企業行動や投資行動に組み込むための今後の課題を考えてみると、以下の諸点が挙げら

れる。

①　SDGsの背景・理念などSDGsの本質的理解と、企業の役割の重要性およびSDGs投資の必要性に関する認識を広めること

②　インパクト評価に関する共通言語（共通理解や基本原則）が、一部の専門家の間だけではなく幅広い主体の間で確立されること

③　インパクト評価に関して開発される様々な手法やツールが、共有のナレッジとして利用可能な形で蓄積され活用されること

④　企業によるSDGsに貢献するインパクトの創出・拡大が、より大きな企業価値向上につながることを実証するデータが集まること

⑤　受託者責任とSDGsとの関係の議論が深まること（特に、気候変動以外のテーマで企業価値や投資リターンとの関連が分析され理論づけられること）

⑥　理論構築（研究者）と実務（企業人・投資家など）との間の懸け橋が有効に機能し、理論の学習と実務への適用・実証と再理論化のサイクルが有効に機能すること

⑦　インパクト評価のスキルをもつ人材が、行政・企業・投資家・研究者・市民社会など様々なセクターのなかで育成され行き渡ること

　特に、実務上で指摘されているのは、インパクト評価の基本や実施ノウハウの理解不足と人材の不足である。前出の国連グローバルコンパクト・ネットワーク・ジャパンによる会員アンケート調査結果でも、企業としてのSDGs推進における課題として「定量的な指標など評価方法がわからない」という声が多く寄せられている。

　こうした中で、最近の動きではあるが、SDGsへの貢献を見える化するインパクト評価の枠組みが提案され、評価・開示に関して企業や投資家などが活用可能なツールも開発されつつある。本章で紹介したもの以外にも、Impact Management Project（IMP）が提唱する基準やGRIと国連グローバル・コンパクトが発表した"Business Reporting on the SDGs"をはじめ、枚挙にいとまがない。

　しかし、実際のところ、評価を実施する企業や投資家の期待に反して、数多く存在する評価手法やツールは一つに収れんしていないし、今後も一つに収れんすることはないであろう。そのかわり、インパクト評価・開示など一連のサイクルをマネジメントするための共通原則や共通基準が形成され、それらは一定程度収れんすると考えられる。この共通原則をふまえて、評価手法やツールは、それぞれの実施主体がイシューや場面に応じて適切なものを用いることになろう。なお、その際には、WBAが目指し、また武田薬品が提起しているように、業界ベースで統一の評価手法が形成されることが望ましい。

　いずれにせよ、インパクト評価の理解と実践を普及浸透させていくことは、時間もかかり一見遠回りのようであるが、SDGs達成のためには必要なことである。現在はまだその必要性が理解され始め関心が高まってきた段階であり、これから個別ケースでの有効性検証と一般化の作業の繰り返しのなかで洗練させていかなければならない状況である。SDGsは2030年で目標年度を終了するが、間違いなく後継としての「ポストSDGs」に引き継がれることであろう。その頃には、インパクト評価は関係者間で共通の理解となって当然のことのように実践されていると期待したい。あらゆるセクターが参画して、意味のある大きな変化を起こすために、共通言語としてインパクト評価は必要不可欠なものだからである。これまでの常識を脱却し、長期的視点をもった行動で現代の試練を乗り越えて、未来の人間中心の持続可能な社会を手に入れられるかどうか、私たちは分岐点に立っている。インパクト評価はその成否のカギを握るテーマといっても過言ではない。

参考文献

SDGs推進本部（2019）「SDGs実施指針改定版」（2016年12月22日SDGs推進本部決定、2019年12月20日一部改定）。

河口真理子（2006）「SRI最新動向―本格的テイクオフ間近か？」『大和総研経営戦略情報』2006年 8 月29日号、 1 ～10頁。（www.daiwa-grp.jp/csr/publication/pdf/060904sri.pdf#search=　2020年 1 月 7 日アクセス）

日本経済団体連合会（経団連）（2017a）「企業行動憲章」（2017年11月 8 日　第 5 回改定）、経団連。（http://www.keidanren.or.jp/policy/cgcb/charter2017.html　2020年 1 月 7 日アクセス）

日本経済団体連合会（経団連）（2017b）「企業行動憲章実行の手引き　第 7 版」（2017年11月 8 日）、経団連。（https://www.keidanren.or.jp/policy/cgcb/tebiki7.pdf#search=　2020年 1 月 7 日アクセ

ス）

日本経済団体連合会（経団連）（2020）「ESG投資の進化、Society5.0の実現、そしてSDGsの達成へ（課題解決イノベーションへの投資促進に向けた経団連、東京大学、GPIFの共同研究報告書）」（2020年3月26日）。

マムムド・モヒルディン（2019）「企業との連携を通じたSDGsの達成」『月刊経団連』2019年11月号、30-31頁。(https://www.keidanren.or.jp/journal/monthly/2019/11/p30.pdf　2020年1月7日アクセス)

Business & Sustainable Development Commission (BSDC) (2017) *Better Business Better World :The report of the Business & Sustainable Development Commission* . London: BSDC. (http://report. businesscommission.org/uploads/BetterBiz-BetterWorld_170215_012417.pdf　2020年1月7日アクセス)

European Commission (2011) *Communication from the Commission to the European Parliament* , *the Council* , *the European Economic and Social Committee and the committee of the Regions : A renewed EU strategy 2011-14 for Corporate Social Responsibility.* (Brussels, 25.10.2011 COM (2011) 681 Final.) (https://eur-lex.europa.eu/legal-content/EN/TXT/PDF/?uri=CELEX:52011DC0681　2020年1月7日アクセス)

Freshfields Bruckhaus Deringer (2005) *A legal framework for the integration of environmental, social and governance issues into institutional investment.* London: Freshfields Bruckhaus Deringer. (https:// www.unepfi.org/fileadmin/documents/freshfields_legal_resp_20051123.pdf　2020年1月7日アクセス)

Global Reporting Initiative and United Nations Global Compact (2017) Business Reporting on the SDGs: An Analysis of the Goals and Targets. (https://www.globalreporting.org/resourcelibrary/GRI_ UNGC_Business-Reporting-on-SDGs_Analysis-of-Goals-and-Targets.pdf　2020年1月7日アクセス)

GRI, UN Global Compact and WBCSD (2015) *SDG Compass: The guideline for business action on the SDGs.* (https://sdgcompass.org/wp-content/uploads/2015/12/019104_SDG_Compass_Guide_2015. pdf　2020年1月7日)（邦訳、グローバル・コンパクト・ネットワーク・ジャパン・IGES『SDG Compass: SDGsの企業行動指針―SDGsを企業はどう活用するか』(https://sdgcompass.org/wp-content/uploads/2016/04/SDG_Compass_Japanese.pdf#search=%27SDG+Compass%27　2020年1月7日アクセス)

GSIA (2019) *2018 Global Sustainable Investment Review.* (http://www.gsi-alliance.org/wp-content/ uploads/2019/03/GSIR_Review2018.3.28.pdf　2020年1月7日アクセス)

IGES（2019）『SDGs調査レポートVol.3: 主流化に向かうSDGsとビジネス～日本における企業・団体の取組み現場から～』公益財団法人地球環境戦略研究機構（IGES）。(https://www.iges.or.jp/jp/ publication_documents/pub/policyreport/jp/6722/190219+【完成版】SDGsbizレポートweb.pdf 2020年1月7日アクセス)

Impact Management Project (2019) *The SDGs Impact Practice Standards Private Equity Funds, Consultation Draft: September 2019.* (https://sdgimpact.undp.org/assets/UNDP_SDG-Impact-Practice-Standards-for-PE-Funds-SEP-2019-CONSULTATION-DRAFT-FINAL.pdf　2020年1月7日アクセス)

ISO（2010）ISO 26000 :2010 ―Guidance on Social Responsibility. Geneva:ISO.（https://www.iso.org/obp/ui/#iso:std:iso:26000:ed- 1 :v1:en 2020年 1 月 7 日アクセス）（邦訳、ISO/SR国内委員会監修・日本規格協会編『ISO 26000:2010－社会的責任に関する手引き』日本規格協会、2011年）

Natural Capital Coalition（2017）*Natural Capital Protocol.*（日本語訳　https://naturalcapitalcoalition.org/wp-content/uploads/2017/02/NCC_Protocol_AW_Japanese_Book2.pdf　2020年 1 月 7 日アクセス）

Social & Human Capital Coalition（2019）*Social & Human Capital Protocol.*（https://docs.wbcsd.org/2019/02/Social_and_Human_Capital_Protocol.pdf　2020年 1 月 7 日アクセス）

Takeda Pharmaceutical Company Limited（2019）*2019 SUSTAINABLE VALUE REPORT.*（https://www.takeda.com/jp/corporate-responsibility/Sustainable-Value-Report/　2020年 1 月 7 日アクセス）

TCFD（Taskforce on Climate-related Financial Disclosure）（2017）Recommendations of the Task Force on Climate-related Financial Disclosures.（https://www.fsb-tcfd.org/wp-content/uploads/2017/06/FINAL-2017-TCFD-Report-11052018.pdf　2020年 1 月 7 日アクセス）

UNEP FINANCE INITIATIVE（2017）THE PRINCIPLES FOR POSITIVE IMPACT FINANCE　- A COMMON FRAMEWORK TO FINANCE THE SUSTAINABLE DEVELOPMENT GOALS.（https://www.unepfi.org/wordpress/wp-content/uploads/2017/01/POSITIVE-IMPACT-PRINCIPLES-AW-WEB.pdf　2020年 1 月 7 日アクセス）

UNEP FINANCE INITIATIVE（2019）PRINCIPLES FOR RESPONSIBLE BANKING.（https://www.unepfi.org/banking/bankingprinciples/ 2020年 1 月 7 日アクセス）

United Nations General Assembly（2015）. *Transforming our world: The 2030 agenda for sustainable development.*（https://www.un.org/ga/search/view_doc.asp?symbol=A/70/L.1　2020年 1 月10日アクセス）（邦訳、外務省仮訳「私たちの世界を変革する　持続可能な開発のための2030アジェンダ」（2015年 9 月25日第70回国連総会で採択、国連文書A/70/L.1）（https://www.mofa.go.jp/mofaj/files/000101402.pdf　2020年 1 月10日アクセス）

United Nations（2019）*The Sustainable Development Goals Report.*（https://unstats.un.org/sdgs/report/2019/The-Sustainable-Development-Goals-Report-2019.pdf　2020年 1 月 7 日アクセス）

WBCSD（2013）*Measuring socio-economic impact - A guide for business.*（https://www.wbcsd.org/Programs/Redefining-Value/External-Disclosure/Reporting-matters/Resources/Measuring-Socio-Economic-Impact-A-guide-for-business　2020年 1 月 7 日アクセス）

第 8 章

成果連動型契約とインパクト評価

塚本　一郎

　本章では、成果連動型契約の公共サービスへの導入が比較的早い時期から開始され、一定程度の先行研究の蓄積もあり、政府内でも効果検証が行われてきた英国のPayment by Results（PbR）の事例を主に扱う。PbRにおいて、アウトカム（成果）を定量的あるいは定性的に評価することは、契約の重要な構成要素である。一方で、契約上設定されたアウトカムの成果量のみをインセンティブにすることが、社会問題の背景にある複雑な要因の軽視や、短期的に成果の上がりにくい、より困難を抱えた人々のサービスからの排除につながるリスクも否定できない。成果連動型契約が公共サービス供給システムあるいは公共政策のツールであることからすれば、成果連動型契約の主要な構成要素であるインパクト評価が、成果連動型契約を通じた政策効果にもたらす影響にも注意を払う必要がある。

　アウトカムベースの成果連動型契約方式にニーズベースの要素も組み込み、その政策ツールとしての有効性を強化していくためには、インパクト評価の手法の改善とともに、インパクト評価をプロセス評価や定性的評価と組み合わせて実施していく方向性も検討されるべきであろう。

1　成果連動型契約の台頭

(1)　成果連動型契約の台頭

　2000年代以降、ニュー・パブリック・マネジメント（New Public Management：NPM）型の行政改革が進んだ欧米諸国、特に英国や米国では、公共サービス改革の一環として、成果（アウトカム）に連動して対価を支払う成果連動型契約が様々な公共サービス分野に導入されてきた[1]。成果連動型契

約において、サービス提供への支払いは、サービスのインプット、アウトプット、プロセスより、むしろ達成された成果（アウトカム）に結び付けられる（Cabinet Office 2011：p.9）。成果連動型契約は、payment by results（PbR）、pay for success（PFS）, outcome-based commissioning, outcome-based paymentなど、様々な呼称で表現される。成果連動型契約の適用分野も、保健医療や就労支援、国際開発援助等、多岐に渡り、契約形態も多様であり、標準化されたアプローチが存在するわけではない。そのため単一の定義を当てはめるのは難しいが、少なくとも、成果連動型契約には、①成果に基づく支払い（payment based on results）、②受領者（recipients）（支払いを受けるサービス提供者）における裁量性（成果の達成度をどうするかの決定が利用に委ねられる〔サービス提供者の成果次第で支払額が変えられる〕）、③支払いの誘因となる成果の証明（verification of results as the trigger for disbursement）という主要な特徴が挙げられる（Perrin 2013：p.1）。

　近年、日本国内でも、成果連動型民間委託が成長戦略の一環に位置付けられ（日本経済再生本部2018：13頁）、民間資本を活用して成果連動型社会サービスを提供するソーシャル・インパクト・ボンド（social impact bond：SIB）（以下、SIB）（塚本・金子編著　2016）の実験的事業と相まって、関心が高まりつつある。2015年以降、経済産業省、厚生労働省、横浜市（公共経営・社会戦略研究所　2019a；2019b）、神戸市（Tsukamoto and Sin 2019）、八王子市等の一部省庁や自治体でも、SIBを中心とした成果連動型契約の実験的事業や、SIB契約を想定した社会的インパクト評価のモデル事業が開始されており、法務省でも再犯防止のためのSIB案件組成が検討されている（みずほ情報総研2019）。政府は成果連動型契約を普及させるために、2018年の「未来投資戦略　2018」において、「行政コストを抑えつつ、民間ノウハウを活用して社会課題解決と行政効率化を実現する成果連動型民間委託契約方式の活用を促進す

1　英国では、2000年代から"New Deal Programme"と呼ばれる労働市場介入政策や、2004年頃から国営の国民保健サービス（National Health Service：NHS）分野において、成果連動型契約がすでに活用されていた（Battye 2015：190；Allen 2009：p.162）。また、すでに19世紀には、現在の成果連動型契約のコンセプトに近い制度が教育分野に導入されていたともいわれている（National Audit Office 2015：p.13）。

る」ことを謳い（日本経済再生本部　2018：13頁）、モデル事業の組成や評価指標の標準化、分野別あるいは分野横断的なガイドラインの策定等をめざすとしている（日本経済再生本部　2018：66-67頁）。政府は特に医療・健康、介護および再犯防止の 3 分野を成果連動型民間委託契約方式の普及を進める重点分野として位置づけ、将来的にはその他の分野への展開も視野にいれている。こうした公共サービス改革政策を推進するために、2019年 7 月には内閣府に「成果連動型事業推進室」が設置され（内閣府政策統括官　2019）、日本国内においても、成果連動型契約の普及・促進が進む基盤が形成されつつある。

(2)　成果連動型契約をめぐる混乱

　しかしながら、依然として、公共調達の担当者・利害関係者の間で、成果連動型契約の公共契約（public contract）[2] としての特徴や、英国等の成果連動型契約の活用の実態、それらの教訓から得られる政策効果や限界などが十分に理解、認識されているとはいいがたい。なかには成果連動型契約の一種とはいえ、民間資本を活用するSIBを成果連動型契約の典型とみなすような議論も散見される。このような理解では、例えば自治体が公共サービスの一部に既存の業務委託契約ではなく、成果連動型契約を導入する場合には、外部の民間投資家からの投資資金をサービス費用の調達に充てなければならないことになる。

　日本で成果連動型契約に関する理解が進まない背景には、そもそも国内では成果連動型契約に関する理論研究や実証研究の蓄積に乏しく、多くの公共部門の調達担当者にとっても未知、未経験の分野であるという現状がある。また成果連動型契約が公共サービス分野への普及が進んだ後に後発タイプであるSIBの組成が促進された英国とは対照的に、日本では成果連動型公共サービスが成熟化する前にSIBの実験的事業が推進されたという政治的文脈の相違も混乱の背景にある。

　したがって、本章では、成果連動型契約の公共サービスへの導入が比較的早

2　本章でいう「公共契約」とは、「国、地方公共団体、その他の公法人を一方当事者とする契約で、公共部門以外の者のなす有償による工事の完成若しくは作業その他の役務の給付又は物件の納入を内容とするもの、及び、公共部門以外の者に対する公共部門による有償による物件の譲渡等若しくは役務の給付を内容とするもの」（碓井2005：1 頁）を意味する。

い時期から開始され、一定程度の先行研究の蓄積もあり、政府内でも効果検証が行われてきた英国のPbRの事例を主な研究対象とする。PbRにおいて、アウトカム（成果）を定量的あるいは定性的に評価することは、契約の重要な構成要素である。アウトカムが適切に設定され、アウトカムを計測する公正で厳格な評価活動が機能しなければ、契約は「失敗」することになる。調達者である政府は、単にサービス・アウトプットを購入するのではなく、サービスのアウトカムを購入するのであり、アウトカムを適正に計測できなければ、購入価格（支払額）を確定できない。

　一方で、契約上設定されたアウトカムの成果量のみをインセンティブにすることが、社会問題の背景にある複雑な要因の軽視や、短期的に成果の上がりにくい、より困難を抱えた人々のサービスからの排除につながるリスクも否定できない。成果連動型契約が公共サービス供給システムあるいは公共政策のツールであることからすれば、成果連動型契約の主要な構成要素であるインパクト評価が、成果連動型契約を通じた政策効果にもたらす影響にも注意を払う必要がある。

　以上のように成果連動型契約において、インパクト評価をどのような評価枠組みや方法でデザインし、実施するかはきわめて重要な課題である。したがって、本章では、英国のPbRの事例を中心に、先行研究等を踏まえつつ、成果連動型契約におけるインパクト評価の役割と課題について考察する。

2　NPMとPbR

(1)　NPMとPbR

　英国では、PbRは公共サービス改革の中核要素とみなされてきたが（Battye 2015：p.89）、特にPbRが本格的に公共サービス改革戦略のなかに位置づけられたのが、2011年に保守党・自由党連立政権（the Coalition Government）によって公表されたホワイトペーパー『公共サービスの民間開放（Open Public Services：White Paper）』（HG Government 2011）である。『公共サービスの民間開放』では、以下のように、PbRの意義が述べられている。

　　開かれた調達（open commissioning）とPbRは、公共サービスの民間開放（Open Public Services）にとって不可欠な要素である。この意義は単にサービスを開放し競争的にすることにとどまらない。セクターを問わず、あらゆる潜在的サービス提供者にサービス提供の新しい手法を提起する権利の行使を可能とし、支払いを成果に結びつけることにより、サービス提供者が革新をもたらし、無駄を省くという効果も生むのである（HM Government 2011：p.29）。

　PbRの重要な点は、その仕組みを通じて、サービス提供者にアウトカムを改善するインセンティブを付与すること、そのインセンティブは成果に連動した支払いという金銭的インセンティブ（financial incentive）であること、そして、金銭的インセンティブにより、サービス提供者が単にアウトプットではなく、より革新的なアプローチでアウトカムを追求するようになるという点である。その結果として、政府にとっては財政節約という効率化がもたらされ、同時に納税者にとっては、効果の乏しい、無駄なサービスに対する税金の支出が減るという、"Value for Money"（支出に見合う価値あるサービス）の便益が得られるというロジックである。サービス提供者に対して、成果に応じた支払いという金銭的インセンティブを付与する背景には、裏返せば、サービス・アウトプットに支払いがなされる伝統的な委託契約（fee for services）では、アウトカムを改善するような工夫や革新（innovation）のための行動をとるインセンティブは働きにくいという認識がある。また、公共サービス供給システムの改善という点では、PbRにより、費用対効果のアカウンタビリティの強化とパフォーマンス・マネジメントの向上が実現できるという便益が指摘される。

　アカウンタビリティとパフォーマンス・マネジメントや、"Value for Money"を重視する点ではPbRは、1980年代以降の行政改革の基調となったニュー・パブリック・マネジメント（New Public Management：NPM）（以下、NPM）の文脈のなかに位置付けることができる。すなわち、PbRのようなアウトカムベースのパフォーマンス・マネジメントでは、評価（measurement）というNPMの重要な構成要素が重視される（Lowe and Wilson 2015：p.982）。

　NPMの命名者といわれるクリストファー・フッド（Christpher Hood）によれば、NPMの「教義」（doctrine）を構成するのは、図表 8 - 1 に示した 7 点である（Hood 1991：p.4-5）。

図表 8 - 1 ：NPMの教義の構成要素

No	教義	意味
1	公共部門の実践に直接参加する専門経営者（professional management）の存在	トップに任命され、裁量権を有する人々による能動的で（active）、可視化された（visible）、裁量的な（discretionary）組織の管理
2	パフォーマンス（業績）に関する明確な基準（standards）と評価（measurement）	目標（goals）、ターゲット、成功の指標（indicators）を定義すること。それらは特に専門的なサービスについては定量的に表現されることが望ましい。
3	アウトプットに基づく統制（output controls）をより重視	資源配分と報酬を計測されたパフォーマンスに結び付け、中央集権化され、官僚制が蔓延する人事管理を解体すること
4	公共部門における組織単位（units）の分散化	従来の一枚岩となった組織単位の集まりを解体し、U-form（unitary form）（集権型組織）の管理システムを分解して、公共サービスの最終提供物（products）をめぐり互いに協調し合う組織単位の集まりとして再編。そこでは分権化の一方、一本化された（one-line）予算制度（budgets）のもとにサービス実施がなされ、身近な組織単位同士で業務連携がなされる。
5	公共部門における競争の強化	期限付きの契約（term contracts）と公開入札手続き（public tendering）への移行
6	営利企業型（private sector styles）のマネジメントの強調	軍隊型の公共サービス倫理を脱して、採用（hiring）や報酬における柔軟性を高め、広報テクニックをより活用する。
7	資源利用（resource use）におけるより厳格な規律と節約の重視	直接経費を削減、労働規律を強化し、労働組合の要求に抗し、法令順守（compliance）コストを事業（business）に関するものに限定

出典：Hood（1991）p. 4 - 5 の表（TABLE 1）を筆者翻訳[3]

　図表 8 - 1 の教義にあるように、企業経営的手法と市場原理を行政管理（public administration）システムに導入して、組織のトップに経営者（manager）的役割を担わせ、官僚制組織の弊害を排し、成果を評価しながら、

3　オリジナルの表には、「typical justification」（典型的な正当性の根拠）の項目もあるが、紙幅上、省略した。

パフォーマンス・マネジメントを徹底していくのが、NPMの本質である。こうしたNPM型改革の原則は、いわゆる、三つのM（3Ms）－マネジメント（management）、パフォーマンス・メジャーメント（measurement of performance）（業績評価）、市場あるいは準市場（markets or quasi markets）の強調として整理される（Ferlie 2010：p.77）。

3　PbRの事例

⑴　ワーク・プログラムの事例

「ワーク・プログラム」(the work programme) は、長期失業のリスクのある人々の就労支援のために、2011年6月に英国全土で、PbRタイプの「福祉から仕事へ」（Welfare- to –Work）の主要プログラムとして開始された（Department for Work & Pension 2012a：2）。ワーク・プログラムでは、長期間に亘るインセンティブの付与とサービス提供者によるイノベーションの促進とを結びつけるような制度設計がなされていた。

ワーク・プログラムの前身のニュー・ディール政策（the New Deals）は、介入（intervention）の内容が細かすぎる、サービス提供者にインセンティブが働きにくい、よい結果を残せないサービス提供者でも事業の継続が容認されるなど、数々の問題を抱えていたといわれている（Department for Work & Pension 2012a：p.2）。そうした欠点を克服するために、①成果の達成に対する明確なインセンティブ（clear incentives to deliver results）、②サービス提供者の自由裁量性（freedom for service providers）、③長期のコミットメント（a long-term commitment）といった主要な原則を設定した（Department for Work & Pension 2012a：p.3）。

以上の原則のもと、ワーク・プログラムでは、サービス提供者への支払のほとんどは成果に基づくものであった。その成果は、プログラム参加者（長期失業のリスクのある若者等）の持続的な就労というアウトカム（sustained job outcomes）であり、若者が離職せずに長期に仕事を続けられるほど、支払額が増えるという明確なインセンティブが組み込まれていた。サービス提供者に

対しては、行政による命令や規則を排し、できる限り要件を最小化することで、最も効果的な方法で若者が長く働き続けられるような支援を工夫できる自由度が付与された。長期のコミットメントという点で、ワーク・プログラムでは、主要受託者（prime providers）との間で 5 年契約（five year contracts）が適用された。主要事業者にはその期間を通じて、地域のパートナーや自治体等の専門組織サプライチェーン（specialist supply chain）との長期のパートナーシップを構築する基礎が付与された（Department for Work & Pension 2012a：p.3）。

　図表 8 - 2 は、ワーク・プログラムの参加者の就労継続支援に関するインセンティブの仕組みを示している。サービス実施者には、契約の初期年度において、新規参加者が 1 人増えるごとに少額の利用開始報酬（start fee）が支払われる。しかし、その報酬は毎年減額され、3 年を経過すると停止される。ワーク・プログラムにおいては、プログラム参加者を単に就職に導く支援だけではなく、就労を継続させるための支援に取り組むインセンティブも組み込まれていた。すなわち、プログラム参加者の失業期間に応じて 3 カ月あるいは 6 カ月と期間は違うが、その期間を経過しても就労を継続していると、サービス実施者は就労達成報酬（job outcome payment）を請求することができた。さらに、この就労達成報酬の受領後も就労を継続している場合には、サービス実施者は、就労継続報酬（sustainment payment）を請求することができた。この報酬は、参加者の失業期間に応じて最大 1 年か18カ月、あるいは 2 年まで支払いを受けることができた。以上のような成果連動の支払メトリクスを契約に組み込むことで、サービス実施者には、プログラム参加者がより長期に就労を継続できるように支援する強力なインセンティブが働くと考えられていた(Department for Work & Pensions 2012a：p.4)。

図表 8 - 2　参加者の就労継続のためのインセンティブの仕組み

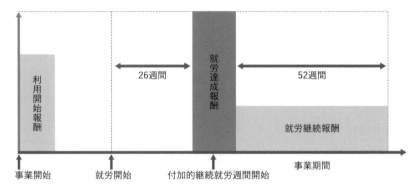

出典：Department for Work & Pensions（2012a）p.5を著者翻訳

⑵　Ｔ＆Ｔイノベーション・プログラムの事例

　グレーター・マンチェスター（Greater Manchester）を拠点に実施された
Ｔ＆Ｔ イノベーション・プログラム（Teen & Toddlers Innovation
Programme）は、2015年 7 月に、世界で初めて投資家への支払い可能なアウ
トカムを達成したSIBの一つである[4]。2012年12月から2015年 9 月にかけて、
14歳から16歳の若者（1,152人）を対象に実施された。

　SIBは、社会的アウトカムを向上させるような予防的活動に対する資金調達
の拡大をねらいに設計されたものであり、公共セクターと民間の契約である（塚
本・金子編　2016：52頁）。従来の民間委託と異なるのは、事業運営資金に民
間資本を活用する点、そして成果連動の報酬支払方式をとる点、そして、リス
クが政府から投資家に移転される点にある。民間資本を活用する点や、SPV
（Special Purpose Vehicle）（特別目的事業体）[5]を設置する点では、PFIのよ
うなプロジェクト・ファイナンスのスキームに類似する。しかしながら、PFI
が主に公共施設整備を対象とするのに対して、SIBは対人社会サービスを対象

4　T&T SIBの概要については、Social Finance（2016）参照。
5　PFI等プロジェクト・ファイナンスで用いられるのは主にSPC（Special Purpose Company）（特
別目的会社）。SPCは当該プロジェクトの実施のみを目的に設立される会社で、このSPCが資金を借り
入れ、事業を運営するというスキームが一般的である（西村あさひ法律事務所編　2015： 6 頁）。SIB
においては、SPVやSPCを設置しないケースもある。

にする点で異なる。

　T&T SIBは、雇用年金省（DWP）が公開入札で実施した「イノベーション・ファンド」に採択されたSIBスキームの１つで、NEET（若年無業）になるリスクのある若者の雇用されうる能力（employability）の向上を目的に開発されたものである。T&T SIBのユニークな点は、二つのターゲット・グループを同時に対象とした点にある。主たる対象は、将来NEETになるリスクのある14歳から16歳までの対象エリアの学校[6]に通う生徒である。生徒たちには、教室での訓練だけではなく、18週間以上に亘り、保育園において、園児１人１人とペアになって先生（メンター）役を担うという就労体験のプログラムが提供された。この保育園内での就労体験プログラムによって、若者たちに対人関係のスキルを習得させ、彼らの自信や責任感を向上させることが期待されていた。すなわち、将来の雇用への接続というアウトカムだけでなく、自信向上などの中間的アウトカムの向上も企図した包括的プログラムを提供することで、彼らが就学や健康、そして将来の人生に前向きな選択をすることを支援した。この就労体験プログラムの他、大学進学の際の判定材料ともなるGCSE（中等教育修了一般資格）試験（後述）の成績を向上させるために数学と英語の授業が提供された。

　T&T　SIBプログラムに投資したのは、ブリジズ・ベンチャーズを含め５社で、中間支援組織のソーシャル・ファイナンスが、プログラム・マネジメント等の役割を担った。サービス実施は、すでに若者支援で実績のあるT &T（Teens and Toddlers）[7]が担っていた。図表８-３がT&T SIBスキームのストラクチャーを示している。従来の公共調達と異なるのは、投資家がスキームの主要ステークホルダー（投資資金提供者）として加わる点である。国（雇用年金省）が調達者（委託者）となるが、サービス実施に必要な費用は、国ではなく、投資家より支払われる。実際の利用者向けのサービス実施は非営利組織のT&Tが担い、中間支援組織としてソーシャル・ファイナンス社がプログラム全体のパフォーマンス・マネジメントの支援を担い、調達者より、成果に連動した支

6　学校のある対象地域としては、10代の妊娠率やNEETになる率の高い地域が選ばれた。
7　現在、Power 2（https://www.power2.org/　2019年12月10日アクセス）に名称変更

払いがなされた。

図表 8 - 3　T&T SIBのストラクチャー

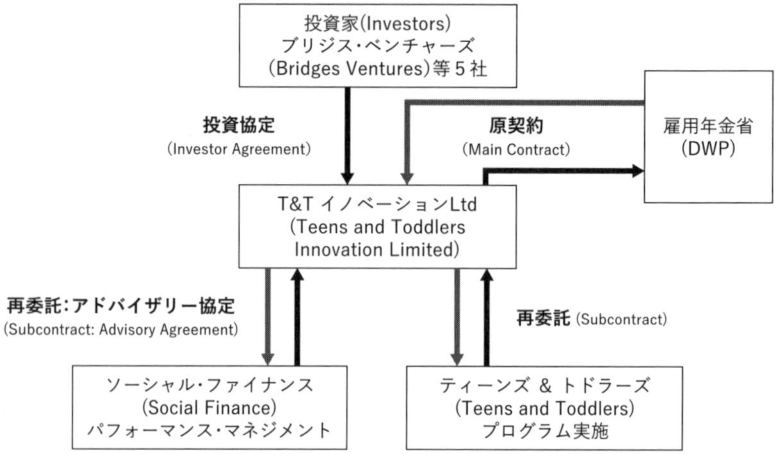

出典：Social Finance（2016）p.32を著者翻訳

　契約関係は複雑であるが、T&TイノベーションLtdというSPV（特別目的事業体）を設置することにより、契約上、SPVが国との間で原契約を締結し、SPVがさらにサービス実施団体や中間支援組織との間で再委託契約を締結するという仕組みである。

　従来のPbRとSIB契約が異なるのは、前者では成果連動支払いがサービス実施団体に適用されるのに対して、SIB契約の場合は、基本的にサービス実施団体には成果連動支払いが適用されないという点である。その代わり、SIBでは、投資家への支払いが成果連動となる。イノベーション・ファンドの場合、受託者側（SPV）は月ベースで雇用年金省にアウトカムの達成状況を報告し[8]、雇用年金省はそのデータを精査し、不備がないと判断すると30日以内に支払いをしなければならない（Department for Work & Pensions 2014：p.17）。

　T&T SIBでは、雇用されうる能力に関係する複数のアウトカム（行動の改善、

8　受託者はイノベーション・ファンド・アウトカム支払請求フォーム（Innovation Fund Outcome Claim Form）に必要事項を記載し、各参加者のアウトカムに関するエビデンスを添えて、調達者に送付。

出席率の改善、教育上の資格の向上や雇用機会の拡大など）が設定され、体系的なプログラムが提供された。英国の場合、義務教育段階[9]から、GCSE（General Certificate of Secondary Education）（中等教育修了一般資格）[10]に加え、QCF（Qualification and Credit Framework）（資格単位枠組み）[11]（岡部2016）のように、学習能力や技能向上を標準化され体系化された枠組みで認証する資格制度が存在する。そのため、日本と比べ、学習あるいは技能面のKPIの設定とKPIに基づく実績把握が比較的容易である。実際、雇用年金省のイノベーション・ファンド自体が、支払対象となるアウトカムを明確に定義づけ、アウトカムごとに、サービス実施主体に情報とエビデンスの提供を義務付けていた。

　T&T SIBでは、イノベーション・ファンドのガイダンス等に基づき、QCFやGCSEのような標準化された評価指標も活用して、学習アウトカムの達成度がモニタリングされた。例えば、プログラム終了時の結果でみると、参加者の54%が、GCSE試験で、将来の大学入学試験受験に必要とされる「A」から「C」レベルの成績を獲得していた。また、75%の参加者が、QCFのエントリーレベルの資格を獲得していた。このことは、参加者の若者の多くが職業参加の基礎（準備）となるスキルを習得し、なおかつ16歳の義務教育修了後の高等教育機関（大学）進学可能性を拡大させたことを意味する。

　前述した通り、各アウトカムに関わる支払いは、PbR方式を基礎になされた。

9　英国の義務教育は5歳から16歳（Y1-Y11）までの11年間。5歳で小学校に入学するが、就学前教育（初等教育準備）として4歳からレセプションクラス（school reception classes）を設置。中等教育はセカンダリー・スクールと呼ばれ、11歳から16歳が対象。セカンダリー・スクールでは学年が終わるたびに試験を受ける。16歳（Y11）で義務教育を修了すると、GCSEという義務教育修了試験（全国統一試験）を受験。義務教育終了後、大学進学を希望する場合は、通常、シックスフォームと呼ばれる高等教育進学準備課程（Y12、Y13）に進学。さらに大学進学を希望する場合は、シックスフォーム修了時に（18歳、Y13）、Aレベル（Advanced Level）試験を受験しなければならない。

10　GCSEは、前述の通り、義務教育が終了する16歳（Y11）で、イングランド、ウェールズ、北アイルランドの生徒が受験する科目別試験。GSSEの試験結果はその後のシックスフォームへの進学や、大学での合否判断にも使用される。A*（Aスター）からGまでの8段階評価だったが、2017年以降、1〜9の9段階評価に移行中（文部科学省　2019：73頁）。8段階評価では、多くの大学がCレベル以上を求めていた。

11　QCFは職業能力を評価認定する公的な資格体系。多様な資格を「レベル」と「学習量」によって位置づけ、比較可能にすることをねらいとしていた（2015年10月からは新しい枠組みに移行）（岡部2016）。

すなわち、支払い対象となるアウトカムは、雇用されうる能力に向けた支援を受ける若者の個々の達成度を基礎に設定されていた。アウトカムに対する支払額も、図表 8 - 4 のように、アウトカム指標ごとに細かく上限額（政府の支払意思額）が設定されていた。支払いは100％がアウトカムベースの成果連動型契約であるが、アウトカムごとに達成度に応じて月ベースで支払いがなされる。そうした段階的支払方式によるアウトカムへの支払総額が、プログラム期間を通じて投資家が出資した元本を超えた場合、投資家は元本に加えてリターンを得ることになる。

図表 8 - 4　アウトカムの支払い上限（Round 2）

アウトカム指標（outcome measures）	支払い上限額（ポンド）
学校・教育現場における態度の改善	700
学校における行動の改善	1,300
出席状況の改善	1,400
最初の就職（entry to first employment）	3,500
若者１人当たりの支払い上限	117,00

出典：HM Governmentウェブサイト「Innovation Fund Key Facts」[12]　およびDepartment for Work and Pensions（2012b）をもとに筆者翻訳（抜粋）

　T&T SIBでは、実際、当初設定していた期待値より、高いアウトカムを達成することができた。例えば、態度（attitude）の改善については、32％の期待値に対して60％、出席状況については16％の期待値に対して33％の改善と、期待値を上回る成果を上げたことが報告されている（明治大学非営利・公共経営研究所　2019：63頁）。

　なお、図表 8 - 4 のように、各アウトカムへの政府の支払意思額（上限）を一覧化したものは「レート・カード」（rate card）と呼ばれる。このレート・カードについては、公共サービスの成果を単純化し過ぎている、単位コストはあくまでも計算上のコスト節約額であって現実の財政削減に結びつくかは不明（馬

12　下記URL参照。
https://assets.publishing.service.gov.uk/government/uploads/system/uploads/attachment_data/file/212328/hmg_g8_factsheet.pdf　2019年12月10日アクセス。

場　2018：124頁）といった批判もなされている。確かに、レート・カード上に規定されたアウトカムの中には、現実の財政削減との相関がみえにくい、すなわち、その達成によって、直接的、あるいは即時に所得向上や財政節約などの貨幣価値を生み出さないものも含まれる。なぜなら、予防的介入を通じて、将来長期失業状態に陥るリスクの高い若者のリスクを低減することにより得られる財政節約の潜在的便益の推計のもとに支払モデルが設計されているからである。したがって、実際のキャッシュ・イン・フローではなく、仮定を置いての計算から導き出された理論値に過ぎない。しかしながら、馬場も指摘するように、レート・カードのように、「公共サービスが生み出した価値を測定するための基礎データを整備・蓄積すること」（馬場2018：124頁）は、今後、日本の公共サービスにおいても重要な課題と思われる。

4　PbRに関する評価

⑴　英国会計検査院（NAO）による評価

　英国会計検査院（National Audit Office：NAO）は、2015年6月に、国内の公共部門で活用されているPbRについて、その選択や実施の現状に関するレビューを公表した（NAO 2015）。

　NAOの報告書によれば、調達者である公共部門にとってのPbRの魅力は、①費用対効果（cost-effectiveness）、②イノベーション（innovation）、③アウトカム志向（outcome focus）、④リスク移転（risk transfer）、⑤利用者即応性（user responsiveness）、⑥アカウンタビリティ、などに整理される（National Audit Office 2015：p.19）。

　まず、費用対効果については、PbRに基づく契約では、サービス実施者への支払いが達成されたアウトカムのみに対してなされる。それによって公金支出が成功する介入（interventions）のみに向けられるという効果がある。

　イノベーションについては、PbRでは、サービスをいかに（'how'）供給したかではなく、どのような（'what'）ニーズを達成したかを明示することが求められる。それによって、サービス実施者にはより大きな裁量権が付与され、

サービス供給におけるイノベーションが促進される。

　アウトカム志向については、PbRでは、サービスを実施したというアウトプットではなく、アウトカム達成へのサービス実施者の寄与（efforts）が重視される。すなわち、政策形成者の目的の達成に寄与できるか否かというアウトカムである。

　リスク移転については、サービス実施者は、アウトカムの達成に失敗した場合の報酬の保証なしに、サービス実施に対して前払いの資金提供を受けることになる。

　利用者即応性については、PbRスキームは、もし、そのスキームが専門性のある、地域住民のニーズをよく理解した地域の団体によって供給されるなら、あるいは、サービス実施者に個々の利用者のニーズに合わせてサービスを柔軟に提供する裁量が付与されるなら、利用者のニーズにより即応的になることが期待される。

　アカウンタビリティについては、PbRでは、サービス実施者は詳細に規定されたアウトカムの達成状況を説明できる状況を保たなければならないので、アカウンタビリティを明示することができる。

　以上がPbRの調達者にとっての便益であるが、NAOはこうした便益があらゆるスキームに適用できるわけではないこと、したがって、公共部門はPbRを活用することの便益が何であるかを明確にしなければならないと指摘している。例えば、NAOの報告書は、英国国際開発省（DFID）のPbR戦略が、国際開発援助におけるPbRの活用の便益として、「イノベーション」と「アカウンタビリティ」を挙げていることを紹介している（National Audit Office 2015：p.19）。

　NAOの報告書では、PbRの実践を踏まえ、そこから得られた教訓を整理している（図表 8 - 5 参照）。これらの指摘からもわかるように、PbRには様々な便益が期待できるものの、実は、いまだ明確にその政策的有効性が実証されているわけではない。NAOは、内閣府や財務省ですら、PbRが政府各部門でどれだけ機能しているかをモニターできていない、いかにPbRが有効に機能しているかについての情報を系統的に収集したり、評価することができていない、と厳しい指摘をしている（National Audit Office 2015：p.8）。さらに、PbR

に関する知識や強力なエビデンスが参照可能な中央集約的なレポジトリ（データベース）がなければ、PbRスキームは杜撰にデザインされ実施されることにもなりかねず、また、調達者は新規のスキームが立ち上がるたびに、「'reinventing the wheel'（車輪の再発明）」（わかりきっていることをわざわざ一からやり直す無駄）の危険を冒すことにもなりうると指摘している（National Audit Office 2015：p.8）。このことは、縦割り行政の弊害が顕著な日本の政府にも十分当てはまる問題である。

図表8-5　PbRの教訓（英国会計検査院〔NAO〕）

PbRの選択	PbRはあらゆる公共サービスに適用できるわけではない。	・PbRはその実施環境がある特定の特徴を有する場合には成功しやすい。例えば成果（results）が計測可能で、その介入の成果への寄与度が証明できるケースである。
	調達者（政府）は、様々な選択肢がある状況の中で、PbRの選択の決定をした正当な根拠を示さなければならない。	・調達者は様々なアプローチを考慮し、複数の選択肢の中からPbRを選択した理由が確実に理解されるようにしなければならない。 ・PbRの活用は厳格な検査を受け入れ可能で、将来のPbRの活用に関する意思決定に有用なものでなければならない。
	PbRは技術的には、課題を有する契約形態であり、政府がしばしば軽視してきた追加的コストやリスクを伴う。	・有効な支払いの仕組みを設計したり、介入がなくても生じたであろうパフォーマンスのレベルを予測することは困難である。 ・PbRはリスクの一部をサービス実施者に移転するとはいえ、調達者は政府にもリスクが残ることを認識する必要がある。例えば、サービス実施者が施策（scheme）の目的を満たせないリスクである。
PbRスキームのデザイン	スキームを適切にデザインするために、調達者は、サービス実施者のリスクを引け受けることができる潜在能力を理解する必要がある。	・省庁のPbRスキームでは、複数のサービス実施者の集団と契約する場合もある。例えば、雇用年金省では、大手の元請受託者（primary providers）が、さらに小規模な請負業者に委託するケースがある。調達者は、PbR契約に伴うリスクを引き受ける様々なサービス実施者の能力と意欲を理解が可能なように、サプライチェーン（原文はdelivery chain）の潜在的サー

	サービス実施者に適切なインセンティブを付与するように、支払いの仕組みをデザインするには時間と労力が求められる。	・調達者は、期待されるアウトカムを達成するインセンティブを提供できるような支払いの仕組みを策定するために、サービス実施者のコストを理解しなければならない。その支払いが高額過ぎれば、納税者はそのサービスに過大に支払ったことになりうる。逆に低過ぎれば、サービス実施者は契約に参加しないだろう。 ・不適切にデザインされた支払いの仕組みは、サービス実施者のインセンティブを歪めかねない。
	調達者が、スキーム開始段階で、開始前のベースラインのパフォーマンスと、介入なしでのパフォーマンス水準（no-intervention rates）を考慮の上、パフォーマンスの期待値を明確化することが不可欠である。	・調達者は、サービス実施者向けに、介入がなかった場合のパフォーマンスを上回る、達成可能なパフォーマンスの期待値の定義をめざさなければならない。 ・調達者は、ベースラインのパフォーマンスに関する適切なデータを有し、将来生じうるパフォーマンスを適切にモデリングし、そして、様々な仮定の条件を変化させるとパフォーマンスがどうなるかの精査（感度分析）ができなければならない。
モニタリングと評価	調達者は、サービス実施者のパフォーマンスを積極的に監視し、管理する必要がある。	・PbRの活用によって、調達者はサービス実施者のパフォーマンスへの監督責任を免れるわけではない。低いパフォーマンスはサービスの質、スキーム全体の目的、調達者の評判にネガティブなインパクトを生じかねない。
	調達者は、スキーム全体としての有効性と、サービス供給システムとしてのPbRのインパクトの両方をいかに評価するかを、開始当初から、計画する必要がある。	・適切な評価のためには、調達者がサービスが実施される前の厳格な反事実的状況（counterfactual）を明確化できることが求められる。現在まで、少数の例外を除き、反事実を加味したモニターはできていない。 ・スキームの評価に失敗することは、PbRの有効性を証明するエビデンスを獲得する機会を逸することを意味する。

出典：National Audit Office（2015）p.6-8 を翻訳し要約。

(2)　先行研究による評価

　英国でもPbRに関する先行研究の蓄積はあるとはいえ必ずしも多くはない。その多くは、PbRの有効性への疑問を提起するものである（Fox and Alberton 2012; Perrin 2013; Battye 2015; Lowe and Wilson 2017）。

　例えば、英国国際開発省（DFID）のPbRに関する委託研究報告書において、ペリン（Burt Perrin）は、NAOの報告書（National Audit Office 2015）同様、PbRアプローチの有効性のエビデンスは極めて限られており、PbRに関する最も楽観的総括は保健医療サービスへのアクセスや利用が増加したという短期的視点からのエビデンスから導き出されるもので、より広い健康関連のアウトカムが考慮されていないと批判している（Perrin 2013：p.31）。さらに、PbRにおける評価は、単に、それが機能しているかではなく、PbRアプローチがアウトカムの変化につながる行動変化に最も寄与できるようなメカニズムや一連の状況を特定することに向けられるべきだと指摘している（Perrin 2013：p.32）。

　さらに厳しい批判は、PbRはしばしば「ゲームズマンシップ」（gamesmanship）を引き起こしかねないというロウらの指摘である（Lowe and Wilson 2017）。この場合のゲームズマンシップとは、ゲーム（試合）を自己に有利に進め勝利を勝ち取るために、疑わしい（違法という意味ではないが）手法を用いるという意味である。すなわち、PbRでは（SIBも同様だが）、アウトカムの創出プロセスを概念化するために使用されるロジックモデルに代表されるように、介入のプロセスが単純化（simplification）される。しかし、PbRにおける「ゲーム」は、単純化されたルール（定義されたアウトカム、成果に応じた支払いなど）の下で行われる一方で、介入の対象となる社会生活の現実は複雑である。単純化や抽象化のプロセスは、社会生活の複雑性の現実（complex reality of life）を単純なルール（simple rule）に転換してしまう（Lowe and Wilson 2017：p.994）。PbRにおけるプレーヤーは、単純化されたルールと社会生活の複雑性の現実という、二つの矛盾した側面に直面するのである。しかし、PbRでは、単純化されたルールの下で適切なパフォーマンス・データを生産できれば報酬を受けることができるが、できなければ報酬は受けられない。したがって、見映えのよいデータ（good-looking data）の生産を最大化するための戦術を企てることには合理性がある。確かに、ゲームも上手

にやり、データをよく見せる戦術を工夫することによるリスク（ごまかしを生むなど）は、人々の価値観―よい仕事をしたいなど―によって緩和されうる。しかし、見映えのよいデータの生産を最大化しつつ、実際によいサービスを提供するとなると、コストが高くつくことになる（Lowe and Wilson 2017：p.997）。こうした課題があるとはいえ、ロウらは、PbRにおいて、２つの異なるエビデンスを考慮すべきだと指摘している。すなわち、介入対象のパフォーマンスの改善を計測した定量的エビデンスと、そのパフォーマンス・データの改善がいかになされたかの一連の要因を説明する定性的エビデンス（qualitative evidence）である（Lowe and Wilson 2017：p.997）。しかし、ロウらは、こうしたエビデンスの異なる側面が軽視されれば、単にデータ生産（data production）の手段は重視されるが、クライアントのニーズには合わない「ゲームズマンシップ」がしばしば生じかねないと警鐘を鳴らしている（Lowe and Wilson 2017：p.999）。

5　成果連動型契約におけるインパクト評価の役割と課題

　本章では、主として英国におけるPbRの事例を対象に、成果連動型契約におけるインパクト評価の役割や課題について考察した。

　インパクト評価が成果連動型契約の中核的構成要素であり、その政策目的の達成を左右する重要な役割を担っていることは、事例や先行研究のレビューを通じても明らかである。すなわち、成果連動型契約には、インパクト評価や成果連動報酬方式を活用することにより公共サービスの成果に関するアカウンタビリティやサービス実施者の成果向上へのインセンティブを高め、サービス供給方法における裁量権を拡大することでイノベーションを刺激する仕組みが組み込まれている。成果連動型契約の究極の目的は、公共サービス供給システムの効率性・有効性の向上であるが、そうした効率性や有効性を計測し、評価する手段として、インパクト評価は不可欠である。

　しかしながら、政策あるいは施策等の有効性を評価する手法として、インパクト評価は万能ではない。成果連動型契約やその一環であるSIBでは、契約上、アウトカムが特定され、その成果量を計測するためのデータ収集のルールや、

成果連動の支払いルールが設定される。成果連動型契約におけるサービス実施者は、そのルールの下で、サービスを生産すると同時に、そのサービスのアウトプットのみならずアウトカムを調達者に購入してもらうために、パフォーマンスに関するデータの生産にも従事することになる。支払対象となるアウトカム・データは定量化され、計測可能なものである。しかし、ここで注意しなければならないのは、データ化され、支払い対象となるアウトカムは、あくまでも「契約されたアウトカム」のみであり、そのサービスが創出したであろうすべてのアウトカムあるいは社会価値ではない。もし、サービス実施者が契約されたアウトカムに関するデータの生産のみに注力すれば、サービス生産のプロセスや、サービス利用者の状況を規定する複雑な社会的要因、そしてニーズが軽視され、ロウらの指摘するゲームズマンシップが生じかねない。

　インパクト評価は公共サービスあるいは社会的プログラムの有効性・効率性・アカウンタビリティを向上させるツールとして極めて有効であり、プログラムの質を継続的に改善させる手段として機能しうる。しかしながら、定量化されたアウトカム・データだけでは、成果連動型契約方式がいかにその成果に寄与したかを明らかにできない。インパクト評価で見落とされがちな、プログラムのプロセスや定性的側面（利用者のアウトカムを規定する複雑な社会要因や文脈）に関するデータによっても、成果連動型契約方式の有効性が証明される必要がある。また、利用者のアウトカムが定量的に改善されたとしても、利用者の困難の背景にある社会的要因が改善されなければ、その効果は限定的なものにとどまり、支援を必要としている、より広範な受益者のニーズは放置されたままになりかねない。

　アウトカムベースの成果連動型契約方式にニーズベースの要素も組み込み、その政策ツールとしての有効性を強化していくためには、インパクト評価の手法の改善とともに、インパクト評価をプロセス評価や定性的評価と組み合わせて実施していく方向性も検討されるべきであろう。

参考文献

碓井光明（2005）『公共契約法精義』信山社。

岡部善平（2016）「イギリスにおける職業教育から高等教育への移行」『教育学研究』第83巻第4号：

448-460。（https://www.jstage.jst.go.jp/article/kyoiku/83/4/83_448/_pdf　2019年12月10日アクセス）

公共経営・社会戦略研究所（2019a）『2017（平成29）年度横浜市社会的インパクト評価モデル事業評価報告書』公共経営・社会戦略研究所。（http://koshaken.pmssi.co.jp/base1111.html　2019年12月10日アクセス）

公共経営・社会戦略研究所（2019b）『2018（平成30）年度横浜市社会的インパクト評価モデル事業評価報告書』。（http://koshaken.pmssi.co.jp/upfile/yokohamasocialimpactreport2018finai.pdf　2019年12月10日アクセス）

塚本一郎・金子郁容編著（2016）『ソーシャルインパクト・ボンドとは何か―ファイナンスによる社会イノベーションの可能性』ミネルヴァ書房。

内閣府政策統括官（経済社会システム担当）（2019）「『成長戦略フォローアップ』等の進捗状況」（令和元年11月18日未来投資会議構造改革徹底推進会合資料）。（https://www.kantei.go.jp/jp/singi/keizaisaisei/miraitoshikaigi/suishinkaigo2018/ppp/dai8/siryou1-2.pdf　2019年12月10日アクセス）

日本経済再生本部（2018）「未来投資戦略2018―「Society 5.0」「データ駆動型社会」への変革―」（2018年6月15日）。（https://www.kantei.go.jp/jp/singi/keizaisaisei/pdf/miraitousi2018_zentai.pdf　2019年12月10日アクセス）

西村あさひ法律事務所編（2017）『新しいファイナンス手法（第2版）』金融財政事業研究会。

馬場英朗（2018）「エビデンスに基づく政策と公会計」柴健次編著『財政の健全化と公会計改革』関西大学出版部。

文部科学省（2019）『諸外国の教育動向2018年度版』明石書店。

みずほ情報総研（2019）『法務省再犯防止活動における民間資金を活用した成果連動型民間委託契約方式の案件組成のための調査研究に係るコンサルティング業務中間報告書』。（www.moj.go.jp/content/001310650.pdf#search=　2019年12月10日アクセス）

明治大学非営利・公共経営研究所（2019）『「ソーシャルインパクト・フォーラムヨコハマ」（2017年4月22日）報告書』。

Allen,P.（2009）'Payment by Results in the English NHS: the continuing challenges', *Public Money & Management,* 29(3) :161-166. doi: 10.1080/09540960902891681.

Battye,F.（2015）'Payment by Results in the UK: Progress to date and future directions for evaluation', *Evaluation,* 21(2) :189-203. doi: 10.1177/1356389015577464.

Cabinet Office（2011）*Modernising Commissioning: Increasing the role of charities, social enterprises, mutuals and cooperatives in public service delivery.* London: Cabinet Office. （https://assets.publishing.service.gov.uk/government/uploads/system/uploads/attachment_data/file/78924/commissioning-green-paper.pdf　2019年12月10日アクセス）

Department for Work & Pensions（DWP）（2012a）*The Work Programme.* （https://assets.publishing.service.gov.uk/government/uploads/system/uploads/attachment_data/file/49884/the-work-programme.pdf　2019年12月10日アクセス）

Department for Work and Pensions（DWP）（2012b）*THE INNOVATION FUND-Specification and*

Supporting Information for Round Two.

Department for Work & Pensions（DWP）（2014）*Innovation Fund Programme Specific Provider Guidance Round Two*（Revised August 2014）.（https://assets.publishing.service.gov.uk/government/uploads/system/uploads/attachment_data/file/626292/round-two-provider-guidance.pdf　2019年12月10日アクセス）

Ferlie,E.（2010）'Public Management 'reform' narratives and the changing organisation of primary care', *London Journal Primary Care,* 3(2):76-80.（https://www.ncbi.nlm.nih.gov/pmc/articles/PMC3960711/pdf/LJPC-03-076.pdf　2019年12月10日アクセス）

Fox,C.and Albertson,K.（2012）' Is payment by results the most efficient way to address the challenges faced by the criminal justice sector?', *Probation Journal,* 59(4):355-373. doi: 10.1177/0264550512458473.

HM Government（2011）*Open Public Services*： *White Paper.*（https://assets.publishing.service.gov.uk/government/uploads/system/uploads/attachment_data/file/255288/OpenPublicServices-WhitePaper.pdf　2019年12月10日アクセス）

Hood,C.（1991）'A Public Management for All Seasons?', *Public Administration,* 69: 3 -19.

Lowe,T and Wilson,R.（2017）'Playing the Game of Outcomes-based Performance Management. Is Gamesmanship Inevitable? Evidence from Theory and Practice', *Social Policy & Administration,* 51(7): 981-1001. doi: 10.1111/spol.12205

National Audit Office（NAO）（2015）*Outcome-based payment schemes: government use of payment by results.*（https://www.nao.org.uk/wp-content/uploads/2015/06/Outcome-based-payment-schemes-governments-use-of-payment-by-results.pdf　2019年12月10日アクセス）

Perrin,B.（2013）*Evaluation of Payment by Results*（*PBR*）*: Current Approaches, Future Needs.* London: Department for International Development（DFID）.

Social Finance（2016）*The Energise and Teens & Toddlers Programmes 2012-2015.*（https://www.socialfinance.org.uk/sites/default/files/publications/tt-and-adviza_report_final.pdf　2019年12月10日アクセス）

Tsukamoto,I. and Sin, C.H.（2019）'Political contexts and inter-organizational relations in SIBs － Comparative study on SIBs in Japan and the UK'. Paper presented to IRSPM Annual Conference 2019, Victoria University of Wellington, Tuesday 16th April.（http://inpms.jp/wp-content/uploads/2019/07/SIBsTsukamotoSin-full-paper-IRSPM-2019-conference-final-version16042019.pdf　2019年12月10日アクセス）

第9章

EBPMとインパクト評価

大野　泰資

　近年、中央政府だけではなく地方自治体も含めて、エビデンスに基づく政策立案（Evidence-Based Policy Making：EBPM）の機運が高まっている。EBPMでは、他の外的要因を排除し、純粋に施策によってもたらされた変化（インパクト）を因果関係のあるエビデンスとして捉え、施策が行われる場合の結果（factual）と、施策が行われない場合の結果（counterfactual）の比較を行う。EBPMでは、パイロット段階のフィールド実験の結果から「エビデンスを作り」、それをもとに、政策を展開していこうとする。この点に、従来の政策評価との考え方の大きな違いがある。

　分析手法には、理想形としてのランダム化比較試験（RCT）があるが、実施する上でクリアしなければならない課題も多い。そのため、RCTに比べればエビデンスの質は落ちるものの、回帰不連続デザイン、マッチング法、操作変数法、差の差分析等の準実験と呼ばれる様々な手法もある。分析手法の選択は、目的と手法の適性に応じて、補完的に行わなければならない。

　従来から公共事業に対する費用便益分析等による評価手法は存在するが、フィールド実験的な手法は、健康、教育、職業訓練、福祉等の対人サービスプログラムで多く用いられる。EBPMをさらに進展させるためには、各分析手法の利点と限界を理解するとともに、産官学を巻き込んだ形で、いずれのセクターにも利する点があるような協働体制の構築が求められる。政府から一定の独立性を有する官民協働組織の設置も考えられる。

1　はじめに

わが国では、厳しい財政運営の下で、少子高齢化の進展に伴う社会保障関係

費の増大や、子どもの貧困、十分な職業訓練を受けていない非正規就労者の増大、世代を超えた経済的格差の固定化など、多様化した社会的課題が増えている。これらの諸課題の解決のため、ヒト・モノ・カネ・情報等の限られた資源を有効に活用し、複数ある施策の中でも、より高い効果のある施策を選択する観点から、近年、エビデンスに基づく政策[1]立案（Evidence-Based Policy Making：EBPM）を推進する機運が高まっている[2]。

　政府全体の方針としては、2015年度以降の毎年度の「経済財政運営と改革の基本方針」（毎年6月末に閣議決定）には、エビデンスに基づく政策の促進や、エビデンスに基づくPDCA運営が掲げられており、内閣総理大臣を議長とする「官民データ活用推進戦略会議」の下には「EBPM推進委員会」が設置され、政府横断的な「エビデンスに基づく政策形成」の推進が図られている。また、環境省を事務局として、何が政策に効くのかを行動科学の知見から研究し、EBPMの推進に結び付けるための日本版ナッジ[3]・ユニットBEST（Behavioral Sciences Team）が2017年に発足し、経済産業省でも、2018年度から経済産業研究所（RIETI）内にEBPMユニットを設置し、省内の政策実務者や内外の研究者との連携やスキル向上を図っている。地方自治体においても、神奈川県葉山町など一部の自治体においてもEBPMに基づいた取組みが見られるようになっている。

　そこで、本章では、まず、第2節で、EBPMで求められているエビデンスとはどのようなものであり、事業のインパクトをどのようにして捉えようとしているのかを述べる。次に、第3節では望ましいエビデンスの質と分析手法の対応関係を示し、第4節ではEBPMでよく用いられる分析手法の概説と、日本での適用例を紹介する。最後に、第5節では、今後の展望と残された課題、さらにEBPMを推進する上で必要とされる体制づくりについて考察する。

1　本章では、特に断らない限り、「政策」、「施策」、「プログラム」、「事業」、「プロジェクト」の各用語を区別することなく、ほぼ同様の概念を表す用語として用いる。
2　世界的にEBPMが推進されてきた背景、特に英国におけるEBPMが進展してきた社会・経済的背景、取組状況、官民の協働とステークホルダー間の役割分担等については家子・小林・松岡・西尾（2016）が詳しい。
3　Nudge：「肘でそっと突く」という意味から、強制性や経済的インセンティブによらず、人々がより望ましい行動を自発的に選択するように誘導する政策手法のことをいう。

2　インパクトの捉え方とエビデンス

　施策効果を正確に把握するためには、施策の実施によって施策対象者のアウトプットやアウトカムがどの程度変化するかという、因果関係を特定することが不可欠となる。二つの変数が因果関係にあるかどうかを推定する方法のことを因果推論（causal inference）と呼ぶ。なお、因果関係と相関関係とは、混同しないように注意することが必要である。因果関係とは、一つの事象が原因となり、別の事象の結果となっている状態である[4]。

　そして、因果関係を特定するためには、事実（factual）としてその施策が実施された場合の施策対象者のアウトプット・アウトカムがどのようになったのかという状況と、反事実（counterfactual）としてその施策が実施されなかった場合には、同じ施策対象者はどのようになっていたのかという状況を比較しなければならない[5]。

　若年者に対する就労支援プログラムを例に取ると、そのプログラムを実施することによって、若年者の就労率がどの程度向上したのかという事実と、もし、そのプログラムを実施しなければ若年者の就労率はどの程度に留まったのかという反事実とを比較する必要がある、ということである。その差分こそが、若年者に対する就労支援プログラムの効果（因果効果）＝インパクトである。

　就労率は、景気動向やその他の外的要因によっても影響を受けるので、若年者に対する就労支援プログラムを実施する前の若年者の就労率と、プログラムを実施した後の就労率を比較（前後比較）するだけでは、景気動向等の外的要因の影響を排除することができず、プログラムに依る就労率向上効果（因果関係）を特定していることにはならない。例えば、図表 9 - 1 の右側のケースの

4　例えば、インフルエンザの予防接種を受けること（原因）によって、インフルエンザに罹患する確率が減少すること（結果）の間には、因果関係が成立している。これに対して、英語の成績がよいことと数学の成績がよいことの間には比例関係はあるかもしれないが、そのどちらが原因であり、どちらが結果であるとは断定しがたい。英語強化プログラムを各学校で実施しても、生徒の数学の成績が向上するとは限らないし、数学強化プログラムを各学校で実施したからといって生徒の英語の成績が向上するとは限らない。このような場合には、英語と数学の成績の間の比例関係には相関関係があるとは言えても、因果関係があるとは言えない。

5　第 2 章の費用便益分析において、プロジェクトのwithケースとwithoutケースの比較を行うという考え方は、概念的には、本章でのfactualとcounterfactualの比較を行うことと同様の考え方である。

ように、若年者に対する就労支援プログラム開始直後に急激に景気が悪化し、求人倍率が大きく下がり雇用調整が行われた結果、プログラム実施後の若年者の就労率がプログラム実施前の就労率よりも下がったとしよう。しかし、もしこのプログラムが無ければ、若年者の就労率はもっと下がっていたとみなせるならば、若年者に対する就労支援プログラムは効果がなかったわけではなく、就労率を下支えする効果があったということになる。

図表9－1　前後比較、外部要因、施策による効果の相違とfactual-counterfactualの関係

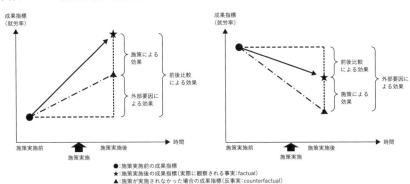

●：施策実施前の成果指標
★：施策実施後の成果指標（実際に観察される事実：factual）
▲：施策が実施されなかった場合の成果指標（反事実：counterfactual）

　これまでの政策評価では、政策が実施された後に、すでに存在しているデータを用いて、政策効果についての原因と結果の関係を推定するのに対して、EBPMでは、事後データを用いた効果検証も可能であるが、政策を全面展開する前のパイロット段階で、政策的介入の効果を検証するためのフィールド実験を行い、新たにデータを収集して分析を行い、新たに政策効果に関するエビデンスをつくるという作業が行われることが多い（検証したい仮説を設定し、データを分析の目的に従って収集する、と言い換えることもできる）。従来の政策評価が、主として事後評価の結果を基に、効果の高い政策に重点的に予算配分を行う、または政策評価の結果を基に、政策の継続・改廃を検討するための材料であったのに対して、EBPMでは、パイロット段階（≒事前段階）のフィールド実験の結果得られたエビデンスをもとに、政策を展開していこうとする。この点に、従来の政策評価とEBPMの考え方の大きな違いがある[6]。

　現在進められているEBPMでは、他の外的要因を排除し、純粋に施策によっ

てもたらされた変化（インパクト）を因果関係のあるエビデンスとして捉えようとしている。そのためには、施策が行われる場合の結果に比べて、施策が行われない場合にはどのようになるのかという、反事実（に近い）結果との比較を行わなければならない。そこで、反事実（に近い）状況を生み出し比較することも含め、施策のインパクトを把握するために、統計学や経済学の分野では、これまでに様々な手法が開発されてきた。

　以下の節では、因果関係を示唆するエビデンスを把握するための手法を概観する。それぞれの手法については、実施しやすいものから実施する上での困難さを伴うものまでさまざまであるが、各手法から得られるエビデンスの質には差があることに留意しなければならない。

3　分析手法とエビデンスの質の対応

　エビデンスについては、その信頼性に応じてレベルの違いがある。レベルの高いエビデンスというのは、因果関係を正しく推定できるものであり、レベルの低いエビデンスとは、因果関係を正確に示唆しているとは言いがたい可能性のある手法を用いて導かれたものである。分析手法ごとに得られるエビデンスの質については、おおむね図表9-2のとおりにレベル分けすることができる。

図表9-2　エビデンスのレベルと用いられる分析手法の例

階層	分析手法の例
1 a	複数のRCTのメタアナリシス
1 b	ランダム化比較試験(RCT)
2 a	回帰不連続デザイン、マッチング法、操作変数法、差の差分析等、あたかも実験が行われたような状況を利用して因果関係を評価
2 b	回帰分析（既に手元にデータがある場合）
3	前後比較、相関研究、ベンチマーキングなど
4	専門家や実務家の意見、パブリックコメント等

（エビデンスのレベル　高←→低）

出典：家子・小林・松岡・西尾（2016）、中室・津川（2017）、内閣府（2018）等を基に作成

6　もちろん、事後的に得られた観察データを基に分析を行うことも可能である。

　それでは、エビデンスの質について、最も低い第4階層から見てみよう。

　第4階層に位置付けられるのは、専門家や実務家の意見、パブリックコメント等である。これらは、経験値に基づいた重要な意見であり、施策の効果を考察する上では意義のあるものであるが、意見そのものは、因果関係を表す客観的なエビデンスとは言いがたい。

　次に、第3階層には、前後比較や相関研究、ベンチマーキング等が位置付けられる。これらの分析手法には、定量分析による相互比較が含まれるが、結果に影響を与え得る外的要因を除去できていないので、これらの分析結果をもってして、厳密に因果効果を表すエビデンスとは言えない。

　第2階層は、aとbに分かれる。2bに位置付けられる回帰分析は、分析手法としてはポピュラーなものであり、単回帰分析や重回帰分析[7]は多くの分析に用いられている。しかし、単回帰分析の結果は、二つの変数間の相関関係を表すものであり、因果関係を表すものとは限らない[8]。また、原因と結果の双方に影響を与える変数が存在する場合、その影響を取り除くことができない。他方、重回帰分析では、原因と結果の双方に影響を与える変数を完全に取り除いた上で分析を行えば、因果関係を説明することはできるが、その変数を完全に取り除くことにはかなりの困難さが伴う。なお、説明変数間の相関が高い場合は、分析結果の説明力が落ちるので、説明変数間の相関係数が高い場合には、一方の変数を分析に用いないか、二つの変数の合成変数を分析に用いる等のテクニックも求められる。

　階層2aから上の階層では、何らかの実験またはあたかも実験が行われたかのような状況を利用して、施策が行われた場合と行われない場合の結果の比較分析を行うので、因果関係を特定するエビデンスとしては、質が高いものとなる。近年検討が進められているEBPMでは、因果関係を示すエビデンスを重視しているので、通常2aの階層以上の手法が好ましいとされている。

7　回帰分析（regression analysis）とは、変数間の因果関係やそこまでの関係がない場合でも方向性を想定して、一つまたは複数の説明変数から被説明変数の予測の大きさ（説明率）を検討する場合に用いられる。一つの被説明変数（Y）を1つの説明変数（X）から予測する場合は単回帰分析（simple regression）、複数の説明変数（X_1 X_2 X_3・・・X_n）から分析する場合は重回帰分析（multiple regression）を用いる（平井（2012）参照）。

8　誤差項と説明変数が直交していれば、因果関係を示すものとなる。

　そこで、階層 2 a以上に位置するランダム化比較試験、回帰不連続デザイン、マッチング法、操作変数法、差の差分析の各手法については、節を改めてその方法論を説明するとともに、日本を対象とした分析事例を紹介することとしたい。

4　EBPMにおける分析手法と日本での適用事例

　本節では、因果関係を示唆するエビデンスを把握するために最も厳格な基準を用いており図表 9 - 2 の階層 1 aおよび 1 bに位置付けられるランダム化比較試験を最初に紹介し、それが何らかの理由で実施できない場合、それに準じる方法論として図表 9 - 2 の階層 2 aに位置付けられる回帰不連続デザイン、マッチング法、操作変数法、差の差分析の順に説明していくこととする。

(1)　ランダム化比較試験（Randomized Controlled Trial：RCT）

①概要

　政策・施策とは、改善を要する課題に対して、中央政府や地方政府が介入（intervention）し、何らかの処置（treatment）を行うことである。そして、その施策に効果があったかどうか、言い換えるなら施策対象者のアウトカムの変化と施策との間に因果関係を示唆するエビデンスを見出せるかどうかを確かめるためには、これまで医療を始めとする自然科学の分野で用いられてきたランダム化比較試験（Randomized Controlled Trial：RCT）と呼ばれる手法を、現実社会の中で適用（フィールド実験）し、その効果を測定することが理想的であるとされている。

　RCTの基本的な考え方は、潜在的な政策対象者を、政策的介入を施す処置群（treatment group）と政策的介入を施さない対照群（control group）にランダム（無作為）に分け、政策的介入を施されたグループのアウトカムと、政策的介入を施されなかったグループのアウトカムを比較し、その差分が統計学的にも有意であることが確認できるなら、その差分をもって処置効果（treatment effect）＝政策の効果、とみなし得るというものである。

図表 9 - 3　ランダム化比較試験に基づく効果測定のイメージ

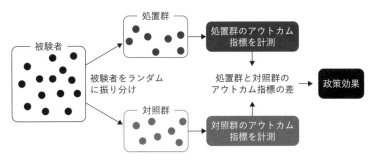

出典：小林（2014）6 頁

　RCTにおいては、事前の段階で潜在的な政策対象者を、施策介入を施す処置群と施さない対照群（control group）にランダム（無作為）に振り分ける必要がある。その理由は、比較する二つのグループは、施された施策以外の条件を平均的にみて等しくしておく必要があるからである。

　先に挙げた若年者の就労支援プログラム（ここでは、地方自治体主催のプログラムであると仮定する）を例に取れば、次のとおり説明できる。就労支援プログラムを受講する者は、プログラムを受講しない者に比べて、一般的には就労意欲が高く、自身のキャリア形成にも関心が高い者であると考えられる。そうであるならば、プログラムを受講する者と受講しない者との間では、元々、仕事やキャリア形成に対するモチベーションが異なるため、プログラムを受講するという施策以外の条件が異なることになる。また、類似のプログラムが提供されている高校に通っているか否かといった要素も、自治体主催の就労支援プログラムへの参加の有無には関わってくると考えられる。したがって、単純に自治体主催の就労支援プログラムを受講した者と受講しなかった者と比較しても、比較している対象者の属性が異なる（セレクション・バイアス）ので、両者から得られたアウトカムの差をもって施策の因果効果とすることは、エビデンスとしては、やや弱いものとなる。そこで、施策以外の条件を平均的にみて等しくするため、潜在的な施策対象者の中から、意欲や通学先高校などに関係なく、無作為に処置群と対照群に振り分ける必要が出てくるのである。

②RCTを利用した神奈川県葉山町におけるEBPMの実践例[9]

　神奈川県葉山町では、資源ごみを収集するための拠点「資源ステーション」を町内会の自主管理により町内に475カ所設置し、指定された曜日に指定されたかごに資源ごみを分別して入れるルールの下、町による資源ごみの収集を行っていた。しかし、資源ステーションでの放置ごみが減らない状態が続いていた。この間、町内会ではチラシ配布による注意喚起も行ってきたが、成果は上がらなかった。

　そこで、「葉山町きれいな資源ステーション協働プロジェクト」を発足させ、2015年11月に、まず、モニタリングによる放置ごみの現況調査を実施したところ、悪意のあるポイ捨てや不法投棄のごみは少なく、ごみ収集後の「資源ステーション」における「後出し」ごみや、住民の分別間違いによる非資源ごみの排出、排出かごの間違え等が目立つ結果となる等、想定していたパターンとは異なる傾向のごみ放置であることが分かった。

　次いで、放置ごみの傾向を受け、2015年12月から2016年3月にかけて住民（町内会）協働のワークショップを3回開催し、放置ごみの傾向にフォーカスした対策を検討した。

　その結果、対策として、①資源ごみか非資源ごみかを分別間違えしやすいごみに特化したチラシを戸別配布する方法と、②資源ごみ収集当日の「後出し」を防ぐため、収集後に資源ステーションに「本日の収集は終了」を表示する看板の掲示を考案し、③何も対策を行わない資源ステーションも加えて、2016年5月16日から6月13日かけて、ランダム化比較試験を行うこととした。

　実験の対象となったのは、28町内会のうち協力が得られた16町内会であり、さらに16町内会の資源ステーション計292カ所のうち、モニタリングの協力の得られた160の資源ステーションである。どの資源ステーションで①から③のいずれの対策を行うかは、くじ引きで決定し、①が54カ所、②が53カ所、③が53カ所に割り振られた（この実験のケースでは、処置群は①と②、対照群は③ということになる）。なお、モニタリングは160

9　詳細については、大前（2016）参照

カ所で計1600回実施された。

　実験の結果、エビデンスとして、①の間違いやすいごみに特化したチラシの戸別配布は、③の対策なしに比べて、分別間違いのごみを７～８割減らす効果があったものの、効果は長続きしなかった。②の資源ごみ収集当日に「本日の収集終了」を知らせる看板の掲示は、③の対策なしに比べて、放置ごみの発生率を15％削減する効果があり、しかも収集日のたびに掲示されるため効果が持続した。

　以上の結果をベースに、葉山町では、効果のあった対策をそのまま政策に反映すべく、効果の持続した対策②（「本日の収集終了」を知らせる看板の掲示）については、2017年度に予算化し、全資源ステーションに看板を設置できるようにした。また、対策①のチラシについては、バリエーションを増やし、データを提供することによって町内会がタイムリーに利用できるようにした。

　葉山町では、本プロジェクトの参加者アンケートの結果、効果検証に時間がかかったという意見が若干あったものの、効果を実証的に検証したことについては、肯定的な評価が得られている。また、ランダム化比較試験を用いた検証により、資源ごみステーションの美化が促進されただけではなく、ごみの資源化率の向上、ごみの減量化に伴うごみ処理経費の削減、住民意識の向上が実現したと報告されている。

③RCTのメタアナリシス（meta-analysis）

　RCTは施策効果のエビデンスを得るための理想的な方法とされているが、その結果は、あくまでもその実験が行われた国・地域や対象者に対する効果の差である。その結果を他の地域や他の制度の下でも無条件に当てはめられるかどうかは定かではない。また、ある実験では因果関係があるという結果が出ても、別の実験では因果関係はない、という結果が出る場合もある。

　そのような場合に利用したいのが、図表９－２の１aに位置付けられる複数のRCTのメタアナリシスである。メタアナリシスとは複数の研究結果を整理・統合し、全体としてどのようなことが言えるのかをまとめたものである。施策

や実務の担当者は、特定の研究結果に依拠せず、当該施策について、全体としてどの程度の効果があるのかを把握することができるので、エビデンスの質としては高いとされる。

　RCTにおいては、処置群と対照群とでは、施策を施すか否かという点以外については、それぞれの群に属する者の属性は平均的には同じであることが要件とされ、そのために施策の潜在的対象者をランダムに振り分ける。しかし、RCTが何らかの理由により実施できない場合には、「あたかも実験が行われたような状況」を観察データから得ることができる場合がある。このような状況を利用して因果関係の分析を行うことを、自然実験または準実験と呼ぶ。以下では、そのような分析手法と日本を対象とした適用例を概説する。

(2)　回帰不連続デザイン（Regression Discontinuity Design）

①概要

　施策の対象（処置群）になるか、施策の非対象（対照群）となるかの基準が単一の基準値に従っている場合、その基準値近辺に位置する者同士、すなわちぎりぎりで施策の対象となる者とぎりぎりで施策の対象とならない者の属性は、ほとんど似通っていると考えられる。

　回帰不連続デザインは、このような状況を利用して、施策対象者のアウトカムと施策非対象者のアウトカムに差が生じていれば、それは施策の効果だと捉える手法である。なお、回帰不連続デザインを実施するためには、基準値の前後で結果に影響を与える他の要素が存在しないことや、関心のある説明変数（下記の例の場合は、「年齢」）を被験者が操作できない、という条件が必要となる。

②回帰不連続デザインを利用した医療費の自己負担額割合と受診行動の分析例

　日本では、医療費の増大が続いており、これをいかにして抑制するかが大きな議論となっている。少子高齢化が進む中、自己負担割合（窓口負担）を引き上げて過剰受診を抑制すべきであるという意見がある一方、自己負担割合が高くなると病院へ行くことを控えてしまい、早期治療が可能であったのにそれができず、病状を悪化させてしまう可能性があることを懸

念する意見もある。

　この問題に応えるために、Shigeoka（2014）は、高齢者の医療費の自己負担割合が70歳を境に 3 割から 1 割に減少する[10]ことに着目し、制度の変わり目である70歳という基準値の前後の高齢者間で、医療機関の利用頻度に違いがあるかどうかを、厚生労働省の「患者調査」という統計を用いて観察した。

　図表 9 - 4 の横軸には年齢、縦軸に外来患者数の対数値を取ったところ、70歳という基準値を境に、外来患者数が大きくジャンプしていることが観察された。

図表 9 - 4　回帰不連続デザインを利用した医療費の自己負担額割合と受診回数

－月年齢（横軸）別の外来患者数（縦軸：対数表示）－

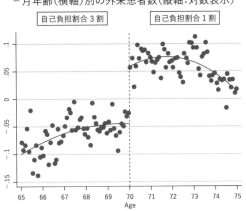

出典：Shigeoka（2014）p.2166

　70歳を境にした外来患者数の差は、対数差でみて0.1ポイントなので、その含意は、70歳を境として外来患者数が約10％増加していることを示している。医療費の自己負担割合以外の要素（健康状態や収入など）は、70歳を境として急激に変わることはない、という仮定が成立するならば（－実際にShigeoka（2014）の研究ではその仮定が成立することが説明されている－）、69歳11か月の人が70歳 0 か月になった途端に急激に健康状態が悪化するとは考えがたいので、70歳を境にした外来患者数の差は、医療費の自己負担割合が 3 割から 1 割へと減少したことによるものだ、

と推論することができるのである。

　なお、Shigeoka（2014）では、70歳を境に死亡率に変化は見られないことも示されている。したがって、医療費の自己負担割合が低くなると、高齢者は病院に行く回数は増えるが、それによって健康状態や死亡率に影響が出ることはない、ということになる。

(3)　マッチング法（Matching）

①概要

　マッチング法とは、処置群に含まれる対象者とよく似たペアを対照群の中から選び出して、二つのグループ間のアウトカムを比較する方法である。この場合、よく似たペアを選び出す方法としては、対象者が持つアウトカムに影響を与え得る複数の属性を一つの得点（傾向スコア：propensity score）に換算し、対照群の中から同じスコアの者を選ぶ方法がよく行われる。この作業を繰り返すと、最終的には、平均すると同じ得点を持つ2グループが出来上がる。そうすると、対照群は、仮に処置群に施策が行われなかった場合のアウトカムを表すことになるので、これらのグループ間のアウトカムの相違は、施策対象（処置群）となったか、ならなかったか（対照群）の相違と見ることができる。なお、この分析が成立するためには、アウトカムに影響を与え得る複数の属性をすべて得点換算できることが必要となるが、それを満たすことはなかなか困難である。

　以下では、2017年度の経済財政白書より、傾向スコア・マッチング法を用いた分析例を紹介する。

10　この研究が行われた当時、70歳未満の医療費の自己負担割合は3割、70歳以上が1割負担であった。2020年時点では、70歳未満の医療費の自己負担割合は3割、70〜74歳までが2割、75歳以上が1割負担となっている（現役並み所得者は3割負担）。なお、2019年12月に公表された全世代型社会保障検討会議の中間報告によれば、2022年からは、75歳以上の医療費についても、一定所得以上の者については自己負担割合を2割（現役並み所得者は3割）とし、それ以外の者については1割とすることが提案されている。

②傾向スコア・マッチング法を用いたワークライフバランスと企業の生産性に関する分析

　ワークライフバランス（WLB）対策を導入した企業と未導入企業の生産性の差を分析する場合、WLB施策と生産性との関係については、WLB施策が生産性を高める側面と、業績がよく余裕のある企業がWLB施策を導入するという両方向の因果関係が考えられる。また、正社員と非正社員の比率や、資本装備率の差など、生産性に影響する属性が大きく異なる場合、単純には比較できない。

　そこで、傾向スコア・マッチング法により、企業属性から傾向スコアを推計し、傾向スコアの近い企業同士を比較することにより、他の条件がほぼ同じグループが二つ出来上がるので、WLB導入企業と未導入企業で、生産性の差がどれだけあるかを計測した。

図表9−5　傾向スコアに基づくマッチングのイメージ

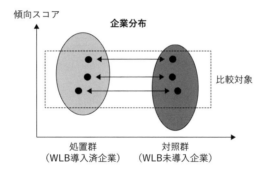

　その結果、長時間労働是正策を講じる場合や長時間労働是正策とテレワークを併せて実施する場合について、生産性を引き上げるという効果がみられた。特に、企業の創立年が新しい企業では、長時間労働是正策とテレワークとの組合せを実施することが生産性を向上させる効果が高い。また、労働者の転職や離職が少ない企業の方が、長時間労働是正策を実施する効果が高いという結果が得られた。

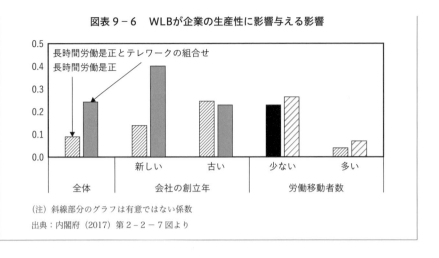

図表 9 － 6　WLBが企業の生産性に影響与える影響

(注) 斜線部分のグラフは有意ではない係数
出典：内閣府（2017）第 2 － 2 － 7 図より

⑷　操作変数法（Instrumental Variation method）

①概要

　二つの変数の間の関係について、因果関係なのか相関関係なのかが分からない場合、原因（説明変数）には影響を与えるが、結果（被説明変数）には影響を与えない第三の変数を用いて、説明変数と被説明変数の因果関係を把握する方法である。

　操作変数を用いた推定では、第一段階目に説明変数を操作変数で説明する回帰式を推定した結果から説明変数の予測値を算出し、第二段階目に元の説明変数の代わりに予測値を用いた推定を行う。

　この分析が実行可能になるには、当該操作変数と結果の双方に影響を与える第四の変数が存在しない、あるいは存在してもコントロールできることが前提となる。

　以下には、2017年度の経済財政白書より、操作変数法を用いた分析例を紹介する。

②操作変数法を用いたイノベーションと雇用成長率の関係に関する分析

技術革新によってプロダクト・イノベーションが生じたときに雇用が受ける影響について、単純に全要素生産性（TFP）の上昇と雇用の変化の関係をみると、TFPが上昇すると雇用が減少するという負の相関関係がみられた。そこで、研究開発費の対売上高比率を操作変数とし、これで雇用の変化を回帰することとした。

図表 9 − 7　操作変数法による分析イメージ

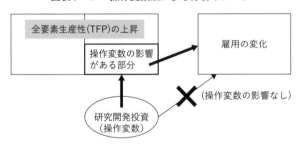

分析の結果、TFPの係数は正で有意となった。TFP の変化と雇用の変化の間には負の相関関係があるものの、研究開発投資に起因するTFPの上昇（プロダクト・イノベーション）は、雇用を増加させる傾向があるとの結果となった。なお、以下の図表 9 − 8 の推計式 1 では、最小二乗法による推計結果、推計式 2 では、操作変数法による推計結果を示している。

図表 9 − 8　イノベーションと雇用の関係

説明変数	被説明変数：雇用成長率	
	推計式 1 （最小二乗法）	推計式 2 （操作変数法）
TFPの成長率	−0.0415*** （−10.31）	0.5870** （2.454）

（注）***は 1 ％有意水準、**は 5 ％有意水準であることを表す。かっこ内は t 値
出典：内閣府（2017）第 3 − 2 − 5 図より抜粋

⑸　差の差分析（Difference-in-Differences）

①概要

　差の差分析とは、前後比較と処置群・対照群の比較とを組み合わせることによって、トレンド等の外部要因の影響を取り除いた上で、施策による因果関係を把握する方法である。

　施策対象者の施策実施前と後の成果指標を比較（前後比較）し、成果指標の向上が見られたとしても、それはトレンド等の外部要因の影響であることが考えられる。そこで、トレンド等の外部要因の影響を排除するため、当該施策の非対象者による成果指標の変化と比較する（処置群・対照群の比較）。そして、施策の非対象者にも同じトレンドが生じているものと仮定し、前後比較の結果からトレンド分を差し引き、施策効果とみなすのである。

　差の差分析が成り立つためには、施策対象の処置群と施策非対象の対照群が同じトレンドで平行推移し、かつ、成果指標に影響を与える何らかの要因が処置群・対照群の双方に別々に生じていない、というかなり厳しい前提条件が必要となる。

図表 9 - 9　差の差分析のイメージ

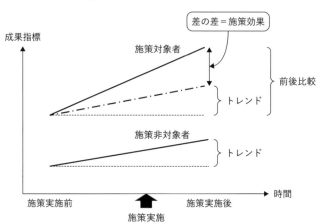

　ここでも、2017年度の経済財政白書より、差の差分析を用いた分析例を紹介する。

②差の差分析を用いた直接投資による生産性への影響分析

　企業が対外直接投資を行い、その前後で生産性が変化したとしても、それは直接投資による影響なのかその他の要因によるものなのか、あるいは、生産性が向上した企業が対外直接投資を実施したのかは、判別できない。そこで、先に紹介した傾向スコア・マッチングによって、対外直接投資の有無以外は企業属性が似通っている企業同士を組み合わせ、対外直接投資開始前後のTFPの変化を比較した（したがって、対外直接投資以外の要因の影響は排除されている）。

　その結果、製造業も非製造業も、対外直接投資を開始した企業のTFPは、開始年の１年前から上昇し始め、その後も少なくとも開始後５年後までは上昇を続ける傾向がみられた。それに対して、対外直接投資非開始企業のTFP は、低下傾向となっていた。その変化率の差は、対外直接投資開始企業は、開始から３年後までは非開始企業との間にはっきりとした有意な差が見られない一方、４年後以降は７〜８％ポイント程度、非開始企業のTFPの変化率を有意に上回っていた。

図表9 –10　対外直接投資が生産性に与える影響

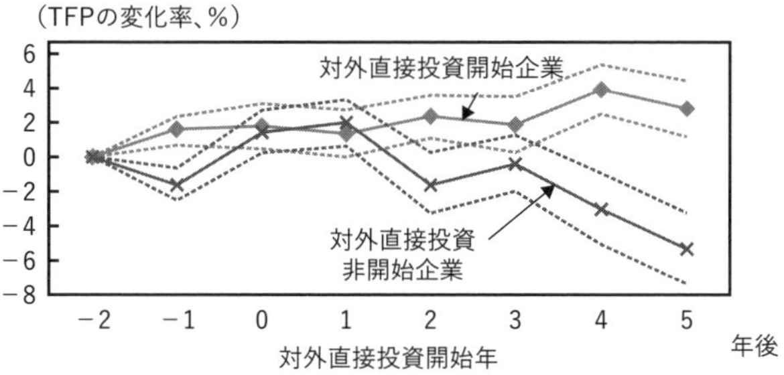

（TFPの変化率、%）

出典：内閣府（2017）第3－1－8図より抜粋

5　EBPMの今後の展望と求められる体制づくり

　医薬を始めとする自然科学の分野で一般的であったRCTの手法を、社会課題の解決のためにいち早く導入したのは、開発経済学の分野であった[11]。例えば、JICAのウェブサイト[12]でも、事業の効果は事業以外の要因にも影響を受けるので、事業のインパクトを正確に測定するためには、事業が実施された状況（事実／Factual）と、仮に事業が実施されていなかった場合の状況（反事実的状況／Counterfactual）とを比較することが必要であり、これをデータ収集の工夫、統計学や経済学の手法の活用等によって把握することが述べられている。

　本章では、前節までで、施策が実施された状況（Factual）と、施策が実施されなかった場合の状況（Counterfactual）を作り上げ（または近似し）、その差分を因果関係のある施策効果（エビデンス）として捉え、それをEBPMに繋げるための手法とその適用例を紹介してきた[13]。適用例については、（必ずしもすべてが施策事例ではないが）国全体を対象とした事例が多いが、医療費の自己負担割合軽減の受診行動への影響や、神奈川県葉山町の放置ごみ対策におけるRCTの実施結果についてのエビデンスは、地方自治体にも示唆するところが多い。

　ここでは、今後の展望と残された課題、さらにEBPMを推進する上で必要とされる体制づくりについて考察したい。

11　マサチューセッツ工科大学（MIT）のエステル・デュフロ教授とアビジット・バナジー教授、ハーバード大学のマイケル・クレマー教授は、開発経済学の分野で、途上国の貧困問題を解決するための有効な施策を探るため、RCTに基づいたアプローチを取り入れた功績により、2019年のノーベル経済学賞を受賞している（小林監訳2019）。

12　https://www.jica.go.jp/activities/evaluation/impact.html　2020年 1 月 7 日アクセス

13　諸外国に目を転じれば、マサチューセッツ工科大学（MIT）が運営するThe Abdul Latif Jameel Poverty Action Lab（通称J-PAL）では、最も厳格なインパクト評価とされるRCTのみを使ったインパクト評価事例として、1,000件近い報告書がアップロードされている（https://www.povertyactionlab.org/evaluations　2020年 1 月 7 日アクセス）。

　また、International Initiative for Impact Evaluation（通称 3 ie）では、RCTだけでなく、操作変数法や傾向スコア・マッチング法、差の差分析等も含め、インパクト評価の手法を用いた4,600件余りの報告書がアップロードされている。

http://www.3ieimpact.org/evidence-hub/impact-evaluation-repository（2020年 1 月 7 日アクセス）

⑴　地方自治体でのEBPMの活用

　神奈川県葉山町でのEBPMの取組みは、資源ごみにおける放置ごみ対策が対象であった。ごみ収集は、地方自治体の自治義務であり、分別方法や回収方法等は地方自治体の裁量に任されている。その中で、どのような回収方法が最も効果が高いのか、住民も巻き込んだフィールド実験には馴染みやすいテーマである。

　また、現在、子育て世代を呼び込むため、すべての都道府県・市区町村で子どもの医療費に対する独自の助成が行われており、対象年齢には多少のばらつきはあるものの、6割の市区町村では、子どもの医療費の自己負担割合（窓口負担割合）をゼロとしている[14]。Shigeoka（2014）の研究では、自己負担割合が低下する70歳を境にした高齢者の過剰受診行動が示唆されたが、子どもについても、自己負担割合が変化する年齢前後で、回帰不連続デザインによる分析により、同様のことが起きていないかどうか、確認することも考えられよう。

⑵　費用便益分析・費用効果分析への展開

　Boardman et al.（2011）によれば、フィールド実験[15]は、健康、教育、職業訓練、福祉等の対人サービスプログラムの効果を測定するのに向いており、これまでに費用便益分析に付随して実施されたフィールド実験のほとんどは、求職支援、職業訓練、雇用促進プログラム参加、識字補習教育等であったことが指摘されている。

　第 2 章で見たとおり、日本での費用便益分析の対象は、ほぼ公共事業に限られている[16]。今後は、対象を対人サービスプログラムに広げていくことも考

14　厚生労働省（2019）参照
15　原文では"demonstrations"や"pilot program"という言葉を用いているが、RCTや準実験を意味している。
16　政策評価法での事前評価の対象は、研究開発、公共事業、ODA、規制、租税特別措置等となっているが、これらの事業のうち、費用便益分析または費用効果分析のマニュアルが策定されているのは、各種公共事業にほぼ限られている。総務省「公共事業に関する評価実施要領・公共事業の費用対効果分析マニュアルの策定状況」
（https://www.soumu.go.jp/main_sosiki/hyouka/seisaku_n/koukyou_jigyou.html#　2020年 1 月 8 日アクセス）

えられる。地方自治体レベルでは、職業訓練プログラムや放課後の子どもの学習支援プログラム等は多数実施されており、これらは、RCTをはじめとするフィールド実験等で効果の大きさを確認することができる。これらのプログラムの効果を金銭換算化する費用便益分析までは難しいかもしれないが、同額の予算を使って、少なくともどのようなプログラムがより効果があるのか、費用効果分析までは実施可能であろう。

(3)　RCTを適用する上でのいくつかの留意点

　施策のインパクトを把握する上で、RCTは最も強力なツールである。しかし、RCTは、コンセプト自体は分かりやすいが、実施に際してはいくつもの乗り越えなければならないハードルがある。

　例えば、処置群に割り当てられた者はプログラムを受けることはできるが、対照群に割り当てられた者はプログラムを受けることができない、という点は、公平性や倫理面の観点から、参加者を納得させなければならない[17]。

　また、実験対象地域では、同じ目的を持つ複数のプログラムが同時並行で実施されていることは珍しくなく、それらのプログラムがアウトカムに与える影響を排除した上で、実験を実施しなければならない。そのためには、少なくとも事前の段階で、アウトカムに影響を与える他のプログラムや変数を収集・把握しておく必要がある。

　さらに、RCTが、健康、教育、職業訓練、福祉等の対人サービスプログラムで多く用いられてきたのは、実験がそれらの分野の効果検証に使いやすい、という側面もある。公共事業のようなインフラ整備を伴うプログラムでは、実験としてインフラを整備することも難しければ、実験の結果、それが効果がないとわかった場合、今度は取り壊すのにもコストがかかってしまう。さらに、地域住民について、それを利用できる処置群と利用できない対照群にランダムに振り分け、対照群が利用できないように監視するコストもばかにならない。したがって、公共事業のようなプログラムではRCTは不向きということになろ

17　この点については、段階的に導入し公平性に一定程度配慮する方法や、すべての地域で施策を実施するが、地域内でサブグループを組成して処置群と対照群に分けることにより、ランダム性を担保しつつ公平性を一定程度満たす方法等が考案されている。

う。分析手法の選択は、目的と手法の適性に応じて、補完的に行わなければならない。

(4)　既存データとの接続

RCTや準実験的な手法を行う上では、潜在的対象者を、施策の対象となるかならないか以外の点については、平均的にみて属性が等しくなるようにランダムに振り分けなければならない。いざ実験を行おうという時点になってから、潜在的施策対象者の属性データを取り始め、それをもとにランダムに振り分けていては、時間がかかりすぎる。

そこで、新たにデータを取るだけではなく、すでに行政機関が保有している個人・企業のデータとの接続を図ることも、スピーディーな実施やコスト効率化の観点からは重要である。施策対象が個人であれば、所得、納税額、家族構成、居住地域、学歴、職歴、健康状態などの個人情報、施策対象が企業であれば、所得、売上高、納税額、設備投資額、借入額などの機密情報は、事前にランダム化を行う上では有力な情報である。もちろん、これらの機微な情報を利用する上では、個人情報や企業の機密情報の保護に十分配慮し、一定の制約条件を付けなければならないことは言うまでもない。

現在の日本では欧米諸国に比べ、政府統計の個人データや個々の企業データの公開が欧米に比べて遅れており、研究者が利用する際にも膨大な手続きと時間がかかる、と言われている。個人や企業を特定できないようなノイズを加えることによって、データを公益的な研究目的に利用できるようにするためのルール作り・体制作りが必要になってきているのではないだろうか。

(5)　成果が出るまでに長期間を要するプログラムへの対応

健康支援プログラムにせよ、就労支援プログラムにせよ、学習支援プログラムにせよ、短期的なアウトカムで評価を行うのか、中長期的なアウトカムで評価を行うのかによって、求められるデータは変わってくる。例えば、起業家教育の実施が青少年の起業行動に及ぼす影響を見るためには、処置群と対照群の双方について、長期にわたってデータを収集し続ける必要がある。

成果の発現までに長期間がかかるものについて、どのようなエビデンスをど

の時点で把握し、EBPMに活用していくかは、大きな課題である。少なくとも、短期的・中長期的に検証したい仮説は何か、施策の開始前、開始後のそれぞれの段階で、どのような情報を取得・提供するのかを取り決め、そのためのルール作りも必要となる。

⑹　つくる・つたえる・つかうのサイクルの確立

　小林監訳（2019）が指摘するように、EBPMを推進する上では、政策の効果を具体的に測定するというエビデンスを「つくる」プロセスとともに、エビデンスを整理し誰でも分かりやすい形にまとめる「つたえる」プロセス、さらにそのエビデンスを基に政策的意思決定を行う「つかう」プロセスも回していく必要がある。

　英国では、様々な政策分野において、政府から一定の独立性を有する官民協働組織であるWhat Works Centreがこの機能を果たし、政府、大学、研究機関、企業、NPO、地方自治体を繋いだ社会実装を支援している[18]。EBPMを推進する上で、同様の組織は日本でも求められていると言えるだろう。

⑺　産官学との協働体制の構築

　行政には施策実施に対する説明責任が伴い、また、日本では、特に行政は誤ってはならないというプレッシャーが強いとも言われている。そのため、行政自身が分析・評価主体になると、特に、RCTによる検証の結果、プログラムには効果がなかったという結果は、議会との関係からも公表しづらいため、分析結果に恣意性が入る可能性がある。したがって、評価・分析自体は学識者への依頼など、中立的な第三者機関が実施する形が好ましい。

　その際、例えば、以下のことが考えられる。

・行政は⑷で述べたデータを提供する
・研究者はそのデータも活用しながらRCT等による実証実験・分析を行い、その分析結果をエビデンスとして政府にフィードバックすると共に、分析

18　詳細については、家子・小林・松岡・西尾（2016）参照。

　　結果を自らの研究実績として論文化できるようにする

　・評価専担の人員が不足している政府（特に地方自治体）は、研究者による
　　分析結果をEBPMに活用する

　・自らの事業の効果を客観的に把握したいと考えている社会的企業やNPO
　　は、評価デザインの設計段階から協力し、フィールド実験にも参加する

　前述の(6)とも関係するが、インパクト評価の結果をEBPMとして活用してい
くためには、産官学を巻き込んだ形で、いずれのセクターにも利する点がある
ような協働体制の構築が求められている。

参考文献

家子直幸・小林庸平・松岡夏子・西尾真治（2016）「エビデンスで変わる政策形成〜イギリスにおける「エビデンスに基づく政策」の動向、ランダム化比較試験による実証、及び日本への示唆〜」『三菱UFJリサーチ＆コンサルティング政策研究レポート』（2016年2月12日）。(https://www.murc.jp/wp-content/uploads/2016/02/seiken_160212.pdf　2020年1月8日アクセス)

伊藤公一朗（2017）『データ分析の力　因果関係に迫る思考法』光文社新書。

大竹文雄（2019）『行動経済学の使い方』岩波新書。

大前正嗣（2016）「葉山町きれいな資源ステーション協働プロジェクト〜住民協働によるランダム化比較実験とエビデンスに基づく政策決定」。(http://www.pref.kanagawa.jp/docs/r5k/cnt/f500405/documents/2-4kanagawaebpmforumhayama.pdf　2020年1月7日アクセス)

厚生労働省（2019）「平成30年度乳幼児等に係る医療費の援助についての調査」。(https://www.mhlw.go.jp/stf/houdou/0000213116_00001.html 2020年1月7日アクセス)

小林庸平（2014）「政策効果分析の潮流とランダム化比較試験を用いたアンケート督促効果の分析」『三菱UFJリサーチ＆コンサルティング政策研究レポート』（2014年10月10日）。(https://www.murc.jp/wp-content/uploads/2014/10/seiken_141010.pdf　2020年1月7日アクセス)

小林庸平監訳・解説（2019）『政策評価のための因果関係の見つけ方―ランダム化比較試験入門―』日本評論社。（原著はDuflo,E., Glennerster,R.,and Kremer,M.（2008）"Using Randomization in Development Economics Research: A Toolkit" in Chapter 61 of *Handbook of Development Economics, Volume 4* edit by T.Paul Schultz and John Strauss)

内閣府（2017）「平成29年度年次経済財政報告」。

内閣府（2018）「平成30年度内閣府本府EBPM取組方針」。

中室牧子・津川友介（2017）『「原因と結果」の経済学』ダイヤモンド社。

平井明代（2012）『教育・心理系研究のためのデータ分析入門』東京図書。

三菱UFJリサーチ＆コンサルティング（2017）「平成28年度政策評価調査事業（経済産業行政におけるエビデンスに基づく政策立案・評価に関する調査）報告書」経済産業省委託調査。

Boardman, A.E., Greenberg, D.H., Vining, A.R., Weimer, D.L. (2011) "Valuing Impacts from Observed Behavior: Experiments and Quasi Experiments" in Chapter 12 of *Cost-benefit Analysis*. 4th ed. Boston: Prentice Hall.

Shigeoka, H. (2014) "The Effect of Patient Cost Sharing on Utilization, Health, and Risk Protection" *American Economic Review,* 104(7) :2152-2184.

第 4 部

ケーススタディ

環境省による経済価値評価の事例

藤田　道男

1 全国的なシカの食害対策の実施により保全される生物多様性の価値評価

　環境省では、これまでに様々な環境政策の経済価値評価を実施している。ここでは、最近多くの話題が新聞やニュースで取り上げられるニホンジカ*Cervus nippon*（以下「シカ」という。）の増加・分布拡大について、その食害対策により保全される生物多様性の経済価値評価の事例を紹介する。

　わが国では、1990年代からシカの個体数が増加し、自然保護区の自然植生の過食、森林斜面の土壌流失等の問題を引き起こしている（梶 2013）。また、分布域についても、1978年から2014年までの36年間で約2.5倍[1]に拡大している。

図表10−1　シカによる食害事例・防鹿柵の設置状況

シカによって食害されたミズナラ。シカの上アゴには前歯がなく、下アゴの前歯でこそげ取るように樹皮を剥がして食べるため、縦スジの食痕が多数見られる（写真左）。環境省による防鹿柵の設置状況。柵の内外で、植生が異なることに留意（写真右）。

1　環境省「自然環境保全基礎調査」における、5 km平方の分布メッシュ数カウントによる結果（環境省　2015a）

　増加したシカへの対策として、環境省では様々な事業を実施している。尾瀬
国立公園を始めとする、各国立公園におけるシカ被害については、管理方針を
策定して防鹿柵（侵入防止柵・ネット）の設置や捕獲等の対策を実施している。
また、捕獲の担い手を増やす取組みとして、狩猟が自然環境保全や地域社会に
必要とされていることを啓発し、その魅力を伝えることで、狩猟を始めるきっ
かけを国民に提供する「狩猟の魅力まるわかりフォーラム」を2012年度から
実施している。

　こうした背景を踏まえ、環境省は2012年度に、シカ対策の推進等によって
保全される生物多様性の経済価値評価を実施している。日本全国において、シ
カが自然植生に与える被食圧（農林業被害は含まない）への対策、具体的には、
防鹿柵設置による物理的な食害への対策、ワナ猟や銃猟での捕獲によるシカの
個体数管理、ハンター等の人材育成を実施して、シカによる食害が目立たない
状態にまで回復させることに対する、1世帯当たりの年間の支払意思額（WTP）
を確認する「CVM」（仮想評価法）により、価値評価を実施した。

　CVMは利用価値だけでなく非利用価値も評価できることから、1990年代以
降、世界的に注目を集めている。なお、生物多様性の価値には、木材生産、レ
クリエーション利用、水源涵養、国土保全などの「利用価値」も含まれるが、
今回は評価対象外としており、本結果は、自然植生の回復に関する「非利用価
値」を評価したものである。

　今回の調査では、税金方式にすると支払意思額が少なくなることから、基金
方式にした。全回答数1,057世帯のうち、有効回答数は670人であった（この
有効回答数には抵抗回答[2]、温情効果回答[3]、回答時間が明らかに短かった回答
を除いている）。

2　結果

　支払意思額は、以下図表のとおり「平均値」（統計的に算出した、支払い意

2　支払意思がない人のうち、反対理由が妥当でない回答（例：支払い方法への反対）
3　支払意思がある人のうち、賛成理由が妥当でない回答（例：世の中の役に立ちたい）

思額の平均値）が3,181円／世帯であった。なお、これは1世帯当たりが10年間継続して支払うものとして質問した結果の、1年当たりの金額である。

　また、支払意思がある／ないの回答が統計学的に半分ずつになる値であり、政策を実行する際に過半数の支持が得られるか否かの境界値として提示される金額である「中央値」は、1,666円／世帯であった。

図表10-2　シカ対策に関する「支払意思額」および「評価額」

	支払意思額 （1世帯当たり、年間）	評価額 （51,950,504世帯[4]を乗じた金額、年間）
中央値	1,666円 [1,499～1,856円][5]	約865億円
平均値[6]	3,181円 [2,896～3,512円]	約1,653億円

　本調査結果では、これらの支払意思額に、評価範囲（受益範囲）である全国の世帯数として約5,200万世帯を乗じることで、全国の評価額を算定している。

3　考察

(1)　本結果に基づく考察

　本調査について、当時、費用便益分析（B/C）は実施していないが、ここでは、わが国の鳥獣保護管理政策も紹介しつつ、本結果について考察してみたい。

　まず、便益（B）について考察する。

　「中央値」と「平均値」は、評価額の使用目的によって使い分けることが一般的であり、B/Cには「平均値」を使用し、政策の意思決定で過半数ルール（過

4　平成22（2010）年国勢調査「世帯数総数」データ（全国）を使用

5　[　]内は、1,000回のKrinsky-Robbモンテカルロシミュレーションにより推定された95％信頼区間を示す

6　提示金額は100円、500円、1,000円、3,000円、7,000円、15,000円であり、平均値は最大提示額で裾切りしている

半数の支持が得られる）を用いる場合には「中央値」を使用することが多い。ただし、「平均値」は「中央値」よりも過大評価になりがちであること、また、一般に「平均値WTP」は「中央値WTP」よりも高額になることから、より少ない額である「中央値」で評価しても対策費用を上回るのであれば、便益が対策費用を上回り、さらに、政策実行が妥当であると判断できる。そこで、ここでは、「中央値」を用いて「B」を考察した。

　また、今回のアンケートでは、既述のとおり支払期間を10年間としている。しかし通常、生物多様性の保全に必要な事業期間は10年以上であること、かつ、生物多様性の保全はダム事業や道路事業のように施設整備に莫大な初期費用がかかるものではなく、長期間にわたり、ほぼ同じような費用の発生が見込まれることから、ダム事業や道路事業のような総費用と総便益で比較するのではなく、毎年発生する費用と1年当たりの評価額を比較する方が妥当である。また、実際に事業計画は単年度ごとで検討されることが多い。以上より、ここでは1年当たりで考察する。

　次に、費用（C）について考察する。

　本アンケートで提示したシカ対策（防鹿柵設置、個体数管理、人材育成）について、厳密なCを算出することは困難であるが、ここでは一例として、環境省の2012年度予算を挙げる。具体的には、「鳥獣保護管理強化事業費[7]」、「国立公園等シカ管理対策事業費[8]」および「国立公園等における大型獣との共生推進費[9]」の合計金額（約3.9億円）である。

　ただし、本予算額は、厳密にはアンケートで提示したシカ対策以外の費用、例えばイノシシ対策等も含まれており、シカ対策の費用はこれよりさらに少なくなることに留意する必要がある。

　他方で、本来であれば環境省以外のシカ対策予算（都道府県・市町村等）もある。また、シカの捕獲を行うハンターが毎年、自発的に支払っている諸経費[10]のような、ここには「見えない費用」もあるため、「約3.9億円」という金

7　国立公園課、鳥獣保護業務室及び自然環境整備担当参事官室の予算：約2億8,501万円。課室名は当時のもの
8　国立公園課、鳥獣保護業務室及び自然環境整備担当参事官室の予算：約4,099万円
9　国立公園課及び鳥獣保護業務室の予算：約6,177万円

額は、ここではあくまで一つの目安であることに留意する必要がある。

　しかし、こうした点を踏まえても、Bの約865億円という中央値の評価額は、様々な費用を合わせた額に対して十分に大きいものと考察される。

⑵　現在における評価

　本アンケート結果で得られた中央値WTPによる評価額（約865億円）は、「シカによる食害が目立たない状態にまで回復させること」に対する価値であることに留意する必要がある。シカの食害対策は全国で実施されているが、この経済価値評価が行われた2012年度から8年近くが経過している現在でも、全ての対策地域が「シカによる食害が目立たない状態」になっているわけではない。その意味では、約865億円という理想の状態に対する金額も、ある程度、間引いて考えることになる。

　他方で、「シカによる食害が目立たない状態にまで回復させる」ことに成功している地域もある。一例として、日光国立公園の特別保護地区（国立公園の地種区分の中で、最も厳しい規制がかけられている区域）に指定されている、栃木県戦場ヶ原湿原の例を挙げる。ここでは2001年に防鹿柵を設置し、2006年からは柵の開放部などから侵入するシカの捕獲がなされている（番匠2013）。その結果、近年では、シカが侵入できない柵内では、植被率[11]が柵の設置後から経年的に増加し、2009年以降、高い状態が保たれている。また、2001年には32種類しか確認されていなかったチョウ類が、2019年度には51種類となっており、現地の植生が回復してきていることが示唆される（環境省2019）。

　シカ対策が効果を挙げているこのような事例は今後も増えていくこととなり、「約865億円」という理想の状態に近づいていくものと考えられる。

　また、本調査は2012年度に実施したものであるが、その後、シカの増加・分布拡大により、林床植生の消失による森林の水源涵養機能低下や地滑り等の

10　毎年、都道府県ごとに狩猟者登録を行う必要があり、狩猟税・銃弾購入に必要な書類の発行費用やワナの購入／作成費用・猟友会費・保険料等が必要。さらに銃弾代・射撃場使用料・猟銃やワナの維持費等の費用がかかる

11　2m四方のエリアを現地に設定しておき、その内部を植物がカバーする比率

土砂災害、列車・自動車との衝突事故、シカに寄生するマダニが媒介する SFTS (重症熱性血小板減少症候群) のようなダニ媒介感染症の拡大の可能性 (岡部ら 2019) 等、増えすぎたシカによる様々な被害がマスコミにより数多く報道されている。加えて、狩猟に関するマンガやドラマ等により、女性ハンター・若者ハンターを始めとする新たな狩猟者が増加している (環境省 2015b)。その結果、1975年度の約52万人から減少を続け、一時は約18万人にまで落ち込んでいた狩猟免許所持者数も、2016年度には約20万人[12]と持ち直している[13]など、鳥獣被害に関する理解や関心もさらに高まっている。実は筆者も、単独で入山してライフルでシカを仕留め、ジビエとして喫食するソロハンターであるが、筆者が狩猟を開始してからの、この12年間においても、シカの個体数や山林被害の増加、さらには狩猟に関する世間の関心・理解の高まりを実際に体感しているところである。

　さらに、2014年には鳥獣保護法が改正され、増え過ぎた鳥獣に対する「管理」を強化する措置が導入されるなど、鳥獣の生息状況を適正化するための抜本的な対策が講じられることとなった。こうした背景を踏まえ、シカ対策の当初予算 (C) は、2019年度には約12.6億円[14]となっており、前述した2012年度の予算から約3.2倍に増額している。しかし、上記のとおりシカ対策に関する理解・関心がさらに進んでいる現状を踏まえると、同様のアンケートを行っても、現在の価値評価額 (B) は下がることはなく、むしろ、さらに上がる可能性があると推察される。

　わが国の生物多様性の豊かさは、日本国民共通の財産であり、これからも保全すべき対象である。加えて、上記のとおり水道水の源となる水源林の荒廃やそれによる土砂災害の発生、交通事故の増加、感染症等、シカの個体数増加は、まさに国民一人ひとりの実生活にも直結する問題でもある。わが国がシカの増

12　環境省ホームページ「年齢別狩猟免許所持者数」
(https://www.env.go.jp/nature/choju/docs/docs4/menkyo.pdf　2019年12月25日アクセス)
13　2007年度に網免許とワナ免許を分離したため、それ以前に「網・ワナ免許」を取得していた者は2人とカウントされる (見かけ上の人数が増加している) ことに留意
14　鳥獣保護管理室の「鳥獣保護管理強化事業費」、「指定管理鳥獣捕獲等事業費」および「国指定鳥獣保護区管理強化費」ならびに国立公園課の「国立公園等シカ管理対策事業費」の合計金額。なお、いずれの予算もシカ対策以外の予算 (イノシシ対策など) が含まれていることに留意

加という課題に向き合っていく上で、こうしたシカ対策事業の経済価値評価は
国民の理解の一助となるなど、今後も有効な政策ツールとなり得るものである。

参考文献

岡部貴美子・亘悠哉・矢野泰弘・前田健・五箇公一（2019）「マダニが媒介する動物由来新興感染症
　対策のための野生動物管理」『保全生態学研究』24(1)：109–124頁。

梶光一（2013）「我が国におけるニホンジカの増加と個体数管理」『水利科学』57(4)：2–11頁。

環境省（2015a）「（お知らせ）改正鳥獣法に基づく指定管理鳥獣捕獲等事業の推進に向けたニホンジ
　カ及びイノシシの生息状況等緊急調査事業の結果について」(https://www.env.go.jp/press/100922.
　html　2019年12月25日アクセス)。

環境省（2015b）『平成27年版　環境白書・循環型社会白書・生物多様性白書』。

環境省（2019）「植生復元施設モニタリング（植物群落、鳥類、チョウ類）調査業務　調査結果概要」。

番匠克二（2013）「日光国立公園戦場ヶ原湿原における保全意識の変遷」『東京大学農学部演習林報告』
　第128号。

英国のソーシャル・インパクト・ボンドの事例等を踏まえて

チー・ホーン・シン

1 はじめに

　国連（UN）は、開発途上国で持続可能な開発目標（SDGs）を達成するには、年間2.5兆USドル（275兆円）[1]ほどの資金不足があると指摘していた（UNCTAD 2014）。SDGsのアジェンダが動機であるか、ないかにかかわらず、潜在的な資金提供の宝庫を開放しようとする広範な取組みが存在している。

　ソーシャル・インパクト・ボンド（以下、SIB）が、世界に先駆けて英国で開始され、公共政策イノベーションとして台頭している。SIBは成果連動型契約（Payment by Results：PbR）の一形態である。しかし、PbRでは期待される結果が得られない際の財政リスクがサービス提供者に転嫁されるが、SIBでは対照的に社会的投資家にリスクが移転される。社会的投資家は、期待された社会的アウトカムが達成された時のみ、リターンの支払いを受けることができる（UK National Audit Office 2015）。

　英国政府は、SIBには予防的活動に焦点を当てるための新たな資源を金融資本から呼び込む可能性があるとみなしている（UK HM Government 2018）。一方で、SIBが国際的に新たな資金源の獲得手段となっているという明確なエビデンスはないという、より慎重な見解があるのも事実である（Gustafsson-Wright et al., 2015）。

　SIBに関する研究者の主要関心領域は、SIBが支払対象とするアウトカムのタイプや、その支払いの論拠―これらはSIBに参加する関係者の志向や動機の理解の鍵となる―をより詳細に分析するところにある（Tsukamoto and Sin 2019）。

　多くの論者は、SIBが社会的アウトカムのみに対して支払われるといわれて

1　「1ドル=110円」で計算

いるのに対して、実態は必ずしもそうではないと指摘している。一部のSIBでは、「アウトカム」というよりむしろ「アウトプット」に対して支払われている。その理由としては、少なくとも、ルーティンに収集され、公表されている既存の行政データをアウトカムの代理指標として使用することが好まれているからである。

　例えば、"the Reboot West – Care Leavers SIB in Bristol"の事例をあげる。これは「ケアリーヴァー」[2]向けに、2018年に開始されたSIBである。ケアリーヴァーはプログラムに参加すると最初のアセスメントを受ける。そして、3カ月ごとのアセスメントを受ける。これらのアセスメントには、支払いを受けるための活動やアウトプット型の基準が含まれている。

　加えて、社会的アウトカムには様々な視点からの定義がありうる。筆者は、公的部門により提供されるサービスや支援の利用に関しては、社会的アウトカムが「システム」レベルで定義される傾向があると主張してきた（Sin 2016）。例えば、保健医療分野で英国最初のSIB「the Newcastle Ways to Wellness SIB」では、長期慢性疾患（long term conditions）におけるセルフ・マネジメント（self-management）の改善結果が、支払いと連動した主要アウトカムとして設定されている。そして、そのアウトカムは「セカンダリー・ケア」[3]のコスト削減分（reduced cost of secondary healthcare services）として定義されている。

　実際、ロンドンのウォーサム・フォレスト区（the London Borough of Waltham Forest）の「End of Life Care Incubator SIB」では、公的医療サービスのコスト削減分、すなわち、救急医療・緊急入院サービスのコスト削減分をアウトカムとして定義し、完全にその削減分のみをベースに支払いを行っている。

2　（訳者注）児童養護施設から出所した若者や里親保護から離れて生活するようになった若者を意味する。日本では「措置解除者」とも言われる。

3　（訳者注）英国の保健医療制度は日本と異なり、国営のNHS（国民保健サービス）によって運営されている。医療サービスは税財源から拠出され、基本的に無料である（外来処方薬については一処方当たりに定額負担あり）。住民は一般家庭医（GP）に登録し、救急医療を除き、GPの診察（プライマリーケア）を受けた上で、必要に応じてGPの紹介を通じて、専門医（セカンダリーケア）を受診できる。

SIBにおけるアウトカムと支払いとの関係性もまた単純ではない。SIBでは、簡潔さを求めるため、支払いのためのトリガーをごく少数のアウトカム・メトリクスに限定する支払いモデルをとることが多い。しかしながら、このことは、必ずしも支払いと結びつけられるアウトカムのみが、データとして集められ、モニタリングされることを意味しない。

2　ケーススタディ：エセックス県SIB

(1)　概要

エセックス県（Essex County Council：ECC）[4]のSIBでは、ライセンスを付与されたエビデンスに基づくマルチシステミックセラピー（multi-systemic therapy：MST）[5]という介入手法が用いられた。エセックスSIBでは2013年4月から2018年12月まで、重大な行動面の問題を抱え、将来、少年院・保護観察等の保護下に入るリスクの高い11歳から17歳の若者とその家族をターゲットにして介入が実施された。

MSTのサービスは、全国的に子どもの支援に取り組んでいるチャリティ（NPO）[6]であるアクション・フォー・チルドレン（Action for Children）によって、"Children Support Services Limited"（CSSL）との契約に基づき提供された。CSSLはSIBの実施のためだけに特別に設立された会社[7]である。CSSLのエージェントであるSocial Financeという組織が、そのビジネス・ケースのス

4　（訳者注）日本の地方自治制度は二層制（都道府県と市町村）であるが、英国の地方自治制度は「カウンティ（county）」と「ディストリクト（district）」という二層制と、非大都市圏の「ユニタリー（Unitary Council）」と「大都市圏ディストリクト（Metropolitan District Council）」の一制制が併存している。カウンティは日本でいう広域自治体（県）であり、ディストリクトは基礎自治体（市町村）に該当する。一層制の自治体は、県と市町村の機能を併せ持っている。

5　（訳者注）MSTは米国で開発された児童・思春期・青年期の反社会的行動への心理学的介入技法。

6　（訳者注）英国では、民間非営利組織として活動する場合は、基本的にチャリティコミッション（日本でいう公益認定等委員会）に申請し、その公益認定を経て、チャリティ資格（charity status）が付与され、登録チャリティ（registered charities）となる。ただし、チャリティは資格であって、法人格ではない。チャリティとして登録された団体は別途、保証有限責任会社（company limited by guarantees：CLG）等の法人格を取得する。

コーピング（対象範囲の明確化）やSIBの支払い計画等において中核的な役割を果たしていた。CSSLは、エセックス県より、MSTサービスの提供に資金提供するためのSIBを組成し運営する業務を委託されたのである。

エセックスSIBにおける支払いは、MSTの介入の結果として少年院送致等が未然に防止されたことで生じたコスト節約分を、同意された支払いメカニズムに基づき確定することにより算出された。

エセックス政府から、エセックスSIBのSPVであるCSSLにアウトカムに対する支払いがなされた。CSSLは別途、サービス提供団体に対してサービス実施の対価を支払い、サービスのパフォーマンス・マネジメントに責任を負った。図表11-1がこのSIBのストラクチャーを示している。

図表11-1　エセックスSIBのストラクチャー

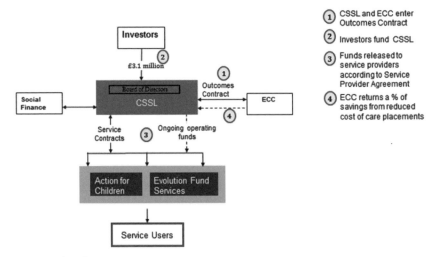

出典：OPM（2014）p.11

投資家８社がSIBに対して総額310万ポンド（4億3,400万円）[8]の投資を行った。投資家へのリターンは、このプログラムの成功に結び付けられていた。す

7　（訳者注）SPV（Special purpose Vehicle：特別目的事業体）のこと。プロジェクトファイナンスで活用されるSPC（Special Purpose Company：特別目的会社）がよく知られる。

8　（訳者注）１ポンド=140円で換算

なわち、若者が保護対象とならない状態が維持され、家族ともに安全に家庭生活を送ることができているというアウトカムである。

⑵　対象データ

　アウトカムに関するデータは明らかに必須であるが、SIBではアウトカム・データをただ収集する以上のものが必要とされる。エセックスSIBスキームでは契約上の様々な要求事項に取り組むことになっていたが、データ収集に関する幅広い要求もその中に含まれていた。図表11-2がエセックスSIBで求められているデータを示している。

図表11-2　エセックスSIBにおけるデータ

頻度	必要とされるデータ
毎月	・若者のプロフィール別（性別、年齢、人種等）の件数 ・家族のプロフィール別（1人親家庭、養育困難―麻薬依存、精神疾患、前科歴、無業、施設入所歴等）の件数 ・地域別の件数 ・現出しているリスク別（青少年犯罪、家族の崩壊、保護観察等）の件数 ・対象者に対してMSTのサービス利用を回答するまでの時間 ・サービス対象であるが、サービス利用に至っていない（中断率も含め）件数とその理由 ・時間外の応答インフォメーション ・介入を終了した者の名前と日付
4半期	・公的保護を受けなくて済むと見込まれる若者の人数. ・MST独自の指標（セラピスト専用の指標、スーパーヴァイザー専用の指標、コンサルタント専用の指標含む）やMST研究所（the MST Institute）[9]が要求する他の測定基準（standard metrics） ・主要業績指標（KPI）（例：〔比較対照グループ〕と比して減少した累計措置日数.　この四半期ごとのデータ・レポーティングによってエセックス政府からの四半期ごとの成果（アウトカム）払いの計算が可能となる。 ・成果払い見込み額 ・成果払い見込みの詳細（その見込みに基づき、エセックス政府は合理的に実現可能な事業費や予算の予測が可能となる。）

9　（訳者注）MST研究所ウェブサイト参照（http://www.mstuk.org/mst-outcomes/mst-institute　2020年1月10日アクセス）

年間	・年間を通じて創出された財政的社会的インパクト全体(エセックス政府にとっての財政節約見込み額、逮捕・再逮捕率、学校出席率のような二次的アウトカムの計測結果) ・エセックス政府より要求される契約業務の適正管理に関する全ての情報や書面 ・セラピーの結果を詳細に説明する全ての情報 ・その他、関係団体の間で同意した情報

(3)　必要とされるデータの論拠

　SIBにおける「データ（を収集する）負荷」(data burden) はかなりのものになりうる (OPM 2014)。SIBでは様々なタイプのデータが必要とされるが、その中には定期的なパフォーマンス・マネジメントに関するデータ、プロセスに関するデータ、インパクトに関するデータ、費用対便益に関するデータなどが含まれる。ここで重要なのは、SIBが関係団体に対して、期待されるアウトカムの達成見込みだけでなく、プログラム運営の進行中に価値が創出されているか否かの監視 (monitor) を求めているという事実である。

(4)　アウトカム・データ

　エセックスSIBでは、支払いに連動させたアウトカム・メトリクスは一つだけであった。SIBの下でのMSTの効果を計測するのに使用された主要インディケーター (primary indicator) は、介入対象のコーホートに属する若者の施設入所日数の総計であり、介入を受けなかった場合の推計値（過去の時系列的データ〔historic data〕に基づく）と比較するやり方で、30日間に亘って計測された。

　しかしながら、エセックスSIBは二次的アウトカム (secondary outcome) も含んでいた。その二次的アウトカムは、支払いには結びつけられなかったとはいえ、契約上計測し、監視されなければならなかった。これは、SIBの支払いが公的保護を受けずにいられる程度にのみ結び付けられることにより、介入サービスの提供者や管理者に対して、ケアを必要とする若者を公的制度 (system) から引き離すインセンティブだけが働いてしまうことを、ステークホルダーたちが好まなかったからである。したがって、若者の精神的安定、学

校生活への参加等の指標を含めることによって、SIBは真に必要のない施設ケア・システムの使用（unnecessary use of the residential care system）を減少させるように設計されていた。

3　主要な課題

⑴　データに関する一般的課題

　注意を怠ると、ステークホルダーは、データ収集、データ管理、分析やレポーティングに、過剰な時間と労力を費やすことになる。多様なステークホルダーが同一のデータを必要とする場合であっても、個々のステークホルダーの間で、データを必要とする動機や、使用法は異なることはありうる。

　例えば、アウトカムへの支払を行う者は、支払いの正当性を確認したり、最初に設定したビジネス・ケースを踏まえて業績評価を行ったり、そして従来型の業務委託の手法と比較してSIBはどのようものかを知るためのデュー・デリジェンスの一環として、データを精査する。

　サービス提供者は、サービス実施（implementation）の有効性（effectiveness）と介入の効力（efficacy）[10]を理解したり、SIBモデルの下でのサービス提供の本当のコストを明らかにするために、データを確認しようとする。

　社会的投資家は、SIBに最善の成功機会を与えるためには、いかに彼らのリソースやアプローチを振り向ける先を見直すかに目を向ける。社会的投資家はまた、投資に対するリターンがどうなのか、そして、それが他の投資形態（他のSIBへの投資も含む）と比べてどうなのかということを見極めようとする。

　同一のデータに対して、様々な関係団体が様々な活用の仕方や解釈をするというだけではなく、データの質への査定や「それで十分」（good enough）とみなすための基準（standards）についても様々である。

　社会的セクターのサービス提供者が、必要とされるデータを作成したり、管理する自分たちの能力を過大評価する場合もある。そうしたサービス提供者の

10　（訳者注）"effectiveness"と"efficacy"の相違については第 1 章を参照。

データやアウトカムに関するインフラや文化を改善していくための、能力構築
支援の取組みがなされるべきである。

　より一般的には、ステークホルダーがデータの洪水で身動きがとれなくなる
（"drown"）状況を回避するために、適切な情報管理システムを備えることが
不可欠である。例えば、エセックスSIBの評価では、当初は情報管理のシステ
ムやプロセスが不十分であったため、かなりの「間接コスト」（"indirect
costs"）が生み出され、すべての関係団体に負担を強いる結果となった（OPM
2016）。

⑵　アウトカムに関する個別的課題

　アウトカム・メトリクスの選択は、一般的にはテクニカルなアセスメントに
よってなされ、通知されてきた。エセックスSIBでは、私たち[11]に対して、順
序立てられたロジックやそのロジックと支払いとの関連、支払いにおける重み
づけなどが無意識のうちに理に反するインセンティブによりデザインされてい
ないか否かをアセスメントすることを狙いとして、すべての様々なメトリクス
を、一定の距離を置ける立場から、全体的に評価することが求められた。

　加えて、様々なタイプのアウトカム・メトリクスが存在することが、「価値」
を評価するためのより全体的なアプローチを提供することになりうる。すなわ
ち、財政節約（fiscal savings）を生み出すアウトカムのみに限定するアプロー
チを問い直し、それに代えて、より広い経済的あるいは社会価値を組み込んで
いくようなアプローチである。

4 結論

　社会的アウトカムのエビデンスを説明したり、確証を与える基準（standards）
は、「成果主義」（results-based）として記述される多くのアプローチのなかで
は、しばしば位置づけが低い。社会的アウトカムは、チェックやエビデンスの
提示に努めること無しに、その存在を主張、あるいは仮定されることもありう

11　（訳者注）OPM（現・Traverse）

る。また、何らかの形態のエビデンスが提出された場合でも、その介入の寄与度（attribution）の想定についての懸念や、さらには追加性（additionality）への疑問符が表明される。

　もし注意深さを欠けば、現在の成果検証の厳格さを欠く状況は、SDGsアジェンダと絡んだ取組みも含め、介入活動に関与していると自称する個人や団体のハロー効果（halo effect）[12]の演出に利用されるだけに終わるかもしれない。そして、仮にその介入がなければ生じなかったであろう、実質的な意味ある改善が実際に人々の生活にもたらされたのか否かを精査すべきであるはずなのに、そこに目が向かなくなる可能性がある。

　ただ善意で取り組んでいることを根拠に効果が生まれるのだと単純に想定するのではなく、実際に意味のある改善が生じていることを確証するための明確な基準指標や、適切さを示す水準を設定しなければならない。SIBは「難し過ぎる」、取引コスト（transaction costs）がかかり過ぎる、現実の評価活動にはかなり課題が多い、ということをよく耳にする。しかしながら、正確にいうならば、SIBを「難しく」している特徴の多くは（すべてがそうというわけではないが）、期待される社会的アウトカム（その介入がなければ達成できなかったであろうアウトカム）が生まれていることを確信するためには当然に満たすことが期待される厳格な基準であり、高い水準なのである。

　SIBにとって、達成されたアウトカムが、仮にその介入が無くて生じたであろうアウトカム以上の追加性を有することを証明することが必要なだけでなく、SIBそのものの追加性を示さなければならない。例えば、なぜ政府は他の公共サービス手法ではなく、SIBに着手すべきなのかという問いへの説明である。

12　（訳者注）ハロー効果（Halo effect）とは、「ある対象を評価するときに、目立ちやすい特徴に引きずられて他の特徴についての評価が歪められる現象のこと。光背効果、後光効果とも呼ぶ」（以下のグロービス経営大学院ウェブサイト参照）
（https://mba.globis.ac.jp/about_mba/glossary/detail-11914.html　2020年1月10日アクセス）。または石橋貞人（2005）「二次因子分析によるハロー効果の測定」『日本経営工学会論文雑誌』56⑵：121–128頁参照。
（https://www.jstage.jst.go.jp/article/jima/56/2/56_KJ00006065071/_pdf/-char/ja　2020年1月10日アクセス）

　以上の点はすべて厳しい要求である。しかしながら、もし、SIBや他の形態
の社会的志向を持った取組みが「より簡単に」(easier) 実施されることで、
これらの水準を引き下げること（例えば、アウトカムよりむしろアウトプット
を計測するなど）になるならば、その時は、そうした活動やその仕組みに関す
るストーリー全体や、活動に従事することで得られる心地よさなどを真っ向か
ら問い直す必要が出てくるだろう (Sin 2019)。

（訳　塚本一郎・関正雄）

参考文献

Gustafsson-Wright, E., Gardiner, S., and Putcha, V. (2015) *The Potential and Limitations of Impact Bonds: Lessons from the First Five Years of Experience Worldwide.* Washington DC: Brookings Institution.

HM Government (2018) *Civil Society Strategy: Building a Future that Works for Everyone.* London: Cabinet Office.

National Audit Office (NAO) (2015) *Outcome-based Payment Schemes: Government's Use of Payment by Results.* London: NAO.

OPM (2014) *Evaluation of the Essex Multi-Systemic Therapy Social Impact Bond. Interim Evaluation Report.* London: OPM. (https://traverse.ltd/application/files/9515/2285/2105/Interim-report-Essex-MST-SIB-Evaluation.pdf)

OPM (2016) *Evaluation of the Essex Multi-Systemic Therapy Social Impact Bond. Findings from the First Three Years.* London: OPM. (https://traverse.ltd/application/files/8715/6275/4298/Full_Evaluation_of_the_Essex_Multi-Systemic_Therapy_Social_Impact_Bond.pdf)

Sin, C.H. (2016) 'Social Impact Bonds in Japan: It's not always about saving money' (Traverse blog) (https://traverse.ltd/recent-work/blogs/social-impact-bonds-japan-its-not-always-about-saving-money)

Sin, C.H. (2019) ' Social investment – Is it all just window dressing? ' (Traverse blog) (https://traverse.ltd/recent-work/blogs/social-investment-it-all-just-window-dressing)

Tsukamoto, I. and Sin, C.H. (2019) 'Political contexts and inter-organizational relations in SIBs-Comparative study on SIBs in Japan and the UK', Conference paper. International Research Society for Public Management (IRSPM) 2019 Conference, Victoria University of Wellington, New Zealand.

United Nations Conference on Trade and Development (UNCTAD) (2014) *World Investment Report 2014. Investing in the SDGs: An Action Plan.* New York and Geneva: UNCTAD.

Warner, M.E. (2013) Private finance for public goods: social impact bonds, *Journal of Economic Policy Reform,* 16(4):313-319.

損害保険ジャパン「SAVE JAPANプロジェクト」のSROI評価

塚本　一郎

1 「SAVE JAPAN プロジェクト」について

「SAVE JAPAN プロジェクト」は、損害保険ジャパン株式会社[1]（以下、損保ジャパン）と認定特定非営利活動法人日本NPOセンター（以下、日本NPOセンター）、全国各地のNPO支援センター（運営支援団体）、地域の環境団体等との協働によって取り組まれた市民参加型の環境保全イベントである。本プロジェクトの究極の目標は、「いきものが住みやすい環境づくり」であるが、主たる目的は、市民が環境保全活動に参加するきっかけを提供することにある。市民の本プロジェクトへの参加を通じて、地域の自然環境への関心や生物多様性への理解の向上につながることを目指している。多様な主体が協働して取り組んだ点も大きな特徴である。

　本プロジェクトでは、損保ジャパンの顧客（契約者）が、自動車保険の契約時にWeb約款やWeb証券を選択した場合や、自動車事故の修理時にリサイクル部品などを活用することにより、削減できたコストの一部を活用している。すなわち、損保ジャパンが消費者も巻き込んだ環境経営的活動の成果の一部から寄付を提供し、その寄附金を原資に日本NPOセンター、47都道府県のNPO支援センター、環境団体と損保ジャパンが協働して全国各地で市民参加型の環境イベントを開催した4者協働のプロジェクトである（図表12–1）。本プロジェクトは、2011年度の開始以来5年目を迎える2015年度も47都道府県で開催され、イベント回数は計153回、総勢6,025名の市民が参加した。また、様々な希少生物種の保全をテーマにしており、2015年度では約110種の希少生物種の保全活動が行われた。

1　2020年4月1日より、損害保険ジャパン日本興亜株式会社（旧）から、損害保険ジャパン株式会社に社名変更

図表12-1　「SAVE JAPAN プロジェクト」の実施団体と実施のしくみ

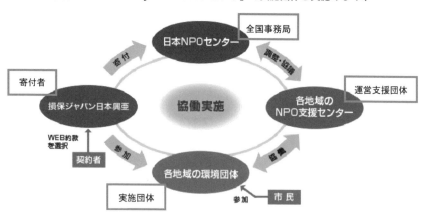

出典：公共経営・社会戦略研究所（2015）5 頁

2　本プロジェクトのインパクト評価（SROI評価）について

(1)　評価方法の概要

　本評価では、アンケート等の定量的データをもとに、本プロジェクトから期待される成果の達成状況を可能な限り数値化し、その社会価値（社会的インパクト）を一定の指標をもとに計測し、可視化することに努めた。特にSROIを用いて、プロジェクトによって生じた「変化」を「価値」づけ、貨幣化し、社会的投資に対する効果（社会的投資収益率）を算出した。評価を担当したのは、大学発ベンチャーの株式会社公共経営・社会戦略研究所（以下、公社研）[2]である。評価対象期間は、2015年度事業の実施期間（2015年 4 月〜2016年 3 月）である。

　本SROI評価では、環境保全に関する参加市民の意識・行動の変化を中心に据えつつ、プロジェクトのプロセスで生み出された副次的・波及的あるいは中間的アウトカムも可能な限り便益項目として設定し、SROIを用いてプロジェ

2　2009年に明治大学インキュベーションセンター（現・研究成果活用促進センター）を拠点に設立。公社研の評価実績については、同社ウェブサイト（http://koshaken.pmssi.co.jp/base3.html　2020年 1 月 5 日アクセス）を参照。

クトの社会的インパクトを貨幣化するよう努めた。

　本プロジェクトのステークホルダーとして、特に便益推計の対象としたのは、環境イベント参加者（市民）、国民・地域住民、実施団体、運営支援団体、損保ジャパンおよび代理店である。主要ステークホルダーのうち環境イベントに参加する市民の便益については、イベントの性格によって環境保全作業を伴う「環境保全型」と、作業を伴わない「環境教育型」との2つに大きく分類し、前者の価値は代替費用法を、後者の価値は機会費用法を用いて貨幣化した[3]。

　メディア等に活動が取り上げられることによる宣伝効果、いわゆるパブリシティ効果は、活動の認知度が飛躍的に高まるという点で重要なアウトカムである。どれくらいの視聴者が実際にその情報に接したかという効果測定を行うことは困難なので、こうしたパブリシティ効果は、通常、広告費換算を通じて貨幣化される。本評価でもその手法を用いた。

　なお、活動の結果として希少生物種の保全に貢献することは、本プロジェクトで期待されている直接的アウトカムではない。また環境イベント開催による短期的成果として希少生物種の保護が達成できるものではない。しかしながら、これに関しても、ある程度の寄与が認められるのであれば、その社会価値は計測対象となりうる。したがって、試行的な評価として、12団体[4]のケーススタディの実績をもとに過去のCVM（仮想評価法）[5]の先行研究の結果を参考に便益移転法[6]を用いて、希少生物種保護の効果を計測した（遠香・西田　2014；西田　2014）。

　生物多様性保全活動の評価は、12団体が実施した環境プログラム事例について、CVMによる評価結果をもとに、便益移転の手法で推計を試行的に実施

3　「代替費用法」とは、無償労働によって生産しているサービスと類似のサービスを市場で供給している者の賃金で評価する方法。「機会費用法」とは、無償労働を行うために市場に労働を提供しないことによって失った賃金で評価する方法。
4　実際にSROIの計測対象としたのは11団体である。
5　CVM（Contingent Valuation Method, 仮想評価法）とは、アンケートを用いて、社会的なプログラムを実施するためにいくら払っても構わないかをたずねて、プログラムが創出する社会価値を評価する手法である。
6　「便益移転」（benefit transfer）とは、既に便益評価が行われた地域（既存評価地）における研究結果を利用することにより、新たに政策を実施する地域において、環境財の便益評価額を算出する方法である（吉田 2000）。

した。ここでは、便益移転の手法として、原単位による移転を使用した。環境省の実施したCVMによる評価結果をもとに原単位を算出し、その原単位に各活動プログラムの対象面積を乗じて推計した。なお便益移転法の活用などについては、西田貴明氏[7]から貴重な助言を得た。

⑵　「便益移転法」を用いた生物多様性保全価値の試行的評価例

生物多様性保全活動の経済評価は、環境省の実施したCVMによる評価結果を用いて、便益移転の手法で推計した。ここでは、森林系活動の便益の計測例のみ、説明する。

森林系活動の場合の便益移転に使用する原単位（１ヘクタール当りの価値額）は、環境省「全国的なシカの食害対策の実施により保全される生物多様性の価値」[8]を参照した。当該研究の評価実施者は環境省である。全国を対象としたWebアンケート調査により、全国的なシカの自然植生への食害（農林業被害は含まない）対策として、柵やネットの設置、個体数管理、人材育成等の取組を拡大し、シカの食害が目立たない状態にまで回復させることに対する支払意思額（WTP）が確認されている。CVMにより推定されたWTP（１世帯当たり）の平均値は、3,181円／年である。この環境省の研究成果を参考に以下の計算式で算出した。

> WTP（支払意思額）の平均値3,181円/世帯」（①）×「受益者数（全国世帯数）55,577,563世帯[9]（②）÷「評価対象面積　552,000ヘクタール」（③）[10]＝原単位：320,276円（１ヘクタールあたり）

7　京都産業大学准教授（本書第４章執筆）、当時は三菱UFJリサーチ＆コンサルティング研究員。

8　下記URLを参照。
http://www.biodic.go.jp/biodiversity/activity/policy/valuation/pu_d01.html　2020年１月５日アクセス

9　住民基本台帳に基づく人口、人口動態及び世帯数（平成25年３月31日現在）

10　年間間伐実施面積（保全管理の面積として扱う）：森林・林業統計要覧2013

3　SROI評価結果について

　最終的に図表12-2の通り、2015年度については、総便益1億4,882万5,278円、純便益7,428万73円、SROI（社会的投資収益率）は「2.0」となった（費用は7,454万5,205円[11]）。2014年度の総便益1億4,759万986円、純便益6,378万8004円、SROI（社会的投資収益率）が1.76であったことからすれば（費用は8,380万2,982円の数値を使用）、SROIが大きく向上したことになる。投資収益率が1.0を大きく超えたことで費用対効果が実証されたが、さらに、2.0に達したことで、プロジェクトの有効性がより明確に示されたといえる。

　以上のSROI分析の結果を踏まえ、社会価値（社会的インパクト）が生み出されるに至る「変化のストーリー」を図示したのが図表12-3である。

図表12-2　2015年度　SAVE JAPAN プロジェクトの社会的投資収益率（SROI）

アウトカムの社会的価値総額（総便益）	148,825,278円
アウトカムの純価値額（純便益額：総便益−総費用）	74,280,073円
社会的投資収益率（SROI）（総便益÷費用）	2.00
2015年度費用［実績］	74,545,205円

＊上記費用には、寄付額と損保ジャパン日本興亜の事務局経費が含まれる。

11　費用には、損保ジャパン日本興亜の事務局人件費を含む。

図表12-3　SAVE JAPAN　イメージ図

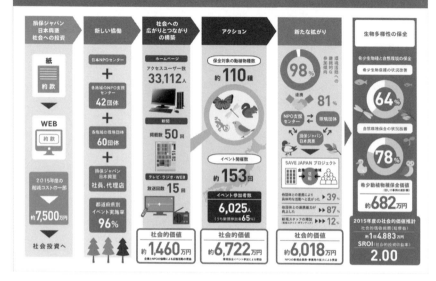

出典：公共経営・社会戦略研究所（2016）49頁

参考文献

遠香尚史・西田貴明（2014）「自然資本による価値の経済的評価における動向と課題」『季刊　政策・経営研究』3：51-64頁。(https://www.murc.jp/wp-content/uploads/2014/08/201403_51.pdf　2020年1月5日アクセス)

公共経営・社会戦略研究所（2016）『「SAVE JAPAN プロジェクト 2015」SROI評価レポート』。(http://koshaken.pmssi.co.jp/upfile/savejapan2015report.pdf　2020年1月5日アクセス)

西田貴明（2014）「国土の自然資本の評価に基づく社会的な意思決定の推進に向けて」『季刊　政策・経営研究』1：28-39頁。(https://www.murc.jp/wp-content/uploads/2014/02/201401_28.pdf　2020年1月5日アクセス)

吉田謙太郎（2000）「政策評価における便益移転手法の適用可能性の検証」『農業総合研究』54(4)：1-24頁。(https://agriknowledge.affrc.go.jp/RN/2010630142　2020年1月5日アクセス)

リクルートと北九州市との連携による
女性の就業・子育て両立支援事業「iction!プロジェクト」
のSROI評価

塚本　一郎

1　リクルートと北九州市の連携による「iction!プロジェクト」について

　株式会社リクルート（以下、リクルート）は、北九州市と連携し、2017年度から、女性の就業と子育ての両立支援を目的とした事業を実施している。正式な事業名は「北九州市・リクルート　女性の就業及び子育てとの両立支援に関する連携協定」に基づく実施事業（2017/2018年度）である。リクルートはすでに2015年7月から「iction!プロジェクト」というプロジェクトを開始しているが、同プロジェクトでは、行政や企業、NPOと協働しながら女性の就業支援や「はたらく育児」の応援など、さまざまな働き方が共生する社会の実現を目指し「十人十色の働き方を、みんなでつくるプロジェクト」をコンセプトに活動している。

　「iction!プロジェクト」の目的は無理なく仕事も育児もしやすい社会の実現であるが、対象とするターゲット層は、「非就業者のうち、働くことを望んでいるが、求職活動に至っていない子育て中の女性」、「アルバイトや非正規職員、また、正社員として働いているが、将来設計や家計の向上に向けて働き方を考える女性」などである。また、働くことを望んでいるが就労に結びつけることが難しい人材として、シニア層も含まれる。

　この「iction!プロジェクト」の取り組みの延長上で、官民連携による取組みとして、2017年7月に、リクルートは北九州市との間で、女性の就業及び子育てとの両立支援施策に関する包括的な連携協定を締結した。北九州市は、女性の活躍を推進するため、市役所内に「女性の輝く社会推進室」を新設し、女性の就業・キャリアアップ・創業・子育てとの両立支援をトータルでサポートする「ウーマンワークカフェ北九州」を開設するなど、女性活躍に向けた施策を積極的に実施している。今回の連携協定締結は、「iction!プロジェクト」と

北九州市が、女性活躍推進のためにそれぞれ蓄積した知見を活用し、北九州市における女性の就業及び子育てとの両立支援に連携して取り組むことを意図したものである。

2 本事業のインパクト評価（SROI評価）について

　本評価の目的は、リクルートが取り組む「はたらく育児」を応援するプロジェクト「iction!プロジェクト」の社会的インパクトをインパクト評価の手法を用いて定量化・貨幣化することにある。本評価では、インパクト評価手法のなかでも、費用便益分析の手法を応用したSROI（Social Return on Investment：社会的投資収益分析）を用いて、2017年度・2018年度実施のiction!プロジェクトによって創出された社会的インパクトの計測・評価を実施した。評価を担当したのは、株式会社公共経営・社会戦略研究所（以下、公社研）である。計測可能な社会的アウトカム（成果）については可能な限り貨幣換算（貨幣化）し、貨幣価値として「見える化」した。

　本SROIの評価対象事業は、北九州市で実施された「iction!プロジェクト」を構成する３つのプログラム、「WORKFIT for MOM」「みらい家計シミュレーション」「企業セミナー」である。この３プログラムは「iction!プロジェクト」の構成事業であるが、事業内容・方法・ターゲット等が異なるため、プログラムごとにSROIを計測することとした。各プログラムが生み出すアウトカムを把握し、プログラムに純粋に起因するインパクトを算出した。

　SROI評価対象事業の主たるステークホルダーの受益者は、「WORKFIT for MOM」セミナーに参加した、あるいは「みらい家計シミュレーション」を利用した、子育て中の主婦層、シニア層、そして「企業セミナー」に参加した企業の経営者・人事担当者である。ステークホルダーの副次的受益者として、開催者のリクルートグループ、北九州市を設定し、個人のアウトカム（個人の意識や行動変化）だけでなく、個人を超えて組織に帰属するであろうアウトカムも推計の対象とした。

3 　本SROI評価の評価結果について

　図表13-2によれば、この2年間の全プログラムを通じて、2億864万2,061円の社会的価値（総便益）が創出され、費用対効果を示すSROIは14.64と極めて高い数値が達成されたことがわかる。すなわち、費用に対して、約15倍の価値（便益）が創出されたことになる。年度別に比較すると、2018年度SROI値の19.59は、2017年度SROI値（9.29）の2倍以上であり、総便益（社会的価値の総額）も8,000万円以上増加し、1億4,500万円を超えている。事業が順調に推移し、社会的インパクトと事業効率性が大きく向上したことが明らかになった（図表13-1）。図表13-3のイメージ図は、本事業の変化の理論と価値創造ストーリーを簡潔に可視化したものである[1]。

図表13-1　2017年度・2018年度SROI比較

内訳		2017年度 便益（価値額）	SROI	内訳		2018年度 便益（価値額）	SROI
	1.WFM	2,538万1,544円	17.11		1.WFM	6,161万8,266円	37.90
	2.みらい	2,353万5,509円	5.44		2.みらい	3,777万7,502円	12.17
	3.企業	1,466万6,179円	14.13		3.企業	4,566万3,061円	17.07
総便益（1.2.3総計）		SROI（1.2.3.総計）		総便益（1.2.3の総額）		SROI（1.2.3.総計）	
6,358万3,232円		9.29		1億4,505万8,829円		19.59	

図表13-2　2017年度/2018年度総計　SROI推計結果

内訳		2017／2018年度総計 便益（価値額）	費用	SROI
	1.WFM	8,699万9,810円	310万9,389円	27.98
	2.みらい	6,131万3,011円	742万9,006円	8.25
	3.企業	6,032万9,240円	371万2,993円	16.25
		総便益（1.2.3総計）【B】	2億864万2,061円	
			1,425万1,388円	
		純便益	1億9,439万673円	
			14.64	

1　事業および評価結果の詳細に関する報告書は、公社研ウェブサイト参照。
（http://koshaken.pmssi.co.jp/base117.html　2020年1月5日アクセス）

図表13-3　「iction！プロジェクト」イメージ図

北九州市・リクルート「女性の就業及び子育てとの両立支援に関する連携協定」に
基づく実施事業（2017/2018年度）のインパクトをSROIで推計

RECRUIT

アクティビティ	ターゲット層	短期アウトカム	中・長期アウトカム	社会的インパクト（SROIによるインパクト推計）

				2017/2018年度総計
1.WORKFIT for MOM	子育て中の未就業女性	●働く意欲の向上 97.8% ●働く不安の解消 93.4% ●自分の強みの発見 91.4% など	●就職に向けたスキル取得の行動の増加 69.9% ●求人に応募 27.9% ●企業との面接機会の獲得 24.2% など	総便益 8,699万9,810円 総費用 310万9,389円 SROI 27.98
2.みらい家計シミュレーション	子育て世代の未就業女性	●家計を見直す意欲の向上 81.5% ●家計と働き方の関係への理解の向上 82.5% ●家計管理や将来設計の重要性への認識の向上 89.0% など	●働くことへの気持ちの変化 65.3% ●就職活動への意欲の向上 61.3% など	総便益 6,131万3,011円 総費用 742万9,006円 SROI 8.25
3.企業向けセミナー	企業経営者 人事担当者 働く女性・その上司等	●子育て世代の女性が求める働き方への認識向上 100% ●シニア層が求める働き方への認識向上 100% ●人手・業務改革をセットにした働き方改革への認識向上 97.8% ●ダイバーシティ推進の重要性への認識の向上 98.8% など	●子育て世代の女性の採用人数増 65.4% ●シニア層の採用人数増 53.9% ●短時間勤務の採用人数増 55.5% ●女性管理職数の増 81.2% など	総便益 6,032万9,240円 総費用 371万2,993円 SROI 16.25

2017/2018年度のSROI総計

総便益 2億864万2,601円
社会的価値 14.64

北九州市 CITY OF KITAKYUSHU × iction！

費用に対して約15倍の社会的価値（便益）を創出！

出典：公共経営・社会戦略研究所『「北九州市・リクルート 女性の就業及び子育てとの両立支援に関する連携協定」に基づく実施事業（2017/2018年度）SROI分析による社会的インパクトレポート』59頁

ゴールドマン・サックス・横浜市・社会福祉法人等、多様な主体の連携による子どもたちの学習・生活・居場所支援のSROI評価

塚本　一郎

1　横浜市社会的インパクト評価モデル事業について

　横浜市社会的インパクト評価モデル事業は、学校生活や家庭生活等で困難を抱える子どもたちを対象として、学習支援・生活（食事）支援・居場所支援等、包括的支援を提供する事業である[1]。本事業ではプロセスのみならず成果の評価を重視し、事業を通じて創出される社会的インパクトを計測・評価することで、評価結果をアカウンタビリティの向上やプログラム改善等に活用していくことをめざした。本評価の目的は、本事業の成果を定量的・定性的に把握し、その社会的インパクトをSROI（社会的投資収益分析）という評価手法を用いて計測・評価するところにある。

　本事業は、世界的な投資銀行であり、児童養護施設の児童支援等、困難を抱える子どもの支援に熱心なゴールドマン・サックスからの寄附金等を原資として実施中の社会実験的なプログラムである。本事業は2016（平成28）年10月より、横浜市、社会福祉法人たすけあい　ゆい（以下、たすけあい　ゆい）、ゴールドマン・サックス、大学発ベンチャーの株式会社公共経営・社会戦略研究所（以下、公社研）の産官学連携事業として開始され、現在に至る[2]。官民、営利・非営利の境界を越えて多様な主体（ステークホルダー）がコレクティブに連携する点が本事業の特徴であるが、各ステークホルダー間での役割分担は図表

---

[1]　「コミュニティサロンおさん」という地域住民の交流サロンを拠点に実施している関係で、「おさん・ひなた塾」を事業名として使用。
[2]　本モデル事業は、横浜市の「ソーシャル・インパクト・ボンド（Social Impact Bond：以下、SIB）組成に係る委託事業」（公募）の受託が契機となって実施されたものだが、当面、寄附金等を原資にプログラムを運営していく予定である。したがって、通常のSIBと異なり、事業枠組みには民間資金のプロジェクト運営費用への充当や、行政からの成果連動型のリターンの支払いは組み込まれていない。実験データの蓄積や経験を踏まえ、将来的には、SIBのような民間資本を活用した事業モデルを構築していくことも視野に入れている。

14-1に示した通りである。

図表14-1　モデル事業のステークホルダー（構成団体）

ステークホルダー	団体名・役割等
資金提供者（寄附者）	ゴールドマン・サックス
サービス実施団体	社会福祉法人たすけあい　ゆい ＊サービス実施を担当。プログラム運営費用の一部も負担
政府	横浜市 ＊市は「2016（平成28）年10月〜同年12月」のSIB（ソーシャル・インパクト・ボンド）モデル組成の委託者。その後もプロジェクトマネジメント等に協力
中間支援組織	株式会社公共経営・社会戦略研究所（公社研） ＊プログラムマネジメント・データマネジメント支援。評価計画の策定と評価の実施

　主たる活動エリアは、横浜市南区のお三の宮地区周辺であるが、市の補助金を活用して約70平方メートルの空き店舗を再生・改装して開所した「コミュニティサロンおさん」を拠点に、「おさん」の運営法人である社会福祉法人たすけあい　ゆいを中心に、図表14-2の運営体制のもと、図表14-3の通り包括的な事業を展開している。

図表14-2　モデル事業スキーム図

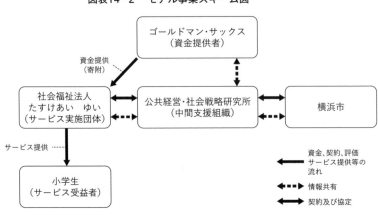

図表14-3 モデル事業内容

社会課題と事業目的	事業実施場所	事業実施期間
学校生活や家庭生活で困難を抱える子どもたちの基礎的な生活習慣確立や社会関係能力の向上、学力の向上など	コミュニティサロンおさん	2016（平成28）年10月～継続中（モデル組成期間：平成28年10月～12月）[3]

受益者（介入〔支援〕の対象とするグループ）
横浜市南区、お三の宮地区周辺（日枝小学校区）の生活困窮世帯の小学生（外国籍の児童・生徒を含む）。また、対象者は、生活保護を受けている、もしくは生活保護は受けていないが厳しい生活を送る困窮世帯の子ども。子どもが困窮世帯と限定されることにより子どもの参加の妨げとならないよう、他の子どもの参加を阻まない。

プログラム（支援サービス）の内容
【生活支援】栄養のある食事を規則正しく摂ることから、定期的に食事を摂ることの必要性と、人と食卓を囲む楽しさ、栄養バランスの重要性を学び、基本的な生活習慣を身につける。
【居場所づくり】保護者の就業や他の理由で、ひとりで家にいることが多い子どもや、寂しい思いをしている子どもに対し、仲間や大人と触れ合う機会のある居場所を提供する。
【学習支援】一定程度のサービス・レベルを保つため、大学生ボランティア等による学習支援を基本とする。また、精神的な面で困難を抱える子どもをはじめ、おさん・ひなた塾に来所している子ども全般への学習面、精神面において、「たすけあい　ゆい」の児童部の専門職が、専門的な目線からのサポートを行う（月・水・金、午後3時～7時）。

2　インパクト評価（SROI）の計測結果について

　本事業では、インパクト評価、特に費用便益分析の一種であるSROI（Social Return on Investment：社会的投資収益分析）の方法を用いて、本プロジェクトの支援サービス（学習支援・生活支援・居場所づくり）によって期待されるアウトカム（成果）を中心に、可能な限り金銭代理指標等を用いて貨幣換算を行った。すなわち、プロジェクトによって創出された成果量（変化量）を計測し価値額（総便益）に換算し、費用便益比（B/C）である社会的投資収益率（SROI）を算出した。SROI評価は中間支援を担う公社研が担当した。

3　利用者の登録が始まったのは、2016（平成28）年11月、利用開始は同年12月。

　最終的に、SROI分析による2017（平成29）年度事業の効果検証の結果は、図表14-４の通り、総便益については1,204万1,314円、SROI（社会的投資収益率）については1.62となった。投資収益率が1.0を超えたことで、費用を上回る効果（便益）が生み出されたことになる。評価対象者が12名（評価対象児童以外の児童も含む実利用者総数は20名）であることからすれば、総便益額、社会的投資収益率の値は決して小さくない数値であり、さらに対象地域、対象者数の拡大が可能となれば、より大きなインパクトを生み出しうることが検証された。

図表14-４　SROI計測結果

社会的価値総額（総便益）【A】	1,204万1,314円
純便益額（総便益―総費用）【B】	460万2,809円
SROI（社会的投資収益率）【A/C】	1.62
費用合計【C】（平成29年度）[4]	743万8,505円

3　考察

　アウトカムに関する定性的データ、定量的データによる分析を踏まえると「おさん・ひなた塾」を利用した対象児童の意識・行動には、総じて肯定的な変化が生じたといえる。また、「おさん・ひなた塾」が子どもたちにとって、「サード・プレイス」的な居場所となり、親や教師とは違う、他の「大人」と出会い、コミュニケーションをする場を提供していること、そうした居場所機能を通じて、子どもたちのソーシャルスキルや生活習慣、自己肯定感・他者肯定感が向上していることも、データから把握できた。SROIの1.62という数値からも、本事業の有効性・効率性が十分実証されたといえる[5]。

4　費用は、おさん・ひなた塾運営のための支出。光熱費、通信費、食費、人件費、ボランティア研修費、家賃等が含まれる。
5　評価結果の詳細は、事業報告書を参照（公社研ウェブサイトよりダウンロード可能：http://koshaken.pmssi.co.jp/upfile/osan2017impactreport20190813.pdf　2019年12月１日アクセス）

　図表14-5のイメージ図は、本事業の変化の理論と価値創造のストーリーを簡潔に可視化したものである。

図表14-5 「横浜市社会的インパクト評価モデル事業」イメージ図

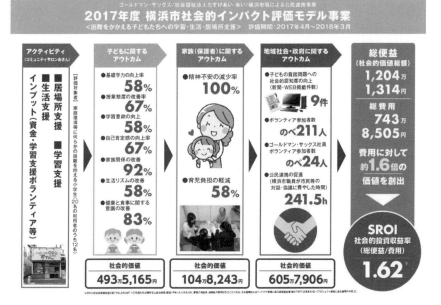

出典：公共経営・社会戦略研究所（2019）『2017年度　横浜市社会的インパクト評価モデル事業　評価報告書』60頁

索 引

編者・執筆者紹介 ※経歴、肩書は執筆時点。著者は章順です。

編者

塚本　一郎（つかもと　いちろう）

明治大学経営学部教授（非営利組織論、社会的企業論）。一橋大学社会学研究科博士課程単位取得退学後、佐賀大学経済学部専任講師・助教授、明治大学経営学部助教授を経て現職。経済産業省「地域サービスを支える事業主体に関する研究会」委員、内閣府「社会的インパクト評価の実践による人材育成・組織運営力強化調査に関する研究会」座長等を歴任。国際ジャーナル*Public Management Review*（Routledge）の編集委員も務める。『ソーシャル・エンタープライズ』（編著）（丸善）、『ソーシャルインパクト・ボンドとは何か』（ミネルヴァ書房、編著）、*New Public Governance, the Third Sector and Co-production*, Routledge（共著）ほか、著書多数。

関　正雄（せき　まさお）

明治大学経営学部特任教授（企業の社会的責任論）、損害保険ジャパン（株）CSR室シニアアドバイザー。東京大学法学部卒業後、安田火災海上保険（株）（現・損害保険ジャパン（株））入社。理事・CSR統括部長を経て現職。社会的責任国際規格ISO26000作業部会エキスパート、経団連企業行動憲章タスクフォース座長、同CBCC企画部会長、SDGsステークホルダーズ・ミーティング委員（環境省）、東京オリンピック・パラリンピック「街づくり・持続可能性委員会」委員などを務める。著書に『ISO26000を読む』（日科技連出版社）、『SDGs経営の時代に求められるCSRとは何か』（第一法規）、『ソーシャルインパクト・ボンドとは何か』（ミネルヴァ書房、共著）ほか。

執筆者

■序章、第7章
関　正雄（せき　まさお）
経歴略

■第1章、第3章、第8章、ケーススタディ⑶・⑷・⑸
塚本　一郎（つかもと　いちろう）
経歴略

■第2章、第9章

大野　泰資（おおの　たいし）

三菱UFJリサーチ＆コンサルティング㈱ 経済政策部 上席主任研究員、明治大学経営学部兼任講師。京都大学大学院経済学研究科修士課程修了。㈱三和総合研究所（現・三菱UFJリサーチ＆コンサルティング㈱）入社、2019年より現職。主に官公庁からの受託調査に従事。この間、会計検査院特別調査職、地方公共団体の委員等を兼務。著書に、『公共投資と道路政策』（勁草書房、共著）、「日・米・欧における公共工事の入札・契約方式の比較」（会計検査院『会計検査研究』第32号、共著）ほか。

■第4章

西田　貴明（にしだ　たかあき）

京都産業大学生命科学部産業生命科学科准教授。徳島大学環境防災研究センター客員准教授。博士（理学）。京都府立大学農学部卒業、京都大学大学院理学研究科博士後期課程修了。2009年、三菱UFJリサーチ＆コンサルティング㈱にて、環境分野の官公庁の委託調査や研究に参画。環境分野の中でも、特に生物多様性、自然環境分野の政策分析や経済評価などに数多く関わるとともに、日本における「グリーンインフラ」の概念形成にも携わる。現在、グリーンインフラ研究会運営委員、グリーンインフラ官民連携プラットフォーム運営委員（国土交通省）などを務める。著書に『決定版！グリーンインフラ』（日経BP社）ほか。

■第4章

遠香　尚史（おか　たかし）

三菱ＵＦＪリサーチ＆コンサルティング㈱研究開発第1部 主任研究員。東京大学大学院工学系研究科修士課程修了。㈱三和総合研究所（現・三菱ＵＦＪリサーチ＆コンサルティング㈱）入社。2006年より現職。社会資本、環境、観光、その他様々な分野にわたり、官公庁・民間の委託調査研究に参画。特に、各施策・事業等の経済評価、経済効果分析を中心に従事している。技術士（建設部門）。

■第5章

西村　万里子（にしむら　まりこ）

明治学院大学法学部教授（公共政策論、社会保障論、非営利組織論）。慶應義塾大学
大学院経済学研究科博士課程単位取得退学後、厚生労働省国立社会保障・人口問題
研究所基礎理論研究部第3室長、明治学院大学法学部准教授を経て、現職。中央社
会保険医療協議会（中医協）公益委員（厚生労働省）、公益認定等委員会委員（内閣府）、
厚生科学審議会委員（厚生労働省）、交通政策審議会委員（国土交通省）等を務める。
著書に『医療保障と医療費』（東京大学出版会、共著）、『ソーシャルエンタープライズ』
（丸善、共著）、『ソーシャルインパクト・ボンドとは何か』（ミネルヴァ書房、共著）
ほか。

■第6章

片桐　豪志（かたぎり　つよし）

有限責任監査法人トーマツ リスクアドバイザリー事業本部 パブリックセクター
ディレクター。東京大学大学院新領域創成科学研究科メディカルゲノム専攻博士課
程単位取得退学。株式会社三菱総合研究所、デロイトトーマツコンサルティング株
式会社を経て、2015年より現職。2020年よりディレクター。二児の父。持続可能な
産業振興施策を実現するための一つの手段として、社会インパクト評価による効果
測定の導入を推進している。おもに中央省庁や自治体等の官公庁に向けたコンサル
ティング業務に従事し、スタートアップや中小企業支援に関する産業振興施策の企
画立案、調査研究、実行支援に関する多数のプロジェクトのマネジメントを担当し
ている。著書に『事業プロデューサーという呼び水』（静岡新聞出版社、共著）。

■第6章

木村　悦久（きむら　よしひさ）

有限責任監査法人トーマツ リスクアドバイザリー事業本部 パブリックセクター シニアスタッフ。公認会計士。中央大学商学部卒業。同法人トータルサービス事業部にて、主にマザーズ上場に向けた株式公開支援、ショートレビュー業務や、法定監査業務に従事。2018年より現職。おもに中央省庁や自治体向けに、地域のスタートアップ企業や中小企業のハンズオン支援を中心とした産業振興施策に従事。現在、社会的インパクト投資、PFS、SIB等ソーシャルファイナンスに関する各種調査・コンサルティング業務に従事し、社会的インパクト評価、特にSROI評価において、数多くの実績を有する。

■ケーススタディ(1)

藤田　道男（ふじた　みちお）

環境省 吉野熊野国立公園管理事務所 所長。広島大学大学院理学研究科生物科学専攻博士課程前期修了。環境コンサルタント企業の主任研究員等を経て、2005年環境省入省。尾瀬国立公園の自然保護官、モニタリングサイト1000生態系監視科長等を経て、2020年4月より現職。忍び猟 猟師。著書に『森林と私たちのこれから －東アジアの中の日本－』（認定NPO法人JUON NETWORK、分担執筆）。

■ケーススタディ(2)

チー・ホーン・シン（Dr.Chih Hoong Sin）

英国ロンドンを拠点とするコンサルティング会社のトラヴァース社（Traverse〔旧称OPM〕）のイノベーション・社会的投資担当ディレクター。英国エセックス県でのSIB（ソーシャル・インパクト・ボンド）を始め、様々なSIBプロジェクトの組成支援やアウトカム評価を数多く実施。ブリッジズ・ベンチャーズとバンク・オブ・アメリカ・メリルリンチが発行したSIBの実務家向け案内書「Choosing Social Impact Bonds: A Practitioner's Guide」の作成にも関与。英国国内のSIBのみならず、海外のSIB組成やパイロット事業を支援（日本、香港、アブダビ等）。オックスフォード大学ナフィールドカレッジで博士号取得。

サービス・インフォメーション

―― 通話無料 ――

① 商品に関するご照会・お申込みのご依頼
　　　TEL 0120 (203) 694／FAX 0120 (302) 640
② ご住所・ご名義等各種変更のご連絡
　　　TEL 0120 (203) 696／FAX 0120 (202) 974
③ 請求・お支払いに関するご照会・ご要望
　　　TEL 0120 (203) 695／FAX 0120 (202) 973

●フリーダイヤル（TEL）の受付時間は、土・日・祝日を除く
　9:00～17:30です。
●FAXは24時間受け付けておりますので、あわせてご利用ください。

インパクト評価と社会イノベーション
―SDGs時代における社会的事業の成果をどう可視化するか―

2020年7月15日　初版発行
2022年5月10日　初版第4刷発行

編　著　塚　本　一　郎　・　関　正　雄
発行者　田　中　英　弥
発行所　第一法規株式会社
　　　　〒107-8560　東京都港区南青山2-11-17
　　　　ホームページ　https://www.daiichihoki.co.jp/

デザイン　コミュニケーションアーツ株式会社
印　刷　法規書籍印刷株式会社

SDGs成果　ISBN978-4-474-06926-8　C2034　(0)